活着，就为了改变俄罗斯

林志强 著

普京大传

中国·武汉

图书在版编目（CIP）数据

活着，就为了改变俄罗斯:普京大传 / 林志强 著.--- 修订本.
--武汉：华中科技大学出版社，2014.10（2022.3重印）

ISBN 978-7-5680-0457-2

Ⅰ.①活… Ⅱ.①林… Ⅲ.①普京,F.F.—传记 Ⅳ.①K835.127=6

中国版本图书馆CIP数据核字(2014)第244936号

活着，就为了改变俄罗斯：普京大传　　　　　　　　林志强　著
Huozhe，Jiu Weile Gaibian Eluosi：Pujing Dazhuan

责任编辑：李连利
封面设计：VIOLET
责任校对：孙　倩
责任监印：朱　玢

出版发行：华中科技大学出版社（中国·武汉）　　电话：(027)81321913
　　　　　武汉市东湖新技术开发区华工科技园　　邮编：430223

印　　刷：天津中印联印务有限公司
开　　本：710mm×1000mm　1/16
印　　张：19.5
字　　数：310千字
版　　次：2015年1月第1版第1次印刷　2022年3月第1版第6次印刷
定　　价：49.80元

本书若有印装质量问题，请向出版社营销中心调换
全国免费服务热线：400-6679-118　竭诚为您服务
版权所有　侵权必究

【序言】

活着，就为了改变俄罗斯

在数年前的俄罗斯，人们打开收音机的调频台，常常可以听到一首流行歌曲——《嫁人要嫁普京这样的人》。不仅如此，一些酒吧还用普京的名字命名，艺术家们雕刻普京的肖像，女士们则在房间里摆放着普京的照片，俄罗斯全国上下都掀起了"普京热"。

当今世界，人们热爱政治领袖的方式有很多种，可是，很少有政治家能像普京那样，在国内掀起经久不息的追捧热潮，成为时尚的偶像。这说明，普京身上有一种独特的人格魅力，这种魅力不是令人望而生畏的权威，而是一种普通人也想学习和模仿的可爱之处。

普京出身于平民家庭，小时候与普通的俄罗斯男孩没有什么差别，也顽皮、打架、不认真学习、被老师找家长（尽管次数很少），只是他很早就有当特工报效国家的志向。

大学毕业之后，普京如愿以偿地进入了特工队伍，并成长为一名出类拔萃的克格勃（世界四大情报机构之一）军官。这一时期的经历，如普京人生履历中的"黑匣子"，藏有很多鲜为人知的秘密，不过，这些秘密如今已渐渐露出冰山一角，让人们知道了一个个令人惊叹的故事。

普京走向俄罗斯政坛，并且登上总统宝座，似乎有不少偶然因素，但是，如果把他的个人经历放在苏联变革、俄罗斯重新崛起的时代背景之下，放在激烈动荡的政治局势和错综复杂的国际关系之中，就能看出历史选择他有其必然性。

从国外回到国内，从大学走向市政府，从圣彼得堡（原列宁格勒）来到莫斯科；从总统办公厅副主任到总理，再到代总统、总统，为什么苏联和俄罗斯政坛上举足轻重的风云人物一再对普京情有独钟？对此，我们不必过多研究普京与政治巨头们的私人缘分，只需看一看他每次被任命之后的出色表现和卓越政绩就能明白——他确实是一位不可多得的堪当重任者。

普京从叶利钦总统的手中接过了"正处于数百年来最困难时期的俄罗斯"，面临着数不清的国内和国际难题：国民收入分配两极分化，多数平民生活贫困；分裂势力制造的恐怖事件此起彼伏，内战连年；西方势力趁机打压俄罗斯，在其周边策动"颜色革命"……

普京执政之后，既有强硬的铁腕措施，又有灵活的战略战术，他善于抓住关键，理顺关系，当机立断，迅速打开治国安邦的局面。他亲自驾驶战斗机慰问前线将士，妥善处理突发事件，并成功出访世界各国，在国际舞台上纵横捭阖，大气磅礴。这些不仅显示出他在内政外交上的智慧，还展现出他令人耳目一新的执政艺术。

在第一次8年的总统生涯中，普京为俄罗斯创造了一个又一个奇迹，使俄罗斯的经济走向复苏，政治走上正轨，军事力量得到增强，体制焕发生机，外交风格鲜明有特色。他让俄罗斯人民重新找回了大国的自信，找回了凝聚人心的精神力量。

普京既是一位强有力的大国总统，也是一个冷峻、坚韧、侠骨柔肠的俄罗斯硬汉。他精通德语，喜爱运动，特别爱好桑勃式摔跤、柔道和山地滑雪，还曾经荣获列宁格勒市的柔道冠军。克格勃任职的经历使他身怀多项特技，驾车、骑马、使用武器、游泳、跳伞、搜集情报等样样精通，富有谍战电影中"007"那样的传奇色彩。

普京在生活上也是个性鲜明的人，他敢恨敢爱。他在少年和青年时代有过青涩的初恋，做过年轻女性的蓝颜知己，但始终与她们保持着纯洁的友谊关系。他与夫人柳德米拉的恋爱也很浪漫，两人结婚后相亲相爱、坦诚相待，组成了一个令人羡慕的美满家庭，先后有了两个可爱的女儿。尽管他们30年的婚姻在2013年走到了尽头，但人们仍给予了"不同寻常的同情"。在被问及何时再婚时，普京富有意味地说道："作为一个正派人，我总有一天是要结婚的。"结果引来俄罗斯网友大呼："女孩子们，不要放弃希望。"

在事业处于巅峰状态的时候，普京严格遵守宪法，维护来之不易的民主制度，既没有采纳别人让他连任第三届总统的建议，也没有利用自己在俄罗斯民众心目中的崇高威望去修改宪法谋求连任。他稳妥地选择了优秀的接班人，按照法定的民主程序让梅德韦杰夫入主克里姆林宫。同时，他经过国家杜马批准，欣然走上了政府总理这一工作岗位，体现出新时代俄罗斯领导人能上能下的风范。在总理的职位上，普京积极配合总统的工作，形成了为人们所称道的"梅普组合"。几年来，他迎接世界金融危机的挑战，在抢险救灾时亲自冲向第一线，在内政外交方面发挥着重要作用。

2012年，俄罗斯政坛出现了一个令人关注的话题：在梅德韦杰夫和普京两人中，谁会成为新一届的总统？对此，普京表示将把选择权交给俄罗斯人民。而俄罗斯人民没有理由不选择普京,毫无悬念,铁腕总统再次归来。

2013年年底,俄罗斯伏尔加格勒连续发生两起炸弹袭击。2014年新年伊始,普京亲自前往当地指挥反恐,打出了再次就任总统后的第一记反恐重拳。

当世界还在争论克里米亚公投后的走向时,普京于2014年3月18日发出的惊人公告——克里米亚脱离乌克兰加入俄罗斯,让西方猝不及防。面对美欧制裁和"新冷战"局势,普京面不改色。随后,西方借八国集团峰会围攻普京,普京围绕叙利亚问题舌战群儒。

普京将外交重心向东方邻国倾斜,一年内,与习近平主席四次会面,将中俄关系与合作推向一个新的高度……

2014年4月,美国《时代》周刊评选出"2014年最具影响力的100位人物",普京位居"领导人"榜首。

2015年11月,《福布斯》杂志公布"2015年全球最有权势领袖人物"排行榜,普京连续第三年"击败"美国总统奥巴马名列首位,为自己在美国政坛内赢得"Alpha Dog(大佬)"的绰号。

2018年3月,俄罗斯总统选举落幕,普京再度胜出,第四次荣任俄罗斯总统。

常言道,温故可以知新,本书以传记的形式全面叙述了普京的过去,我们相信,正在发生的历史还将继续过去未完的篇章。

目 录
Contents

第一章 不安分的少年时代 / 1
  一个"迟到的孩子" / 1
  7 岁"闯世界" / 5
  顽劣少年的梦想萌芽 / 7
  从打架中悟出"哲学" / 10
  "审判会"后的转变 / 12
  青涩的初恋 / 14

第二章 把梦想变成行动 / 17
  政治时事宣传员 / 17
  青春的悸动 / 20
  人生转折点上的抉择 / 22
  用体育磨炼意志 / 26
  恩师索布恰克 / 28
  矢志不移的追求 / 30
  保密培训中的优秀学员 / 33

第三章　神秘工作与浪漫爱情 / 36
　　一段纯洁的友谊 / 36
　　特工与空姐之恋 / 38
　　接受特种训练 / 42
　　从未干过暗杀的中校特工 / 45
　　东欧剧变的考验 / 49

第四章　抓住从政的关键时机 / 51
　　低谷中的转折点 / 51
　　踏上从政之路 / 54
　　"8·19"事变中的抉择 / 56
　　圣彼得堡的"灰衣主教" / 59
　　因忠诚而失业 / 61

第五章　在莫斯科快速崛起 / 63
　　成为叶利钦的"主要盾牌" / 63
　　低调出任总理 / 66
　　"烫手的山芋"车臣 / 68
　　议会选举的博弈 / 73
　　为总统大选造势 / 75
　　驾机视察车臣 / 78
　　新体制下的权力接力 / 81

第六章　事不避难的新总统 / 84
　　回击西方国家的诘难 / 84

令人头痛的民族分裂主义 / 86
"航母终结者"的悲剧与反思 / 88
另一个"8·19"事件 / 94

第七章　大刀阔斧的集权之路 / 97
稳步改组政府 / 97
用"带枪的人"保驾护航 / 100
重树克里姆林宫的绝对权威 / 104
颁布《政党法》 / 106
激活国家杜马 / 109
建立年轻团队 / 112

第八章　恢复国民经济的元气 / 117
剪不断理还乱的经济困局 / 117
渐进发展市场经济 / 121
能源输出与军火出口 / 124
清算盗国起家的暴发户 / 126

第九章　多极外交初见成效 / 133
"双翼外交"的构想 / 133
联合各国阻止美国部署NMD / 137
改善俄美关系的发起人 / 139
在欧盟内部寻找朋友 / 144
从战略高度推进俄中关系 / 146
修补篱笆护院门 / 149

第十章　硬碰硬的策略和措施 / 153

提出"新军事学说" / 153

开展"猎狼行动" / 156

大剧院里击毙"黑寡妇" / 158

铁拳回击恐怖分子 / 161

第十一章　深受爱戴的魅力领袖 / 168

"俄罗斯意志"的苏醒 / 168

"魅力领袖"的风采 / 170

清除执政道路上的障碍 / 173

成功连任总统 / 176

第十二章　铁腕反腐与反恐 / 180

精简机构，高薪养廉 / 180

惩治腐败，没有碰不得的人 / 182

米哈伊尔·古采里耶夫的逃亡与回归 / 185

别斯兰人质危机 / 189

第十三章　一切为了俄罗斯的未来 / 193

以彼得大帝为偶像 / 193

苏联情结 / 195

打造新俄罗斯思想 / 197

克格勃情结 / 199

重塑军事大国的形象 / 201

用"蓝色燃料"对抗"橙色革命" / 205

第十四章　保持平民本色的总统 / 210

　　深入民间，贴近百姓 / 210

　　总统身边的黑衣人 / 216

　　低调的家庭生活 / 218

　　爱车与爱犬 / 222

　　偷得浮生半日闲 / 224

第十五章　持续的普京时代 / 227

　　权力曲线的政治设计 / 227

　　一手提拔起来的心腹爱将 / 229

　　一个普京两张面孔 / 231

第十六章　站在总统身后的强者 / 234

　　直面全球金融危机 / 234

　　惩治撒"美元雨"的富豪 / 236

　　黑海之梦 / 239

　　回击西方的挑拨与挑衅 / 242

　　坚持以渐进方式推进改革 / 245

第十七章　2012 王者归来 / 249

　　硬汉威猛不减当年 / 249

　　梅普"二人转" / 255

　　泪洒马涅日广场 / 259

第十八章　俄罗斯美好未来的守护者 / 264

　　不当世界霸主 / 264

　　乌克兰局中局 / 268

　　外交的合作与对抗 / 274

第十九章　世界大变局 / 278

　　勇闯叙利亚"战局" / 278

　　伊朗风云 / 286

　　四入克里姆林宫 / 293

第一章　不安分的少年时代

普京的父母都是普通工人，他的父亲曾参与苏联卫国战争，在对抗德国法西斯的战斗中九死一生，身负重伤。普京从小生活在大杂院里，小时候差点被街头小混混给带上歧路，幸运的是，他遇到了一位令他终身难忘的好老师。

一个"迟到的孩子"

列宁格勒（现圣彼得堡市）是俄罗斯第二大城市，涅瓦河①、胜利广场、伊萨基耶夫斯基大教堂、"阿芙乐尔"号巡洋舰、青铜骑士雕像、彼得保罗要塞、冬宫——它们无一不在向世人宣告："列宁格勒，是个光荣与梦想的城市。"

1952年10月7日，弗拉基米尔·弗拉基米罗维奇·普京在这座英雄城市诞生了。按出生日期，普京属于天秤座，这也是一个很有异性缘的星座。天秤座的人，比较执着于人际关系的平衡，企图建立和谐的生活，其魅力在于懂得拿捏野心和优雅的分寸。这似乎为普京成名之后，

---

① 涅瓦河：俄罗斯西北部的一条河流，源出拉多加湖，自东向西，流经圣彼得堡，向西北流至芬兰湾。长74公里，有28公里在圣彼得堡的范围内，其余在列宁格勒州境内。

一举成为俄罗斯女性心中最有魅力的"浪漫情人"和"情感杀手"埋下了伏笔。

不过在那个时候,普京本人和他的家庭都再普通不过了。

据说普京的祖籍是摩尔多瓦①,他的祖辈甚至与彼得大帝有某些因缘。18世纪,普京的先祖弗拉德·普京内(意为圆桶)曾是摩尔多瓦大公的卫兵。有一次,彼得一世与摩尔多瓦大公在路上遭到一个土耳其刺客行刺,普京内挺身而出,与刺客展开英勇搏斗,最终将刺客抓住,救了彼得一世和摩尔多瓦大公的性命。彼得一世对普京内十分感激,得知他的名字之后不禁乐了,建议他更名普京,让他留下来做上尉卫士,还赏给他一块封地。

到了十九世纪下叶,普京的祖父斯皮里顿·伊万诺维奇·普京出生了,12岁时就进入一家小饭馆当学徒,后来成为一名出色的厨师。俄国十月革命之后,他因为厨艺精湛,被调到莫斯科郊区哥尔克镇工作,为当时住在那里的革命领袖列宁及其家人做饭。列宁逝世后,他被调到斯大林的一个别墅工作。退休后,他也没有闲着,在莫斯科市委伊林斯科耶休养所继续做了多年厨师。

普京的父亲斯皮里多诺维奇·普京出生于1911年,第一次世界大战期间,他随家人到特维尔州乡下的波米诺沃村躲避饥荒。普京的母亲玛丽娅·伊万诺芙娜·谢罗莫娃当时住在附近的扎列奇耶村。两个村庄距离不到4公里,总共不过100来户人家。

据说,普京父母的结合主要是因为爱情,不过,一个意外事件也起了很大的促进作用。

斯皮里多诺维奇年轻时脾气非常暴躁。有一次,村里的一群姑娘在伊万诺芙娜家中聚会,斯皮里多诺维奇很晚才到,大家不想放他进屋,他便强行冲了进去,结果不小心弄伤了伊万诺芙娜的眼睛,而且还比较

---

① 摩尔多瓦:即摩尔多瓦共和国,是位于东南欧的内陆国,与罗马尼亚、乌克兰接壤,首都为基希讷乌。

严重。事后，伊万诺芙娜的父亲把他叫到自己家，对他说："你娶了我的女儿吧，她现在这个样子谁还会娶她呢？"斯皮里多诺维奇深感愧疚，请求伊万诺芙娜的父母原谅他，并正式向伊万诺芙娜求婚。1932年，年满21岁的斯皮里多诺维奇应征入伍，为了彼此有个保证，他和伊万诺芙娜结了婚。

斯皮里多诺维奇最初在瓦西里耶夫斯基岛①地区潜艇艇员训练大队培训，然后分配到喀琅施塔得要塞②潜艇大队服役，担任信号舵手。当潜艇在水下航行时，他的职责是掌舵；当潜艇上浮出水面时，他负责用信号旗和信号灯发出相应的信号。

1937年，斯皮里多诺维奇复员。不久，卫国战争爆发，他志愿报名上前线保家卫国。

普京曾回忆说："父亲被分配到人民内务委员会第330步兵团歼敌营，这些营主要负责在敌后从事颠覆破坏活动。他们班里共有28个人，曾潜伏到金吉谢普市郊，成功炸毁了德国人的弹药库。有一次，食物没有了，他们到当地居民爱沙尼亚人③家里去，后者给了他们吃的，但随后就向德国人报告，出卖了他们。德国人从四面包围了他们，斯皮里多诺维奇埋头藏在一处沼泽中，透过芦苇管呼吸，直到德军派出的搜索他们的军犬从身边走过去了才安全。最终，28人中只有4人生还。

"'二战'中，父亲在前线受了重伤，被送到列宁格勒野战医院救治（按时间推断，普京的父亲那时仍在步兵团服役），母亲经常到医院去照料他，两人共吃病号饭。如果不是父亲受了伤，母亲未必能度过'二战'时的艰难日子。医护人员很快发现父亲把口粮让给了母亲，自己却忍饥挨饿，于是便不让母亲去探望父亲，让他安心治疗。父亲不放

---

① 瓦西里耶夫斯基岛：涅瓦河三角洲里最大的岛屿，也是圣彼得堡最古老的城区之一，曾被誉为俄国科学和文化的心脏。
② 喀琅施塔得要塞：俄罗斯重要军港，在芬兰湾东端的科特林岛，东距圣彼得堡29公里。
③ 爱沙尼亚人：爱沙尼亚的主体民族。东欧波罗的海东北沿岸的居民，自称"爱斯特拉塞德人"。

心母亲,有一天请假回家,正好遇见墓地里有一队掘墓人正抬着一些尸体从我家住的地方走过来,其中竟然还有母亲的'尸体'。当时,父亲顾不得伤痛,扔下手中的拐杖就扑向了母亲,他发现母亲还活着,只是失去了知觉,就立即要求掘墓人住手,强迫他们把她抬回家,自己细心照料,她又活了过来。"

这些事情并非普京亲眼所见,但可以想见当时的生活条件是十分艰苦的。

退伍后,斯皮里多诺维奇在列宁格勒的一家机车制造厂里任技师;伊万诺芙娜则做杂工补贴家用。普京出生前,他的父母曾生过两个孩子,一个因患百日咳而夭折,另一个则在列宁格勒遭封锁期间因感染猩红热而早亡。接连失去两个孩子的伊万诺芙娜一直非常忧郁,直到41岁才生下普京,并对这个儿子格外疼爱。斯皮里多诺维奇为儿子起名弗拉基米尔(意为支配世界),显然对他寄予厚望。而亲朋友邻都管普京叫"迟到的孩子",昵称沃洛佳。

普京的降生给已届中年的斯皮里多诺维奇夫妇带来了极大的慰藉,也让这个家庭充满了欢乐。可惜伊万诺芙娜产后时常患病,身体虚弱,不能亲自照顾儿子,因此,普京生下来不久便由其叔叔和婶婶抚养。

普京的叔叔对小时候的普京印象非常深刻,他回忆说,普京出生时体重3.2公斤,长着浅黄色的头发,非常可爱。而且,普京3岁的时候还有过一次不小的冒险经历:

一天,我带沃洛佳去钓鱼。我坐在3米高的河堤上,把鱼竿放进水里,就一门心思地钓了起来。沃洛佳爬到我脖子上看鱼儿怎样在水里嬉戏,怎样上钩。过了一会儿,我下意识地低了一下头,没想到这孩子一下子来了个倒栽葱,扑通一声掉进了河里。我急忙扔下鱼竿,飞身下河去救沃洛佳。不想这时他已沉到了河底,我紧随其后,但就是不见人影。沃洛佳有一分多钟没有踪迹,我被吓坏了。正在我不知所措时,沃洛佳自己突然浮出了水面，他人居然好好的，只是不住地打冷战，一个劲地喘着粗气。原来，他从3岁起就会游泳了。瞧啊，沃洛佳就这样早早地经受了一次河水的洗礼！

7岁"闯世界"

普京的叔叔和婶婶一直照顾普京到5岁，才离开列宁格勒返回老家。之后，普京和父母一起住在机车制造厂的家属大杂院里。这是列宁格勒市中心巴斯科夫胡同里一栋5层楼的旧房子，建于1859年。这栋房子在十月革命以前被称为"摇钱树"，那时房主通常把房子租出去，靠收房租赚钱。1917年，房子大多收归公有，被分给普通市民居住，通常是几家共用一个单元房。

普京家住的12号楼，是一幢带有天井式小院子的楼房。穿过拱形门后向左拐，就进入了门洞。门洞里非常阴暗，勉强能看得见通向房屋的台阶。不少人家把煤气灶摆放在走廊里，使得原本狭窄的走廊显得更加拥挤。生活设施也十分简陋，没有热水，也没有洗澡间，厨房很小还是公用的。楼道里经常有老鼠出没。

普京的父亲是典型的俄罗斯人性格，为人严肃，不喜与人交往，普京的不苟言笑也许就是遗传自他的父亲。在普京的心目中，父亲一直对他要求甚严，常常是一副冷面孔，但他知道父亲还是很爱自己的。他后来常说："我知道父亲只是表面有些冷淡，但非常疼爱、关心我。至于母亲，她更是舐犊情深，处处围着我转。"普京的母亲说，这辈子除了养大普京，她没有其他任何追求。

作为独子，普京可以说身受万般宠爱，他为此有些得意地说："我比许多同龄人都幸运，因为我能亲身感受到父母对我的关怀和呵护。这一点对我至关重要，因为它使我能够健康成长。父母对我这么好，与那些小时候父母离异的孩子相比，我感到自己真的很幸运。"

尽管生活十分清苦，但父母的爱让普京充分感受到了家庭的温暖，童年过得快乐而幸福。那个时候的苏联，家境贫寒、生计窘迫的何止普京一家，差不多家家都这样！

普京上小学前，父母只允许他在大院里玩耍。母亲不放心他，时常会从窗户里探出头来，看看他是不是还在院子里。然而，对孩子来讲，外面的世界很精彩，充满了诱惑。加上普京并不是个听话的孩子，从小就喜欢"闯荡江湖"，所以有时他也会突破"禁令"悄悄溜出大院。

6岁那年的"五一"节，普京没有告诉父母就一个人跑到大街拐角处玩，节日期间街上人山人海，热闹非凡。他小小的个子只能看到人们匆匆忙忙走过的腿，他有点害怕，赶紧往家跑，没想到却迷路了，在街上不知转了多少圈，才终于找到回家的路。

一般的孩子可能以后就不敢独自出门了，但普京从中学到的却是：如果不常出门，就无法知道回家的路。所以，即使父母看管很严，一有机会他还是会冒险出去逛逛。

一个寒冷的冬天，大概是普京七八岁的时候，一个小伙伴怂恿他一起去郊区玩。他们偷偷离开了家，随意上了一列火车来到郊外。因为刚刚下过一场大雪，四周白茫茫一片，他们完全迷路了。这时的气温为零下二三十摄氏度，天寒地冻，他们冻得直发抖，又没吃没喝，只得扒开积雪，寻找干树枝，用随身带的火柴点燃篝火，好不容易挨过了一夜。第二天，一位好心的阿姨领他们去家里吃了点东西，之后又把他们送上了回家的电动火车。

普京回到家后，父亲大发雷霆，毫不留情地用皮带回应了他的"壮举"——狠狠地揍了他一顿，还险些把他送进少年教养所。从那以后，普京再也不敢随便出远门了。

顽劣少年的梦想萌芽

　　日子就这样有惊无险地过着，转眼普京8岁了，相对于上学，喜欢"闯荡江湖"的他更愿意与小伙伴们在大院里玩，但又不得不走进校门。他回忆说："我家的影集里至今还保存着我刚上学时的一张照片，我穿着类似于军装的旧式灰色校服，端一盆花站着。现在我已不记得当时我为什么不是拿一束鲜花，而偏偏端一盆花。"

　　从一年级到八年级，普京都是在第193学校上学。这所学校就在他家所在的那条胡同里，大约7分钟的路程。起初他几乎天天迟到，因为穿衣服很麻烦，后来为了节省时间，他想了个"妙招"，干脆不穿外套，先往学校跑，这样便能准时到校了。

　　不少记录普京童年时代的文章都把他说成是一个从小就与众不同的杰出少年。其实，普京童年和其他男孩没有太大区别，他生性好动，非常顽皮。据他回忆，那时候他从不遵守上课的规矩，为了追求"自由"，他带头在上课时捣乱，成了班上的问题学生；他还经常和一些调皮的孩子打架，不过几架打下来，他倒成了班里的"孩子王"。

　　据普京的几个同窗好友回忆，小时候的普京极其好动，让他捧着一本书老老实实听完一节课对他来说简直是莫大的惩罚。他们说，其实普京具有很强的求知欲，只不过五光十色的世界和丰富多彩的生活，吸引了他的全部注意力，使他把学习放在了次要的位置。

　　普京不但好动，而且喜欢和别人争论、打赌。有一次，他和一个同学打赌，说他能悬挂在学校5楼阳台的护栏上。于是，在众目睽睽之下，他双手抓住阳台护栏把身体挂在外面，还爬上房顶，又跳到另一个教室的阳台上。这一连串的惊险动作看得在场的同学目瞪口呆。八年级时，普京参加毕业晚会又和同学打赌，说他能一口气吃下20个馅饼，唯一的要求是允许他在吃馅饼的时候喝水或者吃橙子。但吃到第16个馅饼时，普京开始祈求起来："发发慈悲，可怜可怜你们的亲人吧，不要伤害年轻的心灵！"大家都笑了，纷纷祝贺他说："沃洛佳，乌拉，好样的！"这次打赌以普京失败告终，但同学们仍然十分钦佩他勇于挑战的精神。

普京后来作为克格勃少校军官，在民主德国德累斯顿①克格勃代表处工作过6个年头，是个地道的德国通。不过很少有人知道，从小就疾恶如仇、有着强烈爱国心的普京曾一度拒绝学习德语。

当时，普京刚升上五年级，班主任是德语老师维拉·德米特里耶夫娜·古列维奇。维拉老师在班上组织了一个德语小组，起初普京也报了名，但他很快又改变了主意，说什么也不想参加了。维拉老师问他原因，他一脸严肃地答道："德国佬重伤了我的父亲，还杀害了我的奶奶和两个叔叔。我不学德语！"

对于普京的顽皮，维拉老师早有耳闻。有一次，同学们在集体农庄完成任务后，维拉老师送全班同学回列宁格勒，要求普京顺利返回后发个电报给她，结果她收到了一份莫名其妙的电报："列宁格勒天气，请开枪自杀，沃洛佳。"

后来她发现，普京开始与校外的无赖们交往，学会了抽烟、骂人、喝啤酒。普京后来解释称他主要是想听听他们讲述自己的事情。但他很快就对街头活动失望了。

经过仔细了解，维拉老师认定普京之所以捣乱，很大程度上是受了街头坏孩子的不良影响。学校也有责任，有的老师甚至说普京"没治"了，过于放纵他。维拉老师决定对普京严加管束，不准他和他大杂院的坏孩子来往。她还多次到普京家中家访，"双管齐下"，与他的父母合

---

① 德累斯顿：德国萨克森州首府和第一大城市，德国十大主要城市之一，是德国东部仅次于首都柏林的第二大城市。

力抓他的学习。

多年后,维拉老师回忆说:"当时我不得不长时间和沃洛佳谈话,耐心地对他进行说服工作。令我高兴的是,他最终还是答应报名学习德语了。我觉得沃洛佳是看在我的面子上才同意的,他真像是帮了我一个大忙似的。"

因为顽皮,普京有些科目的成绩不太好,但他非常聪明,也有着自己的理想。他曾想做一名水手或航海家周游世界,也曾想成为一名飞行员去遨游蓝天。但自从他读了《盾与剑》杂志后,便有了一个更坚定的想法。他对杂志中描写的克格勃产生了浓厚的兴趣,得知在第二次世界大战中,由于克格勃准确地截取了敌人的情报,才使苏军赢得了一次次的胜利……他惊奇地发现,做一名特工是何等的伟大,单枪匹马就能干成千军万马都难以做到的事情。

有一次,老师让同学们以《我的理想》为题写一篇作文。同学们的理想五花八门:科学家、作家、工程师、农艺师、教师、军人或工人……而普京对此却有着不同寻常的思考。他想:"很小的时候,父亲就教育我要做一个对国家和人民有所贡献的人。老师也经常教育我们要好好学习,报效祖国和人民。而我应该怎样去报效祖国和人民呢?做一名出色的间谍,用我的牺牲去换取祖国和人民的胜利,这不是非常有意义的吗?"

于是,他在作文本上写道:"……我的理想是当一名间谍,尽管全世界的人对这个名字都不会有任何好感,但是从国家的利益、人民的利益出发,我觉得间谍所做出的贡献是十分巨大的……"他在作文中还列举了苏联一个著名间谍的英雄事迹,论述了间谍在苏美对峙的冷战时期所起的重要作用。老师看了普京的作文后,连声赞叹他"年纪不大,志气不凡"。

从打架中悟出"哲学"

从普京的理想，不难看出他个性十分鲜明，从小就有着独立的性格，也正因为如此，他在学校里常常独来独往。同时，因为他严肃、冷傲、果敢，又爱自由、不安分，理所当然地经常受到老师的管教，而他也不时会做些反抗。

普京的小学同学鲍里先科回忆说："普京在少年时代并不是同伴的榜样，甚至比一般的孩子还顽皮。他在课间经常在学校走廊里乱跑，还时常和老师顶嘴，跟同学打架。可以这样说，一般男孩有的毛病普京都有。"

在小学的前5年里，普京好勇斗狠的性格的确惹了不少麻烦：他屡次顶撞体育老师，还撕毁数学课的家庭作业，考试时与同学交换字条被抓"现行"，因为打架被请家长。有段时间，他与物理老师的关系搞得很僵，有一次还因为忘记穿校服被物理老师赶出了教室。他自己也说不喜欢上学，更不愿意遵守校规。

在普京的小学学生手册上，一位老师这样写道："今天普京在上课前把黑板擦往同学身上砸去。"斯维特兰娜老师写道："在学校里，沃洛佳经常帮助同桌检查作业。上课时经常爬到课桌下，因为不是钢笔掉了，就是铅笔掉了。课间休息时就爬遍所有的楼梯。"其他老师写的评语还包括"回家没有做数学作业""上音乐课时不听话""上课时大声说话"，等等。该手册还记录了普京在那一年中经常和体育老师打架。因为淘气，普京的成绩很一般，当时苏联的学习成绩是5分制，他的算术和自然课都是3分，绘画2分，只有历史和体育的成绩是优等。

普京对自己打架闹事的往事也印象深刻，他在自传中写道：

第一次挨人揍，我感到很委屈。打我的那小子看上去是个瘦猴。不过，我很快便明白，他年龄比我大，力气也比我大得多。对我来说，这件事不啻是街头"大学校"给我上的很重要的一课，由此我得到了一个重要的教训。我从这一教训中得出了以下四个结论：

第一，我不对。当时那孩子只是对我说了句什么，而我却很粗鲁地顶了回去，那话简直可以把人噎死。事实上，我这样欺负弱者是毫无道理的，因此，我当场就受到了应得的惩罚。

第二，如果当时站在我面前的是个身材魁梧的壮汉，那么也许我不会对他这样粗暴。因为这孩子第一眼看上去瘦骨伶仃，我才觉得可以对他撒野。但当我吃了苦头的时候，我才明白不能这样做。我明白不论对谁都不能这样做，对谁都应当尊重。这是一次很好的、有"示范意义"的教训！

第三，在任何情况下，不管我对与否，如果进行还击，都应当是强者。可那孩子根本没给我任何还击的希望，根本就没有希望。

第四，我应该随时做好准备，一旦遭到坏人欺负，瞬间就应当回击。瞬间，对于任何攻击或侮辱，必须迅速还击。我还学会了，如果想要赢得胜利，必须放手一搏，背水一战。我的教育很大一部分是在街头完成的。

总的来说，我打架并没有什么鲁莽和过火的举动。不过，我从中悟出了一个道理：如果你想要成为胜利者，那么在任何一次对打中，都要咬牙坚持到底。

此外，我明确意识到，除非迫不得已，绝对不要惹麻烦。不过，一旦有什么情况发生，就应考虑无路可退，因此必须斗争到底。原则上说，这一公认的准则是此后克格勃教会我的，但早在孩提时代，我在多次打架中对此就已经烂熟于心、很好地掌握了。

普京总结出来的这些"打架哲学",表现了男子汉的坚定、果敢和刚毅,洋溢着蓬勃的阳刚之气。后来,他忠实地履行了这套哲学,向世人展示了一个"欧洲牛仔"的形象。

普京的一位老友形容他为了在搏斗中取胜,"会抓、会咬、会扯头发,为避免自己受到侮辱,他不惜代价"。但是,他很少主动向别人挑衅,不喜欢惹是生非,"是一个讲游戏规则的人"。有一次,普京和同学们一起打篮球,正在抢球的帕维尔·维诺格拉多夫被人推了一下,手指不小心戳到了普京的眼睛。帕维尔很担心普京冲上来将自己狠揍一顿,但普京表现得很有风度,接受了他的道歉,之后两人还成了好朋友。

对普京来说,如果只是为了学习,他并不喜欢学校,但能够在学校保持"孩子王"的称号,他也感到满足和自豪。当然,他并不热衷于发号施令,也不会因手握大权便作威作福。他回忆说,"我当时的角色不是司法机构的作用,而是执法机构的作用"。为了保持"孩子王"的地位,他还付出了不少努力,学习柔道、摔跤、格斗,一直热衷于体育运动。

"审判会"后的转变

到小学六年级的时候,普京的行为举止突然发生了很大转变,从贪玩淘气变得说话有礼貌、办事讲规矩。六年级第一学期,他的成绩开始突飞猛进,其中以德语成绩尤其突出,一跃成为学习拔尖、讲文明懂礼貌的好学生,并于六年级第二学期加入了少先队。普京的转变在学校被视为一个奇迹,所以,他的入队仪式被特意安排在列宁格勒市郊的一个博物馆大院举行。

据说，普京的脱胎换骨源于一次"同志审判会"。当时他居住的大院里的居民，列举了他的很多不良习气，诸如打架斗殴之类，并强烈要求他改掉这些缺点，否则就把他送到少年教养所进行劳动改造。这次"审判"对普京触动很大，使他真正意识到了自己身上的不足，并下决心改变自己。这以后，他虽然偶尔还会犯些小毛病，但行为举止变得相当端正，简直像换了一个人。维拉老师也肯定地说："沃洛佳有潜力，有劲头，有个性。他聪明伶俐，记忆力好。这孩子日后定能成大气候！"

这是一个很大胆的预言。因为12岁以前的普京，与其他孩子相比并无过人之处，他所受到的教育甚至处于社会的中下流水平。他唯一值得称道的是比较热爱体育运动，而且体育成绩优秀。

从小学低年级起，普京就喜欢上体育课，曾经学过拳击，不过因为鼻子被打坏，治好之后就放弃了这一爱好。在男孩中，普京个子相对矮小，无法进入篮球队，甚至一般男孩喜欢的足球，他也没有机会练习。不过他从不认为自己是弱者，一点也不自卑。从11岁起，他开始练习柔道，并遇到了一个好教练拉赫林。拉赫林教练不仅教给他一些技能，还教给他做人的道理，培养他勇敢和吃苦的精神。"也许是教练对我的生活产生了决定性的影响。如果我不从事体育，不知道后来会怎样。因为柔道不仅仅是体育，也是哲学，它教我要尊重长辈，尊重对手，但那里没有弱者。"在拉赫林教练的指导下，普京的柔道水平有了很大的提高。

维亚切斯拉夫·雅科夫列夫是普京小时候最好的玩伴，他和普京，还有另一个小名也叫沃洛佳的同学，就像《圣经》里的三位一体一样形影不离。雅科夫列夫说："至于沃洛佳（普京），体育运动才是他的一切，一放学他就急着往训练场赶。他到学校可不是来学习的，上学——训练——回家，他和谁都不深交，也根本没有时间交朋友。"

在很大程度上，普京坚韧、果断、刚毅的性格是受到了父亲的影响。他的父亲是个严肃正派、善良智慧、富有远见的人，经常告诫普京做人要积极向上、正直勇敢，学会依靠自身的实力去寻求发展机遇。父亲对普京寄予了无限希望，对他要求十分严格，尤其注意对他进行爱国主义教育。一位女教师回忆道："早在普京从事体育运动之前，他的父亲就给他买了一把巴扬手风琴。普京一周上两次音乐课，但这只是为了表示对父亲的尊重。"

普京一向敬重父母，他清楚地知道，自己的一切都是父母给予的。作为普通人，父母已经尽了最大的努力，他们所做的一切都是为了让他生活得更好。普京说："正是有了他们，我才能有一个良好的人生开端。"

普京的父母一直生活在列宁格勒。1989 年冬天，他的母亲伊万诺芙娜死于癌症。而对儿子寄予无限希望的斯皮里多诺维奇，也没有看到儿子成为总理的那一天。不过，当时饱受癌症煎熬的斯皮里多诺维奇已预料到儿子不会原地踏步，还会有更大的舞台供他一展身手。他对周围的人说："看着吧，我的儿子将成为彼得大帝。"1999 年 8 月 2 日，距普京被提名为俄罗斯政府总理前一周，普京的父亲不幸去世，终年 88 岁。父亲的病逝对普京打击很大。在父亲下葬 9 天之后，日理万机的普京又风尘仆仆地回到家乡，出席亲友为他父亲举办的纪念仪式。

青涩的初恋

家教甚严的普京，年少时少言寡语、十分腼腆，但他的情感世界异常丰富，是一个体贴入微、充满爱心，又不乏幽默感的人，因而很有女生缘。上八年级的时候，他开始了一段青涩的初恋。

普京的德语老师维拉在回忆录中写道："未来总统曾与一位名叫薇拉·布里列娃的女孩很要好，早在他们上六年级的时候，薇拉就去过普京的家。薇拉到班上没有多久，就成为众多男生的追逐对象，但她只喜欢沃洛佳。"

但普京的女同学、圣彼得堡大学国际关系系的专家斯维特兰娜·波塔普丘克跟记者谈到这个问题时，却有些无奈地耸了耸肩膀说："老实说，我曾打电话给很多同学，就是想弄明白沃洛佳那时候到底喜欢谁。大家的普遍看法是，我们班里没有那么一个人。或许，他那时已经学会如何控制自己的情感了。"

而普京的另一个同班女生则皱着眉头表示，如果说薇拉是沃洛佳唯一喜欢的女孩，那是不准确的。在她看来，沃洛佳当时至少同时喜欢3个女孩。

据薇拉·布里列娃本人说，她和普京谈恋爱时14岁，普京16岁。当时他们都住在列宁格勒附近的小城托斯诺的乡间小别墅里，两家是邻居。薇拉回忆说："沃洛佳当时个子不高，但全身都是肌肉。姑娘们经常拿他当话题。最后我们两人终于发展到再也不能掩饰感情的地步。"

那时普京除了上学之外，还得练习柔道，没有太多的用于花前月下，但他很会关心和爱护恋人。如果在大街上遇到酒鬼挑衅，他总是挺身而出，保护自己的女伴，从未让她有过不安全的感觉。他们两人当时很相爱，普京甚至答应娶她，但双方父母都认为需暂时放一放，因为他们的年龄都还小。

这次初恋如昙花一现，注定是没有结果的，但那青涩的一吻，却让他们记忆犹新。

"那是我终身难以忘怀的。"谈到与普京的初吻，薇拉回忆说，"那是一个隆冬的新年夜（她谈到普京的时候称呼他为 Vovao 或是 Volodya），我和 Vovao 的朋友们在他的家里过新年。突然有人提议说，我们玩旋瓶子的游戏吧，Vovao 很有兴致，于是他开始转了，当瓶子停下来的时候，正指着我。按照游戏的规则，我们轻轻接吻。其实我们吻得很浅，但那感觉却很真实。我当时窘得脸蛋发烫，低着头，心中却燃起了一团火。"

她还回忆起有天夜里与普京一起等候误点的火车的情形。"当时有个女孩吓坏了，但我很镇定，因为Vovao很镇定，跟他在一起我也变得无所畏惧。"薇拉深情地描述了这位俄罗斯总统的学生时代。十几岁的普京正值血气方刚的时期，有着雄浑的男子气，天不怕地不怕。他经常与朋友聚会，朋友们都大喝烈酒和香槟，但他却滴酒不沾。他对女孩子有着磁铁一般的吸引力，简直是个人见人爱的"万人迷"。薇拉笑着说："当他来到这里，所有女孩都被他迷得神魂颠倒。"当然，这并非指他的外表，而是一种内在的品质魅力。

薇拉认为他们最终没能走到一起，主要是因为她当时太高傲，而且她"和普京根本就是不同性格的人"。"有一次我去找他，看到他正坐在桌前忙着什么，于是我说：'Vovao，你还记得吗？你来的时候……'他扭过脸来，语气严厉地说：'我只记得自己需要的。'我是个高傲的女孩，对此简直无法忍受。如果现在对我这样，以后又会怎么样呢？"

后来，薇拉拥有了属于自己的爱情，再也没和普京见过面。她现在仍居住在托斯诺，她和普京发生恋情的老屋早就没了。她当过缝纫工、清洁工、售货员，现在退休在家。她的丈夫是个护林员，现在也退休了，巧的是他和普京同名，都叫弗拉基米尔。

薇拉的生活并不宽裕，一家四口靠补助金生活。尽管很多人建议她给普京写信，但她说："我是一个有血性的俄罗斯人，就算我在大桥底下挨饿，也不会写信向他寻求帮助。"她说她不想利用自己和普京的这种特殊关系来谋取利益。她显然也明白，初恋是美好的，但若牵扯到利益关系，最初那点美好的回忆可能也会失去。

第二章　把梦想变成行动

中学时代的普京并未给老师们留下深刻的印象,但他的同学多年后还在说,普京进行政治演讲时的样子让大家记忆犹新。在青涩的恋情无疾而终的同时,他又面临着青春时代的十字路口,他倾听了自己内心的呼声,明确地知道自己想要什么,并为之努力奋斗。

政治时事宣传员

初恋夭折之后,普京冷静下来,开始为将来加入克格勃而努力了。这一年他16岁。他从小就把克格勃看做是一个具有挑战性的职业。对卫国战争之后成长起来的新一代来说,想当间谍是非常普遍的想法,但真正采取行动的人并不多。

这是因为,要想当间谍,不仅需要具备良好的身体素质,精通外语,还要学好化学,除此之外,"行为狡黠"也必不可少。而在一般的学校,这方面的教育明显不够,尤其是化学这门功课不是很受重视。为此,普京从第193学校转到了列宁格勒第281中学(以下简称"第281中学")。

列宁格勒第281中学是一所工学院附属中学，又是试验化学中学（在俄语口语中，"化学"也有"狡诈行为"之意），学习的科目以化学为主。一般每天上一节化学课，星期五那天还要上5个小时的化学课。这所学校在列宁格勒算是一所比较注重教育质量的学校，不仅化学课的内容比其他学校深得多，而且其他课程的教学也相对超前。比如，普京刚到这所学校，语文教师就已经在向同学们介绍索尔仁尼琴①的作品，以及类似维克托·涅克拉索夫②的《在斯大林格勒战壕里》这样的"禁书"。这在相对保守的学校是绝对不会出现的。

第281中学的教师主张"人性化教学"。他们的教学方式比较灵活，课堂气氛也很活跃，不会像其他学校的老师那样板起脸来教训学生，即使是批评也显得和蔼、亲切。比如普京的数学老师格里高里耶夫娜·波格达诺娃，有一次她在教室里发现自己鞋上的绒球不见了，于是四下寻找。这时，普京拘谨地说："老师，我们已经把它当足球玩了。"他坦率地承认了错误，并将绒球还给波格达诺娃老师。结果，这位女老师非但没有斥责普京，反而从另一只鞋上解下绒球，递给孩子们说："这是你们的第二个足球，拿去玩吧。"

这种宽松的学习氛围，使普京变得活泼多了。他原来基本不参加课外集体活动，现在也开始承担一些这方面的义务。

在这里，普京的德语水平也有了很大提高。他曾不止一次对别人说自己非常喜欢德语，而且学起外语来一直十分努力。普京的同学安娜·基谢罗回忆说："沃洛佳对数学和化学并不是很感兴趣，及格万岁。他最喜欢的科目是德语，我在测验的时候还向他求助过。"

---

① 索尔仁尼琴（1918—2008）：俄罗斯作家，二战时曾任苏联炮兵连长，获得过2枚勋章。1945年因通信中不敬被流放哈萨克8年，这段经历后来成为他作品的主题。代表作品有《伊凡·杰尼索维奇的一天》《古拉格群岛》《癌病房》。1970年获诺贝尔文学奖。

② 维克多·涅克拉索夫（1911—1987）：苏联作家，参加过斯大林格勒保卫战。1974年后侨居法国。代表作品有《在斯大林格勒战壕里》（获1947年度斯大林奖金）、《在故乡的城市》、《基拉·格奥尔基耶夫娜》等。

确实，普京比较偏重文科学习，理科成绩并不突出。和其他同学一样，他也有过抄袭作业的经历。他对历史有着特别的偏好，而且在这门功课上没少帮同学们的忙。斯维特兰娜·波塔普丘克回忆说："那个时候，我们都不喜欢上历史课，因为历史老师很爱提问。有一次，又到了上历史课的时间，同学们就跟沃洛佳商量，让他想办法吸引老师的注意力，这样老师就不会问其他同学了。普京没有马上同意，因为他并不知道会是什么题目，万一题目很复杂怎么办呢？如果答不出来，那也是件很丢人的事情。不过，他最后还是同意了。那天他干得漂亮极了，几乎整节课都是他在与老师交谈。我们心里则一阵阵暗喜，听着他跟老师摆龙门阵，不知不觉间，下课的铃声就响了。"

总的来说，普京在这所中学的表现不算突出，教过他的老师对他印象并不深刻。1999年10月，普京的母校举行50周年校庆之前，有人打电话到校长接待室问："你们邀请普京了吗？"起初校方不相信会有当总理的校友，等翻出过去的档案资料才发现，普京，也就是当时的俄罗斯总理，竟然是该校1970年的毕业生。即使有想起他的老师，也感到很惊讶："想不到他会当总理，他太普通了！"

在校期间，唯一让普京感到自豪的是当了学校的政治时事宣传员。每次发言，他都会做好充分的准备，所以同学们都听得津津有味。普京的同学认为，他那出众的表达能力可能就是在那时锻炼出来的。许多年后，校友们从发表演说的普京身上还能看到当年那个瘦小的沃洛佳的影子。"他讲话时惯用的手势、他的面部表情、他得意时的浅笑，"他的同学这样描述道，"以及他在无人注意时的窃窃一笑，和当年没什么两样。"

由于当时苏联的政治环境，政治时事宣传员是各所中学里必不可少的"大人物"，一般由本校学生担任，主要任务是定期站在全班乃至全校师生面前通报近期的国内国际政治事件，并配上合适的评论。

而普京那时已经开始关注时事、关注社会，他关注外界的激情和饱满的精神状态，让大家觉得没有谁比他更适合担任时事宣传员了。

青春的悸动

在第281中学的生活和学习渐入佳境之后，普京又开始了一场青春之恋。如果说他与薇拉那段朦胧的恋爱只是小孩子之间的相互喜欢，那么中学时代的这次恋爱则增添了不少浪漫色彩。

同学们一致认为，第281中学和普京最要好的是同样来自第193中学的沃洛佳·伦津和斯拉娃·雅科夫列娃。伦津和普京是同桌，坐在他们前面的是斯维特兰娜·波塔普丘克和列娜·奥夫奇尼科娃。

斯维特兰娜回忆说："很显然，伦津喜欢列娜，但是他却不敢动手揪她的小辫子。于是，他就求自己的好朋友普京，'沃洛佳，你来揪！'有时候，普京就按照伙伴的要求去做，然后若无其事地坐在那里，好像什么事也没发生过。如果不是我亲耳听到，根本猜不到是他干的。"

斯维特兰娜认为，正是这种性格决定了普京最后成为一名出色的克格勃特工。伦津虽然也想过要当间谍，但是他的性格决定了他无法胜任这种具有挑战性的工作。

普京的中学同学至今还津津乐道于这样一件事：普京上九年级时，曾和一个十年级的学生发生了一场恶战，并且"一战成名"。那位学长先是踢了普京一脚，并且拒不道歉，这下惹怒了平时不显山不露水的普京。双方经过一番拳打脚踢，那位学长体力不支，败退而去。普京原以为事情到此结束，没想到当天放学后，他在马路上被那位学长及其同班男生截在了半道。普京使用摔跤中的几招，很快把那位学长放倒在地，然后大摇大摆地扬长而去。从此，再也没有人敢在小个子普京面前施展拳脚了。

当时在班上，列娜因为才貌出众，有很多追求者。但是，不知为什么，列娜偏偏喜欢上了貌不惊人、言语不多、性格内向的普京。对此，很多同学都感到不解，这个素来高傲，对很多男孩都不放在眼里的美女，怎么会喜欢上毫不起眼的普京呢？不管怎样，普京与列娜的关系亲密是有目共睹的，而且还有一张老照片为证。照片上，普京与列娜动作亲昵：列娜将一条围巾围在普京的脖子上，普京的手则搭向列娜的胳膊，两人含情脉脉、微笑地注视着对方，看上去完全是一对沉浸在热恋中的小情侣。

列娜的姐姐加丽娅后来成了一名化学家，她回忆说："列娜是插班生，她是在新学年开学一个月之后才到普京所在的班级。"有一天，列娜放学回家后，以赞叹的口吻对加丽娅说自己班上有个很不寻常的男孩，叫沃洛佳·普京。之后，列娜不时会提到这个新同学，每次都对他赞不绝口。这引起了加丽娅的好奇心。

加丽娅说："我妹妹打小就娇气十足、心高气盛，对谁都不看在眼里。可一提起普京，她就像打开了话匣子。这个同学究竟哪一点值得妹妹这样大加赞赏呢？在列娜的指点下，有一天，我终于见到了普京，但我当时非常失望，因为他看上去非常不起眼，既不英俊也不有趣。我实在不明白妹妹怎么会对他如此情有独钟呢？自从他们好上以后，妹妹几乎一放学就往普京家跑，两人聊天、逛马路，有着说不完的话。但是，他们之间的关系从没有出格。"

不管怎样，普京的中学生活因为有了列娜的存在，变得更丰富多彩了。

人生转折点上的抉择

沉浸在甜蜜恋情中的普京,并没有忘记自己的理想。中学毕业前一年,几乎所有人都已经明确了将来要干什么。而对大多数人来说,中学毕业考试的成绩将决定他们在什么样的大学继续学习。

谈及普京当时可能的想法时,他的同班同学几乎异口同声地指出,普京从童年时代起,就已经立志要当一名谍报工作者。而他们的论据也似乎非常充分:在中学时代的照片中很难找到普京的身影,这表明他始终在有意识地不引起人们的注意。

普京决定将自己的想法付诸行动,是在参观克格勃的一幢大楼之后。当时有人建议他找熟人引荐一下。恰巧普京的同学维佳·鲍里先科的父亲便在克格勃工作过,虽然已经退休,但与原来的同事还保持着联系。然而,普京不想利用这个关系,他谨记父亲的教诲:要学会依靠自身的力量去谋生、自卫、寻求发展机遇。因此,他直接去了克格勃列宁格勒局接待处。

这是秋季里的一天,普京到克格勃列宁格勒局外面转了转,发现整座大楼都是封闭的。这时,他看见门口站着一个人,于是走过去问道:"这里的干部处在哪儿?"那人耐心地问他有什么事后,告诉他这事得找接待处。

"接待处在哪里?"

"在柴可夫斯基大街。"

普京匆匆赶到柴可夫斯基大街,不巧的是,那天不是接待日,他一无所获。不过,细心的他记下了接待日和具体的接待时间。几天后,他又去拜访了那里,向接待人员说明来意,对方告诉他应该什么时候再来。不久，他第三次去了那里。对于这次会面，普京回忆道：

当时接待我的是一个叔叔模样的人，尽管他很惊讶，但他还是听我说完了。

我说："我想到你们这里来工作。"

"很好，但是还需要一些条件。"

"什么条件？"

"首先，我们不收自荐者；第二，到我们这儿来的，只能是当过兵的或者是高校毕业生。"

我马上问道："从什么样的学校毕业呢？"

他说："从任何一种学校毕业。"

显然，他很想摆脱我的纠缠。

我继续问道："最好是什么学校呢？"

"法律。"

"明白了。"

从那时起，我就着手准备到列宁格勒大学法律系读书，再也没有人能阻止我。

普京立刻决定报考列宁格勒大学法律系，他的柔道教练拉赫林则力劝他去报考列宁格勒金属工厂附属高等技术学校。当时，普京在该厂体育俱乐部练习柔道，因此教练们可以帮助他转入这所学校，而且可以使他免服兵役。

为此，拉赫林还特意约见了普京的父母，对他们说："根据普京的成绩，他实际上可以被保送到那所高等技术学校，根本不用考试；这所学校很不错，放弃这个大好机会，就是做天大的傻事；考普通大学本科是一种冒险，万一考不上，就得马上参军入伍。"

普京的父亲原本是要让儿子考大学，现在听了拉赫林教练的话也有些动摇了，于是开始做儿子的工作，希望他按拉赫林教练说的去做。这样一来，普京陷入了"两面夹击"的境地：训练场上，拉赫林劝；回到家，父母说。目的只有一个，那就是让他放弃报考大学。

对此，普京坚决地说："我就是要考大学，就这么定了。"

"那你就得去当兵。"大家都不相信普京能考上。

"没什么可怕的，"普京坚定地回答，"当兵就当兵。"

假如服兵役的话，将会推迟进入克格勃的时间。但普京认为，即使耽搁几年，也不妨碍实现自己既定的人生目标。这是人生的一个重要关头，他必须孤注一掷做出抉择：要么一切都自己决定，从而走上自己期望的发展道路；要么听任别人摆布，使梦想化为泡影。

很显然，在前途问题上，普京只听从自己内心的呼声。

1970年，18岁的普京从中学毕业，并以优异成绩考入国立列宁格勒大学法律系国际专业。

列宁格勒大学是世界上最优秀的大学之一，这无疑使普京离克格勃又近了一步。列宁格勒大学的全称是列宁格勒日丹诺夫大学（现改名为圣彼得堡大学），坐落在涅瓦河北岸瓦西里耶夫斯基岛的第二街，与冬宫[①]遥相呼应，于1724年创建，是俄罗斯最早建立的大学之一，和莫斯科大学一样享有俄罗斯"民族财富"的美誉。近三百年来，这所大学为俄罗斯培养出了数以万计的优秀人才：其中至少7人获得过诺贝尔奖，另有大量政府高级官员，最优秀的毕业生中有3人成为他们各自时代的骄傲——俄国资产阶级临时政府的总理克伦斯基[②]、苏维埃社会主义共和国联盟的创始人、伟大的无产阶级革命导师列宁，还有一个就是普京。

[①] 冬宫：是俄罗斯国家博物馆艾尔米塔什博物馆的"六宫殿建筑群"中的一个宫殿，坐落在圣彼得堡宫殿广场上，原为俄罗斯帝国沙皇的皇宫。

[②] 克伦斯基（1881—1970）：俄罗斯社会革命党人，十月革命中布尔什维克推翻了他的政府，之后他流亡巴黎，1940年移居美国，以教书和著述为生。

这时，列娜紧随姐姐加丽娅之后也考上了列宁格勒工学院。后来，她被送往民主德国留学，毕业前又在民主德国实习，因此和普京终止了亲密往来。这跟列娜的性格也有点关系，她是个自尊心很强的女孩，内心非常固执，习惯了人们都听命于她，因此，她好像被抬上了天。而普京性格稳重自持，总是不露声色，也不太会哄女孩子。从他那里，列娜得不到自己需要的"东西"，因此，他们的分手只是时间早晚而已。列娜后来嫁给了她的大学同学谢尔盖·库德罗夫，举家迁往莫斯科，做了一名德语教师。

普京在大学里并不活跃，除了体育活动，他几乎不参加其他课外活动，也没有参加共青团组织的活动，因此，班里的同学对他印象不深。20世纪70年代的苏联大学校园里，文化生活丰富多彩，各个系经常组织晚会或其他文娱活动，但普京很少参加，闲暇时总是泡在学校的图书馆里看书。

普京在列宁格勒大学法律系苦读了5年，根据当时苏联高等教育的法律教学大纲完成了学业。专业课程的内容包括马克思主义法学原理、列宁法律思想、苏维埃法律、法律史、刑法、民法、国际公法、国际私法、经济法等。此外，他还选修了外语、政治学等。他的学习成绩始终名列前茅，多数科目的成绩是5分。用他的话来讲，就是"我用5分说话"。

因为全身心投入在学习之中，直到大学毕业，他一直过着离群索居的生活，知心朋友并不多。但他也不是那种拒人于千里之外的人，相反，他的人缘一直很好。

大学三年级时，普京得到了一件意外的礼物。当时，他的母亲在食堂得到了一张彩票，是别人找给她抵零钱用的，结果中了一辆"扎波罗日人"牌轿车。对于生活拮据的普京一家来说，如果卖掉这辆车，至少可以赚得3500卢布来贴补家用。但普京的父母决定把它作为礼物送给儿子，于是，普京有了一辆人人羡慕的"坐骑"。这也让他身边的人都沾了光，同学、朋友有什么事需要用车，他都会欣然应允。有时，柔道训练结束后，他会开车把教练送回家，教练为此十分感动。

用体育磨炼意志

在大学学习期间，普京一向把体育训练排在第二位，主要是练习柔道和摔跤。除了学习之外，他花费时间最多的就是练习柔道。

他从11岁时开始练习柔道，在进入大学时已经升为柔道黑带选手（柔道分为10段：初段到5段为黑色，6~8段为红白两色，9~10段为红色）。刚开始，他每隔一天训练一次，后来改为天天训练。他的目标很明确，他要取得成绩，在体育项目中证明自己。

两年后，普京晋升为柔道大师。那时要晋升一个级别，必须多次参加正式比赛，不断战胜对手。普京最喜欢的3个动作是"体落""背负投"和"过顶摔"，他的扫腰动作最为出名，在其柔道生涯中赢多输少。这些柔道比赛锻炼了他的意志和体魄，为他日后实现梦想打下了基础。直至今日，回忆起当年的柔道比赛，普京对自己与世界柔道冠军沃洛迪亚·卡列宁的那场比赛仍记忆犹新。虽然他最后输了，但他对自己在比赛中的出色表现感到满意。比赛刚开始时，也许是卡列宁太轻视对手了，身材矮小的普京干净利落地把卡列宁从背上摔了下去，这让他得意了好一阵子。

对于柔道爱好者来说，比赛时经常会遇到各种各样的创伤，而且训练也很艰苦。普京经常要到位于列宁格勒郊外基皮亚维湖畔的体育馆参加训练。那个湖大约17公里宽，他每天早晨起床后先绕湖长跑，之后再训练，如此周而复始，直到累得筋疲力尽为止。

功夫不负有心人。1974年秋天，普京参加比赛，获得了列宁格勒市柔道冠军。在普遍高大的俄罗斯男性中,他用技巧和力量的完美结合,展示了一个小个子男人的超凡力量。

除了柔道之外,普京还迷上了桑勃式摔跤。俄罗斯民族和蒙古族一样,有着摔跤的传统。摔跤手要有充沛的体力、敏捷的身手和顽强的意志。而在摔跤场上,选手必须在观众狂热的欢呼声中保持清醒的头脑和高度的警惕。

摔跤运动有很大的学问,狭路相逢时未必就是勇者胜。在摔跤场上,一方面,你必须千方百计地与对手周旋,在消耗对方体力的同时准确判断其战术意图,避免陷入被动;另一方面又要在难熬的僵持中耐心等待时机,认真寻找对手哪怕是最微小的失误。等到时机成熟,找到对方的破绽,就以全部的力量和最快的速度向对手发起猛攻,直至将对手摔倒在地,夺取胜利。因此,摔跤其实是双方综合实力的一种较量,也是属于体力与脑力相结合的运动。

普京选择摔跤并不是简单地想用它来健身,而是把它当成对自己的一种挑战,用来磨炼自己的意志。正是在一场场的摔跤比赛中,他提高了在复杂环境中迅速准确地判断形势的能力,磨砺出了坚强的意志,练就了少有的冷静与耐心。

但在学习摔跤的过程中,有一个意外事故让普京一直耿耿于怀。当时,桑勃式摔跤运动刚刚兴起,有经验的教练和选手都不多,普京说服自己的朋友、一位刚刚掌握桑勃式摔跤动作的同学参加了比赛。不幸的是,这位同学在比赛中做了一个前空翻,结果脑袋触撞在垫子上,脊椎错位,全身瘫痪,几天后便离开了人世。普京为此懊恼不已,忧郁了好长一段时间。

空手道流行后,传授空手道的学校也应运而生,普京又开始练习空手道。空手道原本是一项贵族子弟的运动,一开始就要花很多钱,因此,学空手道的孩子都觉得自己是上等人。普京认为,学空手道需要流汗、流血及努力训练,富家子弟是练不出来的。那个时候,普京和他的伙伴们在学校训练可以不用交钱，他们大多来自贫困家庭。

说起来，普京对空手道的兴趣是源于特鲁德体育俱乐部的高级教练莱昂尼德·伊诺奇。一天，莱昂尼德教练领着普京一行人去体育馆，当时有一些学空手道的学生正在垫子上训练，轮到普京他们训练了，但那些人却不下来。莱昂尼德教练走上前去，三下五除二就把问题解决了。普京后来回忆当时的情形说："莱昂尼德教练走到他们的教练面前，告诉他该轮到我们班级训练了，那位教练连眼睛都没抬一下，好像是说走开吧！莱昂尼德一句话也没说，便把这位教练掀翻在地，把他摔得失去了知觉，轻轻一夹拖出垫子。然后，莱昂尼德转身对我们说：'上来，各就各位。'嘿，真带劲！"从那以后，普京就迷上了空手道。

起初，普京的父母并不支持他训练，以为他要学什么见不得人的技巧，好在大街上炫耀。后来，教练到他家进行家访，他们才知道普京不是闹着玩的，于是改变了态度。普京取得好成绩后，他的父母也开始明白，柔道和空手道都是严肃而有用的艺术。

实际上，大学时期的普京已经把学习空手道、柔道和摔跤跟自己的人生目标结合起来，有意识地培养自己的专门技能。而这些运动，也造就了一个永不服输的男子汉。

恩师索布恰克

除了各种体育训练之外，对普京来说，大学里的法律专业学习只是他实现目标的一个途径，他还需要有人给他更多的指引。此时正是他世界观形成的重要时期，他遇到了一个对他的命运产生重大影响的人——阿纳托利·索布恰克教授。普京说："他是我一生的恩师。"

索布恰克于1937年出生在西伯利亚的赤塔市，那里距离中国的满洲里只有200多公里。索布恰克和普京一样，出身于工人家庭。索布恰克的父亲是火车司机，家境并不宽裕，他完全是靠自己的努力才考入名牌大学——列宁格勒大学法律系。

大学毕业后，索布恰克被分配到斯塔夫罗波尔边疆区①工作，那里是苏联政治家尤里·安德罗波夫②和米哈伊尔·戈尔巴乔夫的故乡。当时戈尔巴乔夫正担任边区共青团书记。索布恰克在工作之余以函授的方式读完了列宁格勒大学的法律硕士学位，此后回到母校担任法律教授，主讲经济学。

普京从大学三年级开始听索布恰克的课，他的毕业论文《论国际法中的最惠国原则》就是由索布恰克主持审查的，被评为优等。论文的研究背景是：当时苏美关系出现了缓和，经济和科技合作的项目增多。年轻的普京间接地从这些经贸往来中敏感地捕捉到了经济生活中最为关键的问题，可见他除了对政治感兴趣并有独到见解外，对经济也有所研究。

不过，当时索布恰克和普京关系并不密切，只是彼此心存好感。这从索布恰克对普京的评价中可以窥见一斑。索布恰克回忆说："普京当时只是个普通的学生，和其他人没什么区别。他的表现并不特别引人注目，而且他也不愿出风头。但他学习成绩很好，并且已经表现出了他所具有的那种顽强不懈的性格。"

一个人要想成功固然需要自己奋斗，但也同样需要机遇的降临和贵人的提携。普京和索布恰克的交往，对他后来从政产生了决定性的影响。

作为一位具有独立思想的知识分子，"无穷的个人魅力和启蒙天赋

---

① 斯塔夫罗波尔边疆区：位于上高加索中部和大高加索山脉的北部。
② 尤里·安德罗波夫（1914—1984）：苏联政治家，长期担任苏联党、政领导职务。在短暂的执政期间进行了大胆的改革，大刀阔斧地进行人事调整，为发展苏联经济和提高人民福利事业作出了贡献。

使索布恰克成为最具活动能力、真正超凡脱俗的人物。他的思想非常独立，常以不同的方式批判当时苏共的政治制度。不过在讲台上，他不会公开挑战当局，因为那样做的结果将是被捕和流放国外。"

普京大学毕业后就加入了克格勃，索布恰克则继续在列宁格勒大学任教。十几年后风云际会，这对师生建立起了紧密的政治关系，这种关系只有在大环境改变以后，才能在特定的条件下形成。

执教多年后，索布恰克走上了"学而优则仕"的道路。1988年年初，已过知命之年的索布恰克已成为经济法教研室主任，但为了帮助戈尔巴乔夫实施政治体制改革，他决定加入苏共，并开始在政坛上一显身手，这也为普京日后步入政坛埋下了伏笔。

矢志不移的追求

遇到贵人对普京来说固然是件幸事，但矢志不移、持之以恒、坚持不懈，才是他成功的秘诀。

大学期间，普京从来没有放弃过加入克格勃的梦想。他时刻准备着，甚至憧憬着中学毕业前夕在克格勃列宁格勒局接待处遇到的那个人会突然出现，招收他到克格勃工作。然而，4年过去了，克格勃的人仍没有露面，他只得怀着忐忑不安的心默默地等待着。

在苏联，克格勃（全称为苏联国家安全委员会）是最庞大，也最神秘的官方情报机构，它的俄文是 Комитет Государственной Безопасности，简称 КГБ，克格勃是这3个俄文字母的音译。其前身为费利克斯·捷尔任斯基创立的"契卡（Cheka）"，即全俄肃反特别委员会的俄文简称，英文名 All–Russian Extraordinary Commission，全名为全俄肃清反革命和消除怠工特别委员会。后又先后更名为国家政治保卫局、国家安全总局、内务部、国家安全委员会等，但人们仍习惯于称呼这一机构为"克格勃"。

由于工作需要，克格勃经常在各大学，特别是著名大学如莫斯科大学、列宁格勒大学公开招募毕业生，这并非绝密之事，但也不会到处张扬。在学校的支持和配合下，他们可以先查阅学生的档案，再跟可能的人选个别谈话，初步筛选后再向上汇报，决定是否录用。克格勃招募情报官员的基本标准是：具有强烈的爱国主义和献身精神，机智勇敢，身体健康，年龄不超过25岁。具体考察有如下几步：

第一步，看长相。克格勃通常会挑选相貌普通、没有明显生理特点的人，因为越是普通的人，在工作中越不容易给别人留下深刻的印象，从而不会被轻易地识别出来。

第二步，看性格。候选人一定要为人机智、易于共事、意志坚强和具有正常的性观念。

第三步，看档案。主要是查看候选人的家庭出身，有无国外关系以及是否受过刑事处罚等。克格勃一般比较欢迎出身于清白的平民家庭、没有海外背景的青年人。

第四步，多样形式的考察。克格勃对通过前三关的候选人会进行严格的审查，包括对候选人的电话进行监听（一般是半年时间），对其日常行动进行严密跟踪监视，向其邻居详细询问候选人各方面的情况，等等。

第五步，找候选人谈话。鉴于克格勃工作的危险性，加之"肃反委员会"及其后的克格勃在处理"大清洗"等事件中都犯有很多错误，苏联很多民众对特工并没有什么好感，因此，克格勃在吸收新成员前会与候选人进行面对面的谈话，要求其做出自愿加入安全部门工作的表示和承诺，以免在日后的工作中陷入被动。

克格勃严格的审查程序，使得很多人往往在第二关就被"拿"下了。

候选人被录用后，还需要经过半年至5年的专门训练和培养。这种严格的招募和训练方式，使克格勃能够长期拥有一支素质较高的专职特工队伍。

普京出身良好（工人阶级），在大学里又品学兼优，显然是个可造之才。克格勃虽然还没有正式与他接触，但已经注意他了。普京上大学四年级时，学校忽然通知他，有人将在一间小教室里会见他。当普京疑惑不安地走进这间没有人上课的教室时，见到的是一个身着便服的中年人。普京敏感地意识到，这个人可能就是他盼望已久的"克格勃"。当时校方和普京都不知道这个人是谁，若干年后，人们才从报纸的报道中得知这位神秘的客人是伊万·瓦西里耶维奇（或许这只是他当时的化名）。他对普京说："我想和你谈一谈你的工作分配，但我现在还不想说究竟是什么工作。"随后，他们约定了另一个会面的地点。

普京回忆说："我们商量好在我们系的门厅里见面，那人却迟到了，我等了20分钟也不见他的影子，我想他大概是和我开个玩笑，正要离开，他却气喘吁吁地跑来了，说，'对不起，我有事迟到了。咱们开门见山，如果要你到克格勃工作，你的态度如何？'我回答说，很感兴趣。"

这是普京做出的影响他一生的一个重大抉择。然而，这次谈话之后，克格勃的人便杳无音信了，普京很长时间都没有得到任何消息。1975年临近毕业分配时，大学就业委员会安排学生去向，一位法律系的老师指着普京的名字说："我们要让他当律师。"就在这时，又有人打电话来邀请普京到大学的人事部谈话，普京到那儿后，才知道打电话的人是监督学生分配的克格勃特工，他说："这件事已经决定了，我们要让普京为克格勃工作。"这下普京心中的石头总算落了地。几天后，他开始填写各种加入克格勃的申请表。

还没有毕业就加入克格勃，一是可以提前确定今后的去向，二是立即就有了物质方面的好处。普京回家向父亲说明了自己将加入克格勃的事情，并得到了父亲的支持。对于一个工人的儿子来说，成为克格勃军官绝不是什么丢脸的事。就这样，普京正式加入了克格勃。不过，在克格勃，他的真名是个机密。

保密培训中的优秀学员

　　加入克格勃的事已是板上钉钉。1975年，毕业论文答辩刚结束，普京和另外两位同学马上被送到苏联克格勃学校进行专业培训，其中包括尼克莱·帕特鲁谢夫，他在普京担任总理后接替他出任俄罗斯联邦安全局局长。

　　苏联时期，克格勃办了200多所间谍学校，都是地图上没有标记的"特务城"，其中大型学校共有7所。普京当时在位于明斯克市东北约70公里的帕拉霍夫卡间谍学校（401保密学校）受训。

　　克格勃组织在每个学校的外围都布置了一支精锐的克格勃部队，使整个地区都处在克格勃的严密保卫之下。苏联地图上根本找不到它们的位置，就连学校附近的老百姓也不知道有这所学校的存在。

　　不久，普京等人由克格勃的专用飞机，从列宁格勒市直接送往帕拉霍夫卡间谍学校的德国分校。他们在到达后才发现自己已经身在异国了。

　　在帕拉霍夫卡间谍学校，基础科目包括数学、化学、政治常识教育、外国文学等，占697课时。军事课程主要包括外国军事组织的编制、军备设施、武器装备；外国领导人情报，包括每个关键领导人物的详细资料以及生活习惯和特征，占392课时。特别科的内容最为丰富，占1824课时，包括地形学、摄影技术、无线电收发报技术、特种通信联络方法，比如用隐形墨水在地图上绘制秘密符号和注解，在玻璃片上写隐形的情报笔记一类的特别技术。在特别科的教学中，如何接头、如何避免盯梢、如何摆脱跟踪、如何与间谍网的其他人员会面等，都是间谍的基本功。

学校实行军事化管理，纪律十分严格，通信也是使用假地址。学校规定的训练时间为一年半。普京后来回忆说："当时我们所在的学校管理非常严格，如果没有克格勃的特别许可证，任何人都不能进入。"

1977年，普京参加了由特别专家组成的考试团的严格考试，以优异成绩从帕拉霍夫卡间谍学校毕业，被授予陆军中尉军衔，之后被分配到克格勃第一总局列宁格勒工作站侦察分队（特工科）工作。

特工科担负着特种任务，比如对外国人和外国使馆外交官进行跟踪。这早已不是什么秘密，世界上所有国家都毫无例外地对外国使馆实施严密监控。

当时，一般的特工人员没有专用的办公室和电话，几个人挤在一个房间里，而且只有一部电话，给工作带来了诸多不便。年轻的普京依然争强好胜，常常处于争执的中心。他总是毫不客气地抢过这唯一的一部电话，和"局外"的朋友聊个没完，为此，同事们戏称他是"煲电话粥能手"。

普京当年的同事维克托·弗罗利科夫说："他还有分队刑侦科工作证。这是一种特殊待遇。在我们侦察分队，持有这种证件的人也就那么几个。谁也不知道普京在执行什么任务，我们也不便过问。当时我们有明确规定，不该知道的不问，对同事的工作不准随意打听。"

特工科的科长谢尔盖·彼得罗夫上校对普京称赞有加，他回忆说："第一次和普京谈话，我就立刻感到他头脑机敏、气度不凡，有着出色的分析能力。情报工作最需要智商高、视野广的人，而我眼前的这位青年军官正是这样的人。因此，我们没谈几句，我就深深地喜欢上普京了。"

不久，普京进了特工科开办的德语进修班学习。谁能获得这种进修机会，完全由科领导决定。毫无疑问，只有最具发展前途的人才能获此殊荣。进修班每周上3次课，每次2个小时。由于严格实行优胜劣汰原则，结业时即便只剩下一半学员也算是很不错了。这个德语班不发毕业证，只发结业证书，外语成绩存入个人档案。

第三章　神秘工作与浪漫爱情

　　普京其貌不扬,性格腼腆,加上工作神秘,使得许多女孩子一眼看不到他的亮点。只有经过长时间的接触,女孩子们才能发现他内敛机智、刚毅顽强、坚实可靠、有责任感,从而找到安放芳心的地方。

一段纯洁的友谊

　　在情报工作这个特殊的战场上,普京正日渐成长为一名优秀的特工。而在私人生活中,尽管他与列娜的青春之恋没有成功,但后来他与列娜的姐姐加丽娅却发展出了一段单纯的异性友谊。

　　那是在列娜离开列宁格勒之后不久,有一天,加丽娅突然给普京打电话诉说自己的苦恼。她在电话中说,妹妹走后,她一个人在家寂寞无聊,心里憋得慌。普京放下电话,很快就以善解人意的异性伙伴身份出现在加丽娅面前,对她嘘寒问暖,百般安慰。

　　这以后,加丽娅与普京的交往渐渐多了起来,对他的了解也进一步加深,两人不知不觉中成了好朋友。每次见面,普京对加丽娅都是百般开导,但他有什么不称心的事情,从来不向加丽娅诉苦。渐渐地,加丽娅发现普京幽默风趣、博览群书，而且办事沉稳、对人体贴入微，是个很有魅力的男人。"我也迷上了沃洛佳"，加丽娅终于发现，妹妹之所以倾慕普京，并不是没有理由的。

有一天，加丽娅从别人口中偶然得知普京在克格勃工作，她对克格勃向来没有好感，于是马上打电话约见普京。一见面，她就冲普京嚷道："多少好工作你不干，怎么偏偏去克格勃！克格勃尽干坏事，我爷爷就是因为有人告黑状而饱受苦难，最后惨死在惩戒营的。有的人仅仅因为开几句玩笑，克格勃就把人家打入大牢。你终究会因为给克格勃卖命而感到羞耻的！"

普京耐着性子听加丽娅数落自己，等她的情绪平静下来，他才宽慰加丽娅说："我绝不会去干任何坏事的，这一点请你放宽心。另外，克格勃也绝不是这样的机构。"普京的真诚感动了加丽娅，她如释重负，相信自己的好朋友是正派人，绝不会干伤天害理的事情（以后的事实也证明了这一点）。经历了这次小小的风波之后，他们仍保持着正常来往，并建立起了深厚的友谊。

加丽娅最欣赏普京的一点是，不论对谁，他都从不作假，一是一，二是二，从不遮遮掩掩。两人最初交往时，普京就毫不掩饰地向加丽娅表明了自己的平民身份。他说，尽管他现在是一个文化人，但他是在大杂院里长大的，这无法改变。加丽娅还经常到普京家去串门，与普京的父母十分熟悉。

加丽娅是个戏迷，而普京恰好很容易能搞到戏票，于是，她便常走普京的"后门"，甚至不止一次地到普京的单位找他。

由于种种原因，加丽娅与普京终究没能走到一起。加丽娅结婚后，日子一直过得紧巴巴的，有时不得不伸手向普京借钱。而普京向来把钱看得很淡，只要加丽娅开口，他总是慷慨解囊，热心相助。"即便是现在，我也可以开口向普京借钱，他一定会毫不犹豫地掏腰包的。他就是这样的人。"加丽娅回忆说，"普京从来不会忘记老朋友，不会忘记过去的人和事。但是他从来不记仇,不会报复人。"

尽管加丽娅姐妹都未能与普京结成正果,但她们与普京共同度过的美好青春时光,至今仍被她们深藏心中。

特工与空姐之恋

中学时期的恋情只是普京生命中的一段小插曲,在加入克格勃几年后,他终于遇到了将与他共度 30 年风风雨雨的人生伴侣。

1958 年 1 月 6 日,正是东正教①圣诞节的前夜,在欧洲西部靠近波罗的海沿岸风光旖旎、气候宜人的加里宁格勒市,莱蒙托夫街 1 号院的寒酸小楼里,一个可爱的女婴呱呱坠地了。这一家的主人是亚历山大·什克列布涅夫。母亲给女婴起了个乳名,叫"柳达"。到了上学的年龄,父母又给她起了个学名——柳德米拉·什克列布涅娃。

柳德米拉的父亲什克列布涅夫在机械修理厂工作,母亲叶卡捷琳娜·吉洪诺娃是车队的收款员。他们对女儿的要求非常严格,从小就有意识地培养她的动手能力。还没上学,她就能帮助父母做家务。上学后,校服都是自己上浆、熨烫。洗衣、烧菜、煮饭、编织,都是一把好手。

柳德米拉从小酷爱戏剧,梦想着长大后当一名演员。她曾参加过一个地区少年宫的活动,演遍了俄罗斯几乎所有著名古典话剧,在街坊和同龄的伙伴中小有名气。到了上学的年龄,柳德米拉先是在加里宁格勒第 44 中学上学,后来转到第 8 中学,并在那里一直读到高中毕业。

---

① 东正教:国际通称"正教会"或"东正教会",源自古希腊文明的救世主信仰根源,因作为古罗马帝国东部一脉相承的拜占庭帝国、俄罗斯帝国的国家宗教而闻名。与天主教、新教并称为基督教三大流派,是基于正统派神学并强调自身正统性的宗徒继承教会。

柳德米拉天性活泼，长着一头浅棕色的头发，一双会说话的眼睛显得十分机灵，她能歌善舞、人见人爱，从来都是学校里的"校花"，所以也有众多追求者。柳德米拉的父亲是军人出身，向来对女儿管教甚严，在他看来，女孩子出嫁前应该规规矩矩，名声受不得半点"玷污"。深知父亲脾气的柳德米拉因此在恋爱一事上一直"小心翼翼"。中学早恋的时候，她总是在离家很远的十字路口前便和男友分开，因此从来没有被抓过"现行"。但即便这样，如果她哪天回家时嘴唇发抖，明察秋毫的父亲便会一针见血地指出："显然是在寒冷的地方接吻了。"于是又少不了给她上一堂政治课。

高中毕业后，柳德米拉报考了向往已久的列宁格勒戏剧学院的表演专业，不料在第二轮测试后被淘汰了。不过她的文化课成绩一直不错，如果放弃表演专业，报考其他大学应该不会有什么问题。经过考虑，她准备报考加里宁格勒技术大学，这时她的男友尤拉·阿布罗西金（比柳德米拉低一年级）建议她先出去工作一段时间，等他一年，然后两人一起报考大学。单纯的柳德米拉不假思索，和男友双双来到加里宁格勒汽车销售厂找了份工作。后来，她还做过邮递员、医院清洁工、戏剧俱乐部领班、伴奏等临时工作。

1975年，柳德米拉和男友双双考入加里宁格勒工学院，走进了培养未来工程师的摇篮，她的演员梦也随之破灭了，但她怎么也无法提起对工科的兴趣。两年后，她主动辍学，到工厂当了名车工。1980年年初，柳德米拉考进航空公司，成了加里宁格勒航空队的空中小姐，从此也结束了她那漫长的初恋。

柳德米拉与普京的相识十分偶然。1980年，22岁的柳德米拉和空姐中队的一位女友前往列宁格勒进行一次为期3天的旅游。这个女友有个朋友叫谢尔盖·罗杜尔金，是列宁格勒音乐学院毕业生，他邀请她们去列宁格勒苏维埃剧院听音乐会，同时还邀请了自己的好友普京。

当柳德米拉随女友及谢尔盖·罗杜尔金来到剧院时，"穿着俭朴，其貌不扬"（柳德米拉语）的普京正坐在售票处窗口旁边的椅子上。柳德米拉回忆说："我和沃洛佳就是在剧院的台阶上认识的。"不过，第一次见面，普京并未给柳德米拉留下多少印象。

人们认为普京很有女人缘，主要是因为他无论何时出现在公众面前，总是精力充沛，阳刚之气十足，给人一种乐观豁达、爱运动、善交际的印象。妇女们更关注他那淡黄的头发、天蓝色的眼睛，认为他是一个很有魅力的男人。不过，当年与柳德米拉谈恋爱时的普京却是一个内敛、腼腆的青年。柳德米拉后来在传记《权力之路》中还道出了普京的诸多小缺点，比如约会爱迟到、大男子主义，他对女人有两条黄金格言："一个女人必须把家中收拾得干干净净；你不能随便赞扬一个女人，否则你就会宠坏她。"

这场演出结束后，他们又兴致勃勃地相约连续看了3天的演出。快乐的时光总是易逝，在地铁口道别时，普京出人意料地将自己的电话号码留给了柳德米拉。

此时普京已是克格勃少校特工，一般不会轻易把自己的电话号码留给别人。他对柳德米拉说："我在警察局工作，因为工作需要，我暂时不能告诉你真实情况。"过了一年多，柳德米拉才知道他真实的工作单位。

柳德米拉并不知道两人的恋情会怎样发展，这个年轻的"警察"给她的印象是清癯矮小、寡言少语，但却让她在回家的路上反复思量着。由于家里还没有电话，为了缓解思念的煎熬，柳德米拉就乘坐飞机去和普京约会。恰巧航空公司经常派人到列宁格勒出差，柳德米拉便争取到了这个机会。不过大家都不太看好他们，甚至觉得他们的爱情不可能长久。

1981年，23岁的柳德米拉接受普京的建议，决定辞掉工作，到列宁格勒继续上学。她考入了列宁格勒大学语言系预科班。起初她想学德语，但因竞争太激烈，她被分配到西班牙语言文学专业学习。正所谓塞翁失马，焉知非福，若干年后，当她作为"第一夫人"陪同普京访问西班牙时，她无需翻译，直接与身边的王后自由交谈，令新闻界大跌眼镜。

柳德米拉继续求学后，与普京约会也方便多了。但是，普京约会总是来去匆匆，而且常常迟到，他迟到不是三两分钟，而是个把小时。柳德米拉在地铁站苦等的一幕绝对称得上经典。"等待的前15分钟感觉一般，半小时也不算什么，但当一个小时过去，我几乎要呐喊了。一个半小时以后，我已经完全没有心情干任何事情了。"经过几次这样的迟到事件后，柳德米拉才从朋友口中得知普京原来是克格勃官员，迟到也是情有可原。

有人说，没分过手的恋爱算不上完美的恋爱，普京和柳德米拉也闹过分手。有一次，他们去参加一个晚会，柳德米拉可能是太放松了，她一边跳舞，一边大笑，而且不断地开玩笑。但是，内向的普京并不喜欢柳德米拉这样的表现。他生硬地告诉柳德米拉，他们的关系不太可能继续下去了。柳德米拉负气回了老家加里宁格勒。两个礼拜后，普京又改变主意，找柳德米拉赔不是，并留下一张希望和解的条子。柳德米拉再次哭了，忍不住告诉普京她爱他。

一晃三年半的时间过去了。1983年的一天，普京以自己的方式向柳德米拉求了婚。他对她说："现在你应该清楚我是什么人了。我不爱说话，脾气不是很好，你是不是也感到有时无法忍受？我是不是你的人生伴侣，你现在可能已经知道该怎么做了。"柳德米拉以为这是普京要和自己分手的托词，她正想着，普京低沉而又坚定的话语又传入她的耳中："我爱你，想选个日子和你结婚。"这完全出乎柳德米拉的意料，她没想到普京求婚的方式会如此与众不同。

在此之前，他们的恋情一直是秘密进行的。大概有两年的时间，柳德米拉的父母都不知道女儿有这么一个男朋友。普京求婚后，柳德米拉飞回家乡，把此事告诉了母亲："我认识了一个好男人，我要嫁给他。"

她的母亲听后高兴得一夜没有合眼。

1983年7月28日，普京和柳德米拉在涅瓦河一艘游轮的"浮船"餐厅举行了简朴的婚礼。这一年，普京31岁，柳德米拉25岁。双方的亲属都出席了婚礼，大家按照俄罗斯的传统方式，祝贺他们成为夫妻。婚后，柳德米拉改名为柳德米拉·亚历山大罗夫娜·普京娜。

他们的蜜月结束之后，因为还没有自己的房子，就和普京的父母一起住在列宁格勒市斯塔切克大街的楼房里。柳德米拉与普京的父母关系十分融洽，也是一位很贤惠的妻子。

接受特种训练

人逢喜事精神爽，普京结婚不久，事业也更上一层楼。1984年，他被调到国家安全委员会对外情报局。在就职之前，他被保送到安德罗波夫红旗学院，进行更加严格的训练。这对克格勃的许多青年军官来说是梦寐以求的事情。

谈及当时的情形，谢尔盖·彼得罗夫上校说："的确是我亲自把普京保荐到红旗学院的。"他沉思片刻，继续说道，"说实话，像普京这样出类拔萃、风华正茂的军官，我确实不愿意轻易放走。但我知道普京在业务上也要进一步提高，尽管那时他已经升任少校。普京前途无量，日后必成大器、担当大任。俗话说，庭院跑不出千里马。我不愿让普京埋没在我们这儿，眼睁睁地耽误他的锦绣前程。"

安德罗波夫红旗学院就是现在的巴拉什哈对外情报学院，外界一直以为这是国防部下属的一个保密的科研所，其神秘感较普京之前的单位更加浓厚。不过，后来还是有记者想方设法揭开了它的神秘面纱，通过教官和学员的一些生活片段还原了学校的一些情况。熟知普京当时情况的人有两个，一个是普京所在系的原系主任亚历山大·科贝洛夫上校；另一个是普京的同班同学、俄罗斯联邦安全局的少将格列布·诺维科夫。许多有关普京的鲜为人知的往事被他们从记忆深处一一打捞了出来。

"要想进入红旗学院，就得去莫斯科参加严格的考试。成绩合格了，才能踏入这所学校的门槛，"诺维科夫少将表示，"录取时主要看学员的外语水平，而外语水平也决定了学习期限。完全不懂外语者学制为三年，粗通者为两年，精通者为一年。普京和我说外语就跟说俄语一样流利，所以我们都在一年制班学习。"

"正式开学后，普京等新学员被安置在我们学院一幢灰色的4层楼里。"科贝洛夫接着说，"楼四周围起了一道通有高压电的带刺的铁丝网。便衣警卫荷枪实弹，带着警犬日夜在周围巡逻。"

初来乍到，这批新学员还未来得及熟悉一下身边的人和事，便被派到乌克兰西南波尔格勒的一个空降兵师接受特种训练。说到这次训练，诺维科夫少将至今仍心有余悸。

首先是所谓的"钻坦克"。训练开始后，一下子就有好几辆坦克同时对你进行围追堵截。训练场一马平川，甚至连一个壕沟也没有。你站在平展的场地上，眼看着这些庞然大物隆隆地迎面驶来。千钧一发之际，你得迅捷、准确地往坦克下面钻。这里最主要的是要钻得恰到好处，而后紧贴地面纹丝不动、敛气屏息地趴着，以免撞到隆隆行驶的坦克的履带上，稍有不慎便会丧命。就为这种训练，此前不知道发生过多少次惨祸。

不过，在新学员训练大纲中，让这些未来的情报官真正感到可怕的还是接受高地跳伞的考验。

"第二项训练是高地跳伞。我们得穿着带有背带，像是降落伞伞衣一样的训练服,然后从高地上跳下。唉,这太可怕了!"诺维科夫说,"就是在这高地上,我第一次见到了普京,我们一前一后纵身从高地上跳下。快要着陆时,我们开始减缓下降速度。我死死地拽着普京,突然,伞绳断了,我们将要着陆的地面很坚硬,玉米刚收割完,满地都是随便丢弃的玉米秆。普京紧紧地抓着我,我开始坠落,但我在空中居然还翻了个跟头。最后我们歪倒在地,之后才站稳了脚跟。我不明白怎么会这样有惊无险呢?普京不好意思地说,是他使出了柔道运动中的一招,趁势帮了我一把。我们就是这样认识的。我也爱练柔道,和普京一样,我也得过我们市里的柔道冠军。顺便说一下,直到毕业的前一天,我们许多人彼此还不知道对方的真实姓名。"

在红旗学院,所有学员统统使用化名。刚开始不少学员因为还没习惯,很容易就说漏了嘴,暴露了真名。但普京从来没有过失误,他化名普拉托夫,这个名字还是系主任科贝洛夫亲自给他起的。

红旗学院的教学原则是学以致用,教的都是情报人员在工作中需要用到的技能,其中没有半点掺假,也没有一丝温情,老师教得很具体,目的明确,要求严格。在校期间,学员们须学会徒手格斗、空手对付手持刀枪的敌人等全套自卫技能。高级专家还给学员们讲授各国文化、风土人情、民族特征和历史。新学员掌握开车的过硬本领之后,还要练习射击,成为百发百中的神枪手。作为这批新学员中的佼佼者,普京能熟练地驾驶任何汽车,也能出色地使用任何枪械。

从未干过暗杀的中校特工

1985年，普京在红旗学院受训完毕后，受对外情报局第四处派遣，以中校军衔到民主德国工作，他的公开身份是莱比锡①"苏德友谊之家"的主任。身怀六甲的柳德米拉也跟着普京来到民主德国，并开始学习德语。同年，他们的第一个女儿普京娜·玛丽娅·弗拉基米罗夫娜（昵称"玛莎"）出世。初为人父的普京很疼爱女儿，就算晚上回来晚了，也会先看看女儿再睡觉。柳德米拉说："他特别喜欢女儿，像他这样细心的父亲真是不多见。"

而普京之所以被派往民主德国，还得从当时欧洲的政治格局说起。第二次世界大战末期，苏联红军和美英军队从东、西两线攻入德国首都柏林，柏林随即由苏联、美国、英国和法国实施分区占领。1949年，苏占区（含东柏林）成立了德意志民主共和国，而美、英、法也将占领区（含西柏林）合并成立了德意志联邦共和国。柏林从此成为社会主义与资本主义两大阵营的分隔线和对抗线，冷战时期还建立了一道"柏林墙"。

在民主德国工作期间，普京学会了更多的专业技能，反跟踪技巧就是其中之一。在一次秘密会面结束后，为了不暴露目标，他沉住气，在城里东游西逛了整整一天，使别国谍报人员伤透了脑筋。还有一次，普京正与卧底人员接头，突然发现有情况，他飞快地钻进车里，把礼帽放在车前座上，造成两个人坐车的错觉，然后冷静地把车悄悄开出城外，最终化险为夷。

---

① 莱比锡：位于德国东部的莱比锡盆地中央，在魏塞埃尔斯特河与普莱塞河的交汇处，是原东德的第二大城市。

苏联克格勃少校尤索尔泽夫曾与普京在前民主德国的德累斯顿克格勃分部共事长达5年之久，他在《战友》一书中首次向世人披露了普京在民主德国的工作。

1985年8月，普京来到德累斯顿市克格勃分部后，与尤索尔泽夫分在了同一个办公室，因此，尤索尔泽夫每天都有机会从桌子对面观察这位新来的同事。

他们的工作地点位于民主德国秘密情报机构"斯塔西[①]"的高级军官住宅区——德累斯顿市安吉利卡斯特拉西大街上的一幢两层小楼房，离"斯塔西"大楼仅100米。克格勃德累斯顿分部共有6个人，他们的生活几乎与世隔绝，就像生活在太空中的宇航员一样。与波恩、汉堡的克格勃分部相比，德累斯顿分部寒酸得多，薪水待遇也比较差。

但普京以这里为基地，以整个中欧的德语地区（民主德国、联邦德国、奥地利和瑞士）为舞台，度过了他的克格勃生涯中最难忘、最有成就的一段岁月。

普京当时主要住在德累斯顿，而他与民主德国情报机关的合作主要是在莱比锡，所以他也经常到莱比锡去。他的工作内容之一就是监视驻民主德国的苏军。

普京本来可以选择到联邦德国（西德）工作，西德当时已经是最发达的西方国家之一，生活和工作条件都比较好。但是，如果要去西德，必须先在莫斯科的第一总局四处工作一段时间（1～3年），而去民主德国则没有这个要求。普京急于建功立业，因此选择了不用在机关坐班，直接到第一线工作的方案——去民主德国。

尤索尔泽夫说："我们所做的，实际上也就是针对北约的日常情报工作。情报内容涉及方方面面，主要包括我们感兴趣的国家的政党情况

[①] 斯塔西：前东德国家安全部，全称为"德意志民主共和国国家安全部"，成立于1950年2月8日，总部设在东柏林。斯塔西被认作当时世界上最有效率的情报和秘密警察机构之一，负责搜集情报、监听监视、反情报等业务。

及其内部趋向、其现任和未来领导人的情况、他们中谁有可能升任党和国家领导人。这里重要的是，要弄清他们是怎样的人、在做什么、做得怎样。不用说，北约及其所属国家的军事情报也是必不可少的。此外，还须弄清我们感兴趣的各国外交部都在做什么，它们怎样就世界各地的各种问题制定自己的政策。或者说，我们的对手对某些重大问题（诸如地区安定、重要军事活动及裁军谈判等）将持什么立场。"

对莫斯科来说，这个位于民主德国最遥远省份的克格勃分部是它的一只重要耳朵，克里姆林宫非常关注当时美军特种部队"绿色贝雷帽"驻扎在联邦德国威德弗来肯地区的军事基地，而普京有段时间的工作正是收集有关北约和美军部队的军事情报。

由于派驻民主德国的克格勃间谍无法直接渗入联邦德国境内的北约军事基地，只能通过招募联邦德国线人的方法来搜集情报。尤索尔泽夫说："我们分部当年在联邦德国境内发展的间谍不超过20个，因为我们付给他们的报酬太少了，通常只有50马克，其中一些人还是双重间谍，同时领着联邦德国情报机构的薪水。这也使我们处在极大的压力中，只能不停地招募新的间谍和线人，因为只有扩大间谍网络，才有机会获得提升。除了日常工作以外，我们还经常执行一些集体任务，作为代表处的一员，我和普京自然也积极参与其中。"

普京在民主德国的情报活动，以北约为主要目标，搜集的情报直接报送国内的克格勃总部。为此，他招募了一些民主德国的人。克格勃很擅长利用年轻貌美的女特工"燕子"接近目标，色诱对方，使之为己所用。普京也不例外，时常利用"燕子"来刺探情报。

贝琉酒店是德累斯顿的高级酒店之一。当年普京手下若干受过训练的"燕子"便活跃在这里。这家酒店的登记处为克格勃所控制，一旦发现有价值的西方旅客入住，很快就会有"对口"（即精通旅客所属国家的语言）的"燕子"上门服务。克格勃刺探情报从来都是不择手段，当然，他们的西方同行也不逊色。

普京在民主德国为克格勃做出的最大贡献，是领导了代号为"日出"的行动计划。"日出"计划的细节至今仍没有公开，其目标是在民主德国建立一个间谍网，负责搜集苏联所需要的经济或科技情报。即使在两德统一、苏联解体后，普京当年布建的间谍网可能仍在运作，格哈德·施罗德出任德国总理时还为此愁眉不展。

普京当上俄罗斯总理，特别是在成为俄罗斯代总统之后，德国情报当局发现他居然在民主德国工作过6年，奇怪的是，他们的情报局对此毫无记录。于是，他们费尽心思地寻找有关普京的档案，调查普京当年在民主德国的活动。但是，他们发现在民主德国国家安全部的档案中，有关普京的资料全都不翼而飞。

普京当年在民主德国的工作，除了他在克格勃的上司、同事外，没有人知道具体内容。普京本人谈及此事时也只是简单地说："我是政治间谍，获取政治家的信息、敌人的计划，等等。

"我们负责民主德国境内与我们有关的政治路线的任何一条消息，以及主要敌人的所有情况。这里的主要敌人是指北约。

"一般的间谍活动包括发展线人，获取信息，加工信息，并把它们送到中心去。这里是指政党的信息、内部趋势及其领导人，包括现任的及未来可能就任的人。重要的是掌握谁在做什么，怎样做的，注意与我们有关的国家的外交部说些什么，他们在世界各地怎样用不同的说法来表达自己的政策目的。或者是我们的谈判伙伴的立场，比如关于裁军的立场等。当然，为了获取这些情报，必须有线人，因此，发展线人与获取情报是并列的。另外还要对信息进行分析和加工。"

在一次谈话中，普京曾半开玩笑地说，这是"一份类似007所从事的、充满了冒险的工作"。接着，他又转变口气，严肃地说："严格来说，这只是一项程序化的工作，我每天只是和信息打交道。"他说自己的工作"多半带有脑力劳动的性质，搜集、整理各种情报，首先是政治情报"，在实际工作中从来没有干过暗杀。

一个曾与普京有密切联系的民主德国特工评价当时的普京说:"他不饮酒,也不抽烟。他不恋财,也不好色。他总是在控制自己的感情,总是将秘密藏在心头。他一定有弱点,可我就是不知道这弱点是什么。"

东欧剧变的考验

当普京在民主德国为自己的国家兢兢业业地工作的时候,苏联正酝酿着一场历史性的变革。对于浴血奋战在两大阵营间谍战最前线的普京来说,他和家人就像汪洋大海中的几叶浮萍,不知命运将把他们带向何方。

而普京当时的言行已充分表现出一个政治家非凡的洞察力。在私下交谈时,他尖锐地指出:柏林墙倒塌在所难免;苏联迅速丧失在欧洲的阵地固然令人扼腕,但这也是一种必然。不久,苏联解体的严酷事实恰恰印证了他的这一预言。1989年11月,柏林墙轰然倒塌。数以千计的群众愤怒地走上街头,并且开始冲击"斯塔西"机关。

政治局势的变化使得民主德国的克格勃人员的工作变得毫无意义,出于安全考虑,他们及时切断了与外界的一切联系和来往,停止了一切活动。接着,他们奉命进行撤离准备。首先要做的是不分昼夜地处理文件,有用的存档发回莫斯科,没用的则一律销毁。由于销毁文件数量巨大,时间又很紧迫,甚至把一个火炉子都烧坏了。在离开德累斯顿之前,普京取走了德累斯顿"斯塔西"的所有克格勃线人档案,使它们免于落入西方情报机构的手中。

1989年12月6日晚,德累斯顿发生了示威民众围攻州安全机关办公大楼的事件。当时安全局的大楼里挤满了随身携带武器的国家安全局工作人员。由于担心发生意外事件,他们在拼命阻止人群的同时,开始焚烧秘密档案。一个小时后，数百名抗议者冲进了大楼。人群中有人高喊："现在让我们去冲击苏联人的秘密警察总部吧，它离这儿并不远！"于是，一群人呼啸着向普京的住处扑去。

在克格勃机构门口站岗的哨兵发现异常后，迅速向上级作了汇报。几分钟后，普京穿着一身笔挺的军装出现在大门口，向人们耐心地解释说，这里是苏联军事机关，并劝他们尽快离去。但这些人个个横眉竖眼，充满敌意，显然不肯就此罢休。情急之下，普京给驻守当地的苏军打电话求援，但得到的却是冷冰冰的回答："没有莫斯科的命令，我们什么也不能做。"而莫斯科却保持沉默。

这时，有人质问普京，为什么院子里停着挂民主德国牌照的汽车，苏联人在民主德国干什么。普京回答，按有关规定，苏联人有权使用民主德国的汽车牌照。接着，有人质问普京究竟是什么人，为什么德语说得这样好。普京不动声色地表示他是一名翻译。就这样，他成功地拖延了时间，并等到了莫斯科方面允许使用武力保护克格勃机构的答复。

在得到明确的指令后，普京用流利的德语大声宣布："我希望你们不要试图闯入这一地区。我的部下拥有武器，并已得到可以对外来闯入者开枪的授权。"他那严肃的表情和坚决的话语，立刻使人群安静下来，他们私下交换了意见，悄无声息地散去了。

普京的果敢坚定、临危不乱，在关键时刻稳定了局面。

1990年新年刚过，克格勃人员开始从民主德国撤离。国家前途未卜，命运岌岌可危，在踏上故土的那一刻，普京忐忑不安、忧心忡忡。作为一名赤诚的爱国者，他比任何时候都更加牵挂自己的祖国，为祖国的前途而忧心。

第四章　抓住从政的关键时机

在选择人生发展道路的关键时刻，普京没有考虑个人进退，而是进行道德上的自我考评，根据自己内心的原则行事。忠诚、实干、善于后台操作，使他得到了上司的赏识和信任。尽管身处逆境，但是他没有背叛恩师，抵挡住了权力的诱惑。

低谷中的转折点

1990年新年伊始，普京从德累斯顿撤离，悄然回到了家乡列宁格勒。这是苏联最为动荡的一段时间，许多人都陷入了失落、痛苦和迷茫之中。由于原谍报机构不复存在，不少特工人员借机向政府伸手，要求解决个人的种种利益问题。一般情况下，从外国回到苏联的优秀克格勃情报军官，仍然会以合法身份为掩护，继续从事情报工作。

普京无疑是其中的优秀者之一，但他对克格勃的前途心灰意冷，不知何去何从。他的同事尤索尔泽夫称："在普京表面的文雅和谦恭背后，隐藏着巨大的个人能量，因此，当年身在克格勃的普京给上级和同事留下了非常深刻的印象，大家都认为他是个值得信赖的人。"

因为不愿向政府伸手讨饭吃，普京准备从克格勃辞职，在列宁格勒当一名出租车司机。对于这段生活，他回忆道："那时候，多数人都处于迷茫之中，不知道明天会发生什么。我在想，假如我没被关进监狱，我该怎样赚钱养活我的家人？我想当一名出租车司机，就用我那辆在前民主德国当情报官员时购买的苏联产伏尔加轿车。"

不过，普京也表示愿意无条件地服从安排。不久，他以克格勃驻校代表的身份被安排回母校列宁格勒大学工作。对于有着雄心壮志的普京来说，学校的工作范围毕竟太小。过去在民主德国，他以中校身份领导一个情报组，以整个德语地区为舞台，在冷战的第一线从事秘密工作。而现在在母校担任校长国际事务助理，所谓的"国际事务"其实只是校办企业涉及的一些琐事，与以往的工作性质完全不同，反差甚大。尽管如此，普京在新的工作岗位上仍然恪尽职守、兢兢业业。为了管理好学校开办的合资企业，他经常到处奔忙。而这也使他在现实的市场经济环境下经受了锻炼，积累了一些市场经营和企业管理方面的知识和经验。

事情的发展往往具有戏剧性，凑巧的是，普京的恩师索布恰克突然对政治产生了浓厚的兴趣，决定弃教从政。1989年，索布恰克当选苏联人民代表；1990年春末，他又摇身一变，成为列宁格勒市苏维埃主席——该市苏共机关的一把手。在这种情况下，索布恰克急于延揽各路英才。当机遇来临时，普京敏锐地抓住了它。

1990年初夏的一天，索布恰克回列宁格勒大学办事，在办公楼的走廊里遇见了普京，两人一番寒暄后谈起了现状。索布恰克正忙于自己过去所不熟悉的各种事务，见到这位以前的学生，他内心马上萌生了一个想法。为慎重起见，他先通过大学的熟人私下征求了普京的意见。

普京回忆当时的情形说：

我的一位法律系朋友请我帮助索布恰克，那时他（恩师）刚当上列宁格勒市苏维埃主席。我的朋友直截了当地说，索布恰克的班子里没有什么能人，他身边都是一些滑头。接着，他问我能不能帮助索布恰克。

"哪种形式？"我当时很感兴趣。

"从大学出来，到他身边工作。"

"你知道，这得慎重考虑一下。我是一名克格勃军官，这一点他还不知道，弄不好我可能会损害他的声誉。"

"你和他谈一谈吧。"我的朋友建议说。

我和索布恰克在列宁格勒市苏维埃大楼他的办公室里见了面。我还清楚地记得当时的情景。我进去后，介绍了一下自己的情况，然后说明了自己的想法。

他是一个容易冲动的人，听了我的想法后立即对我说："星期一你就来上班吧，就这样决定了。现在我们商量一下，你想干什么工作？"

我不能不说清楚了："阿纳托利·亚历山德洛维奇，我对这一切都感到很满意，也很感兴趣。但我有一个情况需要向您说明，它很可能会影响我变换工作。"

他问："什么情况？"

我回答："我必须跟您说，我不只是一个普通的校长助理，我还是一名克格勃军官。"

他良久没有说话，考虑再三后说："好吧，克格勃就克格勃吧！"

回家后，普京跟柳德米拉商量此事，柳德米拉很支持他的决定。于是，普京辞去了在列宁格勒大学的工作，跟随恩师来到市苏维埃，担任国际问题顾问。

命运再次让索布恰克与普京这一对师生走到了一起。

踏上从政之路

得益于索布恰克的青睐，普京顺利踏上了权力之路的第一个台阶，而他也没有辜负索布恰克的期望，将大小事务打理得十分周到、得体。

1991年春天，苏联的局势进一步恶化。在短短几个星期内，苏共中央政府决定"试验性"地在莫斯科和列宁格勒改革管理体制，成立由人民选举产生的市政府。以前苏维埃系统中各种职能混在一起，而现在这种管理体制可以清晰地区分行政和立法机关的职能范围。莫斯科苏维埃很快通过了新法律，没有任何争议。但在列宁格勒，市苏维埃议员却屡次反对成立市政府，因为一旦那样做的话，议员团的影响力将大大削弱。普京为此做了很多工作，顺利说服了许多议员，让他们认识到成立市政府的必要性。最终，这一决定以压倒性的优势获表决通过。

1991年6月，在列宁格勒，尽管共产党人和很多"民主派"都反对索布恰克参加市长竞选，但索布恰克还是得到了70%选民的支持，成为列宁格勒市第一个由人民民主选举产生的市长。之后，普京成了他的对外联络部主任。

20世纪80年代末至90年代初，苏联有众多反对派，而索布恰克则是苏联反对派的一面旗帜。他们的标语是："打倒列宁主义！""打倒苏共！""叶利钦、波波夫、索布恰克拯救俄国！"由此可见索布恰克当时在苏联政坛的地位是很高的。在就职仪式上，索布恰克宣布，当前城市只有一个经过人民选举出来的合法政权，苏共机关（包括中央机关）今后无权干涉和影响市政府的活动。

在以索布恰克为首的"民主改革派"的宣传和鼓动下，1991年9月6日，列宁格勒市举行全民公决，以54%的多数通过了将列宁格勒恢复为沙皇帝国时期旧名"圣彼得堡"的决议，并在后来的俄罗斯人民代表大会上以修改宪法的形式予以确认。"列宁格勒"随即成为历史。

但是，随着全国形势的变化，圣彼得堡的局势仍在不断恶化，索布恰克和市民之间的疏远感在暗长。与此同时，索布恰克也表现得极为高调。自从担任列宁格勒市苏维埃主席的职务后，他参加了几乎所有全国性的政治活动。在担任圣彼得堡市市长期间，他像一位全国性政治家那样经常出国访问，几乎从不拒绝任何一个国外邀请，到过许多西方国家。国外经常有消息称，索布恰克可能成为俄罗斯未来的总理，甚至是总统。这对刚当上俄罗斯总统不久的叶利钦刺激很大，因此，他对索布恰克的态度也变得越来越冷淡。

索布恰克认为自己不仅是俄罗斯民主运动的重要参与者，还是领导人之一。他同时还是苏共和俄共的反对者，在苏共二十八大上和叶利钦一样示威性地退出会议。但是，索布恰克并不属于叶利钦圈子里的人，他曾公开对叶利钦的一些行为和讲话表示不赞成，他对一些人说过："我无法成为叶利钦班子里的人。"此时，索布恰克在国内的影响力仅次于叶利钦。媒体这样形容他：高高的个头，身材匀称，举止优雅，和任何一位欧洲政治家站在一起都不会逊色；他是一位能够成功运用肢体语言的出色演讲家；他坚毅果敢，身居高位，有着丰富的实践经验，而且自制力很强。

正是这样一位政治领袖人物、一位值得敬爱的老师，将职业军人普京引上了从政之路。

"8·19"事变中的抉择

顺利踏上从政之路的普京,很快又面临着一个重大的抉择。1985年,戈尔巴乔夫担任苏共中央总书记后,对苏联进行了震惊世界的大改革。以1987年《改革与新思维》一书的出版为标志,戈尔巴乔夫开始全面推行所谓的"人道的、民主的社会主义",鼓吹"民主化、公开性、多元化",取消苏共领导,将改革引上了歧途。

1990年,立陶宛、爱沙尼亚①和拉脱维亚先后宣布独立,苏联其他加盟共和国的离心倾向也越来越明显。1991年,恰好叶利钦当选俄罗斯最高苏维埃主席,他宣布俄罗斯成为主权独立的国家,给戈尔巴乔夫来了个釜底抽薪,苏联实际上已经成了空架子。为了保住苏联,1991年5月,戈尔巴乔夫和15个加盟共和国领袖达成协议,同意组成"新苏联"。

1991年8月19日,苏联副总统根纳季·亚纳耶夫突然宣布,鉴于苏联总统戈尔巴乔夫的健康状况已不能继续履行总统职务,根据苏联宪法,他本人即日起履行总统职务。他同时宣布成立苏联"国家紧急状态委员会",苏联部分地区将处于为期6个月的紧急状态。同时,坦克和军队开始出现在莫斯科街头。不过,莫斯科市民表现得比较冷静,每天照常上班,人们似乎倾向于接受无法改变的事实。

但是,政治声望很高的俄罗斯联邦总统叶利钦没有听命于国家紧急委员会,他跳到议会大厦前的坦克上发表演讲,指责国家紧急状态委员会要恢复苏联的政治铁幕统治,并号召群众进行总罢工。国家紧急状态

---

① 爱沙尼亚:位于波罗的海东岸,芬兰湾南岸,西南濒临里加湾,南面和东面分别与拉脱维亚、俄罗斯接壤。主体民族为爱沙尼亚族,首都为塔林。

委员会决定搜捕反对派及罢工煽动者,但又优柔寡断,未能果断、及时地采取行动。叶利钦当机立断,在克格勃特别部队包围他的别墅前,抢先20分钟到达俄罗斯最高苏维埃所在地白宫,使那里成为他对抗国家紧急状态委员会的总部。在叶利钦的鼓动下,情况发生了逆转。

此时苏联主要有三股政治力量——克里姆林宫(事件发起者的据点、国家紧急状态委员会总部)、克里米亚别墅(戈尔巴乔夫居住地)、俄罗斯议会大厦(白宫,叶利钦的总部)。经过两天的较量,很快便有了结果。

8月22日上午,叶利钦宣布,苏联前国防部长德米特里·亚佐夫元帅、国家安全委员会主席弗拉基米尔·克留奇科夫、苏联国营企业联合会会长亚历山大·季贾科夫及苏联副总统根纳季·亚纳耶夫已于22日凌晨被拘留;前内阁总理瓦连京·帕夫洛夫因病住院,已被就地监护;苏联内务部长鲍里斯·普戈已自杀身亡。他们都是8月19日宣布成立的苏联国家紧急状态委员会的成员。

8月24日,戈尔巴乔夫宣布辞去苏共中央总书记职务,并建议苏共中央"自行解散"。苏联共产党的生命就此终止,实际上也宣告了苏联的解体已无法逆转。

作为"8·19"事件的最大赢家,叶利钦始终掌握着事态发展的主动权,白宫门前的几天斗争使他成为万人拥戴的英雄。

事件发生时,索布恰克正在莫斯科公干,他听到消息后,马上向外界宣布坚决支持叶利钦,并决定立即搭乘最早的一班飞机赶回圣彼得堡声援叶利钦。然而他并不知道,危险正在向他悄悄迫近,他的名字早已被列入克格勃领导人克留奇科夫签发的逮捕名单中,而圣彼得堡的克格勃已经开始行动,随时等着抓捕他。

政变发生当天,普京正在外地度假,得知消息后马上赶回圣彼得堡,思考应对之策。关键时刻,他在克格勃的工作经历帮了索布恰克一个大忙。克格勃内部的老关系很快向普京通报了即将抓捕索布恰克的消息。普京不顾自身安危，坚持到圣彼得堡机场迎接索布恰克。第二天，在普京的亲自指挥下，经过精心挑选的圣彼得堡的武装警卫人员在索布恰克乘坐的飞机刚刚着陆时，直接将汽车开到飞机舷梯下，将索布恰克接出了机场，并对他实施了严密的武装保护。

随后几天，在索布恰克与圣彼得堡国家安全委员会和圣彼得堡军区领导人谈判时，普京起了极为重要的作用。他彻夜奔走在圣彼得堡的克格勃和军区之间，与有关方面展开紧急磋商和协调。在他和索布恰克等人的努力下，当地驻军决定保持中立，使国家紧急状态委员会试图夺取圣彼得堡政权的行动计划宣告失败。

在这次政变的紧要关头，普京于8月20日辞去了克格勃的职务（按照克格勃的规定，克格勃基干人员永远不得离职，只能转为"担任现职的预备役基干人员"）。

每每回忆起这段经历，普京都不由得百感交集，他在自传中写道：

当时，我几乎被迫做出决定：或者离开列宁格勒苏维埃，不受讹诈；或者留在那里，但是，必须彻底地开始新生活，这就意味着要告别克格勃。也就是说，我面临着两种相互对立的选择。考虑到当时安全机构本身处于悬而未决的状态，许多事情完全不明朗（作为一个组织它是否会继续存在下去，如果继续存在的话，又是以什么形式存在），所以我开始倾向于离开克格勃。就在这时，政变开始了。

如果我不执行命令，就将违背誓言；如果我执行命令，就会违背道德责任，而这些责任是我来列宁格勒苏维埃工作时承担的，当然也是自愿的。在这一时刻，我的出发点仅仅是：道德的责任高于形式的责任。最终，这一点加上其他一些因素使我做出了离开克格勃的决定。

圣彼得堡的"灰衣主教"

敏锐的政治触觉使普京在关键时刻站对了队伍，不过，政变的混乱局面虽然很快得到了控制，但在政党和国家领导层中，不同的政治立场却使苏联政局暗潮涌动。俄罗斯的最高苏维埃成员大部分是苏共党员，他们对叶利钦的政策越来越不满。军人出身的副总统亚历山大·鲁茨科伊也转而反对叶利钦大权独揽，并和最高苏维埃第一副主席鲁斯兰·哈斯布拉托夫结成统一战线，对叶利钦构成了巨大的威胁。

双方在俄罗斯应该建立怎样的政体这个关键问题上发生了尖锐的对立，叶利钦主张建立总统制共和国，哈斯布拉托夫则主张建立议会制共和国。

1993年9月21日，叶利钦宣布解散人民代表大会（以下简称"人代会"）和最高苏维埃，并决定在年底举行新的立法机构——联邦议会的选举。人代会则针锋相对，不仅通过了弹劾总统的决议，还占据了白宫。眼看事态没有和平解决的希望，叶利钦决心通过武力迫使议会向自己低头。

10月3日，叶利钦宣布莫斯科进入紧急状态，并调遣军队进入莫斯科。10月4日凌晨，俄罗斯联邦军队开始向议会所在地白宫发起炮轰，以特种兵部队打头阵，强行攻占了议会大厦白宫，哈斯布拉托夫、鲁茨科伊沦为俘虏。这就是俄罗斯当代史上著名的"炮打白宫"事件。

在这一事件中，普京与索布恰克坚定地站在一起，继续支持叶利钦的决定，并且成功控制住了圣彼得堡的局势。

在经历了两次生与死的考验后，普京的忠诚让索布恰克深受感动，普京的沉着镇定、处变不惊也让他对普京更加器重。他坚定地认为普京是自己人,并公开表示普京是绝对可以信赖的人。

1992年,普京出任圣彼得堡市主管对外经济联络的副市长,负责管理外国代表机构、旅馆、赌场、社会团体以及强力部门,同时还负责大型投资项目。1994年3月,索布恰克将普京提升为圣彼得堡市第一副市长,同时兼任对外联络委员会主席。这时,普京已对索布恰克有了强大的影响力。圣彼得堡市的经济工作在他的领导下取得了很好的进展。

在普京的直接领导下,圣彼得堡市迅速建立起了外汇市场,并成功与许多国外银行和大企业签署了引进外资、合资、合作建厂的协议。包括德累斯顿银行在内的许多德国知名大公司、大企业,纷纷在圣彼得堡设立办事处或分支机构。普京借助自己在国外工作期间建立的人脉和关系,使圣彼得堡市的对外经济活力在俄罗斯首屈一指。

俄罗斯联邦副总理阿纳托利·丘拜斯在领导实施私有化改革时,曾多次和普京打交道,他后来回忆说,普京虽然不是学经济的,但是对复杂的经济问题领悟得很快。

正所谓树大招风,普京的政绩也引来了反对派的攻击,他们以普京为克格勃工作过为由,企图将他从索布恰克身边赶走。但索布恰克公开批驳了这些言论,他说:"首先,普京不是'克格勃的人',他是我的学生。其次,普京曾从事对外情报工作,但那是在保卫国家利益。他没有必要为自己的工作感到羞愧。"索布恰克的话更加激发了普京对他的忠心以及工作的热情。

出于对普京的信任和肯定,索布恰克把很多事情的决定权都交给了普京。圣彼得堡工商界人士乃至于黑社会成员都知道,有事必须找普京。外商更是将结识普京作为进入圣彼得堡市场的必要条件。因此,人们称普京为"斯莫尔尼宫①的灰衣主教"。对此索布恰克毫不

---

① 斯莫尔尼宫:位于圣彼得堡东北部,在涅瓦河转弯处,是一座外观典雅的三层建筑。"斯莫尔尼"一词来自俄语"沥青",初建时这里属于沥青厂,苏联时曾作为列宁格勒市政府办公楼,现为圣彼得堡市政府所在地,从市长到各处、陆军部、内务部仍在此办公。

介意，托付给普京的事情反而越来越多。每次出访，他总是给普京留下已经签好字的市政府的空白公函纸，让普京自己看着办。这表明他对普京的高度信任，而普京也非常珍视这种信任。

圣彼得堡市政府的很多官员都猜不透索布恰克和普京之间的私人关系为何会如此好，因为他们两个人也就是一起出访国外的时候才有较多的接触，其余时间都是各干各的。其实，除了工作上的接触，他们有时还一起垂钓。闲暇时，普京会带自己的妻子和女儿去索布恰克的别墅做客。普京对索布恰克尊称"您"，而索布恰克通常称呼普京的小名"沃洛佳"。

由于索布恰克经常出差，普京便成了市行政机关的关键人物。他的影响力是建立在出色的工作、非凡的智慧、精通德语、了解欧洲人的生活方式、善于交际和逐渐显现出来的个人魅力上的。但是，他的这些优点不是体现在公开演讲中，而是体现在小范围的会议和办公室谈话中。

圣彼得堡权力圈子里的人心里都明白，普京绝对是市里的第二号实权人物，只不过他不爱出风头。报纸上很少有他的照片和详细报道，所以有些记者称他是"简讯人物"。

同时，普京非常注意摆正自己的位置，对于一些完全可以独自决定的事情，他总是与索布恰克商量后再定夺。即使在担任代理市长期间，他也尽力扮演"辅助角色"，做索布恰克的忠实助手，以至于有人称他是索布恰克的"守护天使"。

因忠诚而失业

在圣彼得堡工作的 6 年，对普京来说意义重大，直接影响着他日后的前途。因为任何政治首先都是地方的政治，如果没有在一个重要城市或一个地区担任过行政首长，很难接近国家的权力核心。

1996年是圣彼得堡市长选举年，索布恰克踌躇满志，全力以赴，准备连任。但是，他遇到了一个强有力的竞争对手，那就是原来的副市长弗拉基米尔·雅科夫列夫。索布恰克在圣彼得堡执政6年，树敌甚多，政绩又不明显，所以竞选没有任何优势。而圣彼得堡的市民需要的是实实在在的利益。

同年5月，索布恰克在圣彼得堡市长选举中败北，随即遭到政治对手的打击报复，面临受贿罪的起诉，有锒铛入狱的危险。

在这次竞选活动中，普京表现得可圈可点，他召开新闻发布会，带领市政府官员一起宣誓效忠索布恰克。索布恰克竞选失败后，新任市长雅科夫列夫表示可以为普京保留副市长的职位。这时普京再一次表现出一个学生、一个部下对自己的老师兼上级的忠诚，断然谢绝了雅科夫列夫的好意。他离开市政府那天，不少妇女都哭了。

人们常说识时务者为俊杰，而普京可以说是识时务却不屈于时务的俊杰。他认为继续留任就是对恩师的背叛，他的谢绝也是对新市长婉转的批评，因为雅科夫列夫也曾经是索布恰克的副手。普京果断地跟随索布恰克离开了圣彼得堡市政府，并说了一句后来被媒体广为引用的话："宁愿因忠诚而被绞死，也比背叛偷生好。"

离开圣彼得堡市政府后，普京一连几个月都处于失业状态，当时他还有两个孩子正在上学，经济上的压力和前途的渺茫，使得他这段时间极为痛苦和郁闷。

第五章　在莫斯科快速崛起

在众多政治新秀中，叶利钦精心挑选普京为自己的接班人，把经过动荡变革、百废待兴的俄罗斯交给了普京。自从得到叶利钦的器重，普京便很快展现出自己的独特魅力和卓越才干，仅当了不到4个月的总理，就一跃成为俄罗斯的代总统。

成为叶利钦的"主要盾牌"

由于不愿意为圣彼得堡新市长工作，普京经历了一次短暂的失业。为了养家糊口，他不得不准备自谋生路。

幸运的是，机会再次降临到了他的身上。1996年8月的一天，普京拿着机票正准备上飞机，到外地寻找旧友做点养家糊口的小生意。这时他突然接到了阿莱克塞·鲍尔萨科夫——先前在圣彼得堡一起共事的副市长打来的电话。"听着，弗拉基米尔，你愿意来莫斯科吗？"他问道，"明天我要见一位很重要的领导，找点事干，你有兴趣吗？"听口气，一度流浪于莫斯科街头的鲍尔萨科夫似乎十分兴奋。

原来，鲍尔萨科夫已经东山再起，成了第一副总理。应鲍尔萨科夫之邀，普京前往莫斯科，担任总统事务管理局副局长，负责法律处和俄罗斯境外财产及政府外贸事务。

1997年3月，普京调到总统办公厅担任副主任兼监察局局长。办公厅和总统事务管理局完全不同，总统事务管理局管的是物，办公厅则是为总统服务。

1998年5月，普京担任总统办公厅第一副主任，开始受到叶利钦的器重，并与叶利钦的"家庭"建立了关系（叶利钦在回忆录《午夜日记》中，将身边的贾汗·波雷耶娃①、阿纳托利·丘拜斯、亚历山大·沃洛申、瓦连京·尤马舍夫等人，列为自己的"家庭"成员）。同年7月，普京被任命为俄罗斯联邦安全总局局长。俄罗斯联邦安全总局由联邦安全局和对外情报局组成。从某种意义上说，这两个机构都是克格勃的继承者，不过已然脱胎换骨，成了一个极为重要的强力机构。当时普京的军衔只是预备役中校，叶利钦本打算提升他为将军，但是他没有接受，因为他知道将一个中校提升为将军，即使是少将，也不合适。他也知道自己以预备役中校的身份主管俄罗斯联邦安全总局，会让很多人不服气，但他并不在乎。上任当天，普京来到俄罗斯联邦安全总局总部，也就是过去的克格勃总部，他说的第一句话是："我回家了。"

不出所料，安全总局的工作人员对这一任命极为不满，但他们很快发现，普京是个精通业务、善于管理的领导。他在任期间，对安全总局进行了大改组，将中央机关从6000人精简到4000人，同时加强了该机构在俄罗斯各地的力量。

1998年9月11日，叶夫根尼·普里马科夫②出任总理，左派的几员大将进入政府，成为核心人物。普里马科夫本人也对左派抱有好感，试图在政府工作中寻求左派控制的议会的支持，采取有效措施提高人民

---

① 贾汗·波雷耶娃：原籍土库曼斯坦，曾是国际文传电讯社社长顾问，善于撰写短小精悍的演讲稿，先后为叶利钦和普京服务，负责撰写演讲稿、国情咨文等。

② 叶夫根尼·里马科夫（1929—2015）：俄罗斯族人，俄罗斯情报专家，阿拉伯问题权威，叶利钦时期的第5任俄罗斯联邦总理。

生活水平，遏制经济下滑。这也使他声望大增，叶利钦的权力受到了严重挑战。

对叶利钦来说，挑战并不仅止于此，他还面临国家杜马议员的弹劾，他们对叶利钦提出了5项指控，包括瓦解苏联、炮打白宫、车臣战争、搞垮军队和军工企业、对俄罗斯人民实行种族灭绝，并提交杜马理事会审议。加上俄罗斯社会经济形势继续恶化等诸多原因，国内的"倒叶运动"愈演愈烈。这时，普京再一次显示出对上司的忠诚，没有离开大势已去的叶利钦。

1999年3月初，叶利钦企图罢免总检察长尤里·斯库拉托夫的职务，但遭到联邦委员会的强烈反对。为了帮助叶利钦扳倒斯库拉托夫，普京亲自披挂上阵。作为一个资深克格勃，查找证据可谓小事一桩。3月16日，俄罗斯电视台播放了一段酷似斯库拉托夫的人与妓女鬼混的录像。这成了罢免斯库拉托夫所必需的罪证，普京立下了一功。

处理完"斯库拉托夫事件"后，3月29日，普京接替博尔久扎任联邦安全会议秘书，同时保留联邦安全总局局长的职务。联邦安全会议秘书由总统任命并且直属于总统，在国安会及相关活动中拥有广泛的权力。一人身兼两个要职，既可以大大加强联邦安全总局的工作，又在某种程度上扩大了联邦安全委员会落实其内部决策的可能性。这时的普京实际上已成为叶利钦的"主要盾牌"。

担任联邦安全会议秘书是普京政治生涯中的一个重大转折。此时车臣第一次战争刚刚结束，叶利钦的任期只有一年多时间了，而且他长期以来身体欠佳，媒体又经常报道他酗酒失态。同时，俄罗斯的经济和社会问题丛生，政坛斗争激烈。在国外，北约绕过联合国，对南斯拉夫发动了为期78天的远距离空中打击，南斯拉夫被迫从科索沃撤军。美英试图一举将俄罗斯从该维和区彻底排挤出局。

对此，普京极力拥护叶利钦的决策，主张以特殊方式解决科索沃问题。早在北约干预波黑内战时，叶利钦就识破北约的军事行动是"项庄舞剑",目的是将俄罗斯永远赶出巴尔干地区。他坚决地宣布,巴尔干地区是俄罗斯的政治势力范围。但美国没有理会他,想先下手为强,利用军队已经集结和交通之便,抢先控制整个科索沃。就在北约军队兴高采烈地准备进驻科索沃首府普里什蒂纳的时候,一支俄军伞兵小分队赶在英军之前,如神兵天降般抢占了机场。这里原本是英国的维和部队拟定设立总部的地方。消息传出后,北约盟军总司令、美国上将韦斯利·克拉克①命令英军夺回机场,但遭到了英国将军迈克·杰克逊的拒绝,他说:"将军,我不能为您而发动第三次世界大战。"完全有理由相信,普京作为联邦安全委员会秘书、联邦安全总局局长,在协调这次军事行动中发挥了他应有的作用。

低调出任总理

在各方面表现都很突出的普京,顺理成章地进入了叶利钦的法眼。1999年7月,叶利钦首次向外界透露已经找到了继承人,但暂时不能说出这个人的名字。一时间,各方人士都在绞尽脑汁地猜想这个秘密继承人是谁,但谁也没有想过会是普京。此时普京已集两个重要职务于一身,初露锋芒,但他善于韬光养晦,没有成为公众舆论的焦点。直到叶利钦任命普京为总理后,俄罗斯人才恍然大悟,原来他就是叶利钦所说的"继承人"。

这里必须说明的是,叶利钦的眼光是挑剔、锐利的,对于自己的接班人可谓千挑万选。他执政8年,身边的谋士亲信和高官重臣换了一批

---

① 韦斯利·克拉克:美国四星上将,北约盟军最高司令,靠空袭赢得了1999年的科索沃战争,同时炸了中国驻南斯拉夫大使馆,第二年因为与五角大楼关系不顺而被解职,2004年以"艾森豪威尔第二"为口号参加美国总统大选,在初选中被淘汰,后来活跃于商界。

又一批，包括7个总理、7个安全局局长、10个财政部部长、6个内政部部长、7个总统办公厅主任、6个安全委员会秘书，只有外交部部长和国防部部长换得少些，但也各换了3个。

1999年5月12日11时33分，俄罗斯国家电视台突然中断正在播放的《动物世界》节目。几分钟后，叶利钦出现了，他面色凝重地宣读了一份简短的声明："今天，我做出了一个非常困难的决定，我刚刚解除了普里马科夫的总理职务。"叶利钦在解释原因时说，普里马科夫未能按期恢复经济的正常运行，并拒绝辞职，所以他只能忍痛割爱，解除普里马科夫总理的职务。

这个消息在俄罗斯和整个欧洲金融界引起了剧烈震动。莫斯科股票指数狂跌10个百分点，被迫中止交易；俄罗斯卢布兑欧元指数下跌了5个百分点，欧元与美元的比率下跌了半分；卢布兑美元的比率也全线下跌；国际货币基金组织不得不暂时中止对俄罗斯发放30亿美元的新贷款。

根据宪法，叶利钦提名俄罗斯第一副总理兼内务部长——谢尔盖·斯捷帕申为代总理。在与叶利钦会面后，斯捷帕申召集代理内阁部长们开会说："现在，我们只有一个目标：推行更明确、更坚定的市场经济改革。"

斯捷帕申在担任代总理期间还是比较有作为的，但是，到7月中旬，叶利钦及其"家族成员"一致认为，斯捷帕申优柔寡断，不堪重任，必须换人。尽管斯捷帕申央求叶利钦再给他一次机会，但当俄军在达吉斯坦①与武装分子猛烈交火时，刚上任83天的斯捷帕申及全体内阁成员被撤职。

8月16日，俄罗斯国家杜马通过了叶利钦对普京的总理提名。随后，47岁的普京顺利地走进了总理府，成为1999年俄罗斯的第三任总

---

① 达吉斯坦：位于俄罗斯联邦北高加索的东部，东邻里海（海岸线长350公里），共和国由北至南绵延350公里，由西至东200公里。

理,也是叶利钦在任期间唯一一个未被撤职的政府总理。

普京在接受记者访谈时说:"说实话,我不觉得自己像个公众政治家,倒更像是一个'技术维护员'。我数了一下,我是俄罗斯政府历史上的第 29 任总理。您称我是官员,我想您是对的,我从来都是当官的,起先是军官,后来成了文职官员。对于一名官员来说,当上政府总理算是非常高的级别了。我想,作为一名官员,我已经算是成功的了。从这一点出发,在我个人命运的现阶段,在得到我现在的这个职位后,我可以为自己的国家做许多工作。总理职位可以让一个人最大限度地表现他自己。"

普京的韬光养晦和低调行事使他的崛起成了一个谜,他总是退居幕后,不求引人注意。但正是这种低调的处世风格,使他屡屡得到高层的赏识,逐步到达权力的巅峰。

"烫手的山芋"车臣

普京登上俄罗斯的政治舞台中心,接任总理之后,马上就接到了一块"烫手的山芋"。

20 世纪末,俄罗斯政局可谓狂风暴雨、变幻莫测。苏联解体后,俄罗斯作为其遗产的最大继承者,民族矛盾仍然十分突出,其中尤以车臣问题为最。车臣信奉伊斯兰教,多年来,其民族分离主义问题令克里姆林宫头痛不已。

车臣共和国位于俄罗斯南部北高加索山脉的东部,面积约 1.7 万平方公里,边界线长 650 公里。它在南部高山地带与格鲁吉亚交界,其余地区分别与印古什、北奥塞梯、斯塔夫罗波尔边疆区和达吉斯坦接壤。

有关车臣人的最早记载是在 7 世纪以前。"车臣人"这一称呼最早源自阿尔贡河边的"大车臣"这一村庄的名称，以后逐渐成为车臣民族的族称。车臣人自称"纳赫乔人"，意为"平民百姓"。车臣人在13世纪遭受蒙古－鞑靼人的侵袭，14世纪末又遭到中亚帖木儿帝国①军队的蹂躏；直到15～16世纪金帐汗国②解体后，车臣人才开始从山区向平原迁徙。16～19世纪，伊斯兰教开始传入车臣。在17～18世纪之交，车臣开始成为波斯、奥斯曼、沙俄三大帝国的争夺对象，经历了长达两个多世纪的血腥残酷的战争。车臣人由此变得尚武、好斗、善战。

  沙俄经过了近半个世纪的高加索战争后，于1895年把车臣并入帝国版图。十月革命后，先是安东·邓尼金③的白俄军队在伏尔加河流域和高加索地区与红军作战，车臣人痛击了闯入自己家乡的白军，被莫斯科封为苏维埃山地自治共和国。1922年11月成立车臣自治州。20世纪20年代末30年代初，苏联开始实行农业合作化运动。但苏联贫苦农民养不起马，由苏联工人组成的工作队就把有马的车臣人一律当成富农，不但马要没收，而且苏共左派对富农的政策是肉体消灭。对车臣部落的牧民来说，马和枪都是男人生命中不可分割的一部分，要抢他们的马，他们宁愿持枪战死。于是，北高加索车臣地区开始出现反对苏维埃政权的活动。1934年1月，车臣与西邻的印古什合并，并于1936年12月改为车臣－印古什自治共和国。"二战"期间，德军充分利用车臣的民族情绪，许诺给予其充分自治的权力，从而得到了一些车臣部落的支持，还成立了一个"高加索兄弟特别党"。后来，苏联政府以车臣与德国侵略者合作为由，将387万车臣人和91万印古什人押上闷罐火车，强行

---

  ① 帖木儿帝国（1370—1507）：中亚河中地区的西察合台贵族帖木儿于1370年开创的帝国。鼎盛时期，其疆域以中亚乌兹别克斯坦为核心，从今格鲁吉亚一直到印度，囊括中亚、西亚各一部分和南亚一小部分。1507年，昔班尼击败帖木儿的后代，建立了乌兹别克汗国。
  ② 金帐汗国（1219—1502）：又称钦察汗国、克普恰克汗国、术赤兀鲁思，是大蒙古国的四大汗国之一，由成吉思汗长子术赤的次子拔都结束西征后建立，东起也儿的石河（额尔齐斯河），西到斡罗思，南起巴尔喀什湖、里海、黑海，北到北极圈附近。
  ③ 安东·邓尼金（1872—1947）：苏俄内战和外国武装干涉时期白卫军首领之一，俄国步兵中将。参加过日俄战争、第一次世界大战。

押往哈萨克斯坦。

　　由于历史和现实的原因，车臣问题一直是困扰俄罗斯的一大难题。1991年9月，苏联空军少将、车臣人焦哈尔·杜达耶夫依靠武力推翻了当地的苏维埃政权，并当选总统。11月，即苏联解体前夕，杜达耶夫宣布成立主权国家——车臣共和国，并很快组织起车臣国民卫队。从此，车臣既不签署1992年的《俄罗斯联邦条约》，也不参加1993年的俄议会选举，在独立的道路上越走越远。

　　为了平息车臣日益猖獗的分裂主义势力，维护国家领土完整，1994年12月，俄罗斯出动6万军队对车臣非法武装进行打击，与车臣分裂势力进行了长达一年多的战争。

　　1995年1月1日，俄军分三路攻打车臣首府格罗兹尼。最初投入兵员3.8万人、230辆坦克、454辆步兵战车、388门火炮和迫击炮，动用了除核武器外的几乎所有现代化武器装备。

　　车臣人对这场预料之中的战争已经做好了一切准备，他们通过山地战、游击战和街道巷战对俄军的进攻进行了有效的抵抗。当时俄军官兵都充满自信，认为可以很快歼灭车臣非法武装。俄罗斯国防部长帕维尔·格拉乔夫①甚至当众宣布，俄军能在几天内占领车臣首府格罗兹尼。然而，战局的发展却大大出乎俄军意料，格罗兹尼市内坚守的车臣非法武装抵抗顽强、战术凶狠，使俄军被俘数百人、阵亡上千人，格拉乔夫的"速胜论"沦为笑柄。

　　3月初，俄军全面攻打格罗兹尼。经过6天的激烈战斗，3月6日，俄罗斯内务部队600多人攻占了车臣非法武装在格罗兹尼的最后一个据点——切尔诺列契耶，之后负责控制城内局势，俄军主力则去攻打格罗兹尼外围地区。

---

　　① 帕维尔·格拉乔夫（1948—2012）：苏联最后一任伞兵司令，在"炮打白宫事件"中拒不执行命令，倒向叶利钦，成了叶利钦的恩人。后来越级提升，成为叶利钦第一总统任期的国防部部长。

6月14日，车臣非法武装战地指挥官沙米利·巴萨耶夫①带领100名匪徒，闯入斯塔夫罗波尔边疆区的布杰诺夫斯克，扣押了1000多名人质，要挟俄军立即停止一切军事行动并撤出车臣，否则将杀死全部人质。经过长时间艰苦的谈判，俄罗斯联邦政府被迫与车臣武装分子达成协议，基本上满足了巴萨耶夫的要求，停止一切军事行动。随后，巴萨耶夫带领匪徒撤回车臣，人质获释。

这场战争造成了重大的人员伤亡和财产损失。在这场战争中，俄军共有4000多人阵亡、1.7万人受伤、3000人下落不明；车臣伤亡10万人，总统杜达耶夫也在俄军的导弹袭击中丧生。

1996年8月31日，俄联邦政府和车臣非法武装在达吉斯坦共和国境内的哈萨维尤尔特达成协议，规定将车臣地位问题搁置5年。历时20个月的车臣战争以一纸"哈萨维尤尔特和平协议"暂告结束，留守车臣的最后两支联邦部队101旅、205旅于1997年年初全部撤出。

1997年1月，车臣举行总统选举，阿斯兰·马斯哈多夫当选。同年5月，俄联邦政府与车臣签署和平与相互关系原则条约。但是，马斯哈多夫仍然坚持车臣是"独立国家"，拒不执行和平协议，还加紧了分裂活动，暗地里纵容非法武装骚扰毗邻地区，制造恐怖事件，并积极争取国外宗教组织和极端势力的支持，变本加厉地从事分裂活动。

在车臣大搞分裂活动的背景下，普京临危受命，出任俄罗斯总理一职，在内政方面有了大显身手的机会。当车臣匪徒在达吉斯坦和莫斯科、伏尔加顿斯克以及布伊纳克斯克等地制造了一系列恐怖事件后，普京怒发冲冠，从牙缝里挤出一句话："我们打击恐怖分子必须坚持到底，即使他们逃到厕所里，我们也要把他们溺死在马桶里！"

可以说，普京在莫斯科的快速崛起，很大程度上得益于他的"反恐

---

① 沙米利·巴萨耶夫（1965—2006）：车臣非法武装强硬派人物，人称车臣经验最丰富、最冷酷无情的战地指挥官，外号"高加索之狼"。俄罗斯政府把他视为在车臣的头号敌人。

坚强斗士"的形象。他毫不犹豫地承担起了再次发动车臣战争的责任，命令俄军严厉打击车臣叛匪。这一招果然奏效，俄罗斯公众舆论为之一变，普京的威望也因此不断攀升。

1999年8月中旬，在国家杜马讨论是否正式任命普京为总理的会议上，普京就处理车臣问题再次发出了坚定的声音："俄罗斯的领土完整不可能是可以讨论的问题，而且也不可能是需要和每一个侵害领土完整者讲价钱或进行恐吓的问题。"他正式出任总理的第二天便发表讲话，表示政府将坚决地、彻底地打击车臣恐怖分子。接着，他亲自统帅联邦军队对车臣恐怖分子展开了大规模围剿。

根据普京的部署，俄军出动飞机和远程大炮，对盘踞在达吉斯坦的车臣非法武装进行了猛烈轰炸。8月18日，俄军完全控制了具有战略意义的哈拉米山口，切断了车臣匪徒进入达吉斯坦的通道。

9月16日起，大规模围剿恐怖分子的军事行动拉开了序幕，俄军做好了攻占车臣的一切准备。第二次车臣战争随即打响。

10月1日，俄军装甲部队在炮火的掩护下，兵分三路，从达吉斯坦、印古什和斯塔夫罗波尔突入车臣境内，对车臣形成三面夹击之势。这是俄军自1996年撤出车臣后，首次进入这个北高加索共和国。

10月6日，俄罗斯内务部和国防部的机动部队彻底完成了在车臣建立安全区的任务。此后，俄军先后投入近10万兵力，包括精锐的空降部队和山地特种部队，进行诸兵种联合作战。联邦大军在车臣周围建立了隔离带，动用苏-24战斗机、米-24武装直升机和激光制导炸弹等先进武器，向车臣非法武装占据的主要战略目标进行大规模、远距离、非接触性的打击，最大限度地消灭了非法武装的有生力量。

10月16日，反恐行动进入第二阶段。该阶段的主要任务是，全面封锁车臣非法武装聚集地，继续扩大战果。10月26日，近10万俄军从西、北、东三个方向向格罗兹尼合拢，将该城团团围住，并且进一步加强了钳形攻势，进逼格罗兹尼。

12月7日，普京再次宣布，除非车臣交出好战领袖，否则俄罗斯不打算与车臣寻求政治解决之道。

俄军在战场上取得节节胜利的同时，还争取到了车臣普通百姓的支持。许多车臣居民向俄军献出自己的武器和弹药，并表示愿意协助俄军与车臣恐怖分子作战。在围攻格罗兹尼市区的战斗中，由格罗兹尼市前市长甘塔米洛夫领导的车臣民兵在行动中发挥了关键作用。由于熟悉地形，车臣民兵总是最先发现非法武装藏匿的地点，及时报告给攻城指挥部，由俄空军出动武装直升机进行打击。12月25日夜，俄军对格罗兹尼发动总攻，特种快速反应部队、特警和内务部队在甘塔米洛夫领导的1500名车臣民兵的配合下，从东、东北、西北3个方向攻入格罗兹尼。

议会选举的博弈

在普京忙于处理达吉斯坦战事及打击车臣恐怖主义分子时，杜马选举的竞选活动也进行得如火如荼。

早在1999年8月20日，刚刚成为俄罗斯政府总理的普京就在克里姆林宫对记者表示，他打算角逐即将于2000年举行的总统竞选。

杜马选举一向被视为总统选举的一次预演。在俄罗斯联邦，联邦会议为议会，也是俄罗斯联邦的立法机关。联邦会议由联邦委员会（议会上院）和国家杜马（议会下院）组成。联邦委员会设有178个席位，由俄联邦89个主体各派2名代表组成。国家杜马由大约450名代表组成，其中一半由全国225个选区各选一位议员产生，另外225名议员由各政治团体竞选产生。因此，杜马选举成为各党派和政治团体力量争斗的"角斗场"。

当时，在杜马中最具竞争实力且影响力较大的政治团体有三个：一是成立于1999年8月4日的"祖国－全俄罗斯"竞选联盟。这个联盟是由"祖国运动""全俄罗斯运动"及农业党部分成员组成，在俄罗斯许多地区设有分支机构，拥有近30万成员。

普里马科夫于1999年5月被解除总理职务后，反倒身价倍增，支持率直线上升，成为俄罗斯政坛上的热门人物，各派争先恐后地拉他加盟。同年8月17日，70岁的普里马科夫宣布重返政坛，出任"祖国－全俄罗斯"竞选联盟领袖。普里马科夫出山之后，该联盟的支持率从原来的15%猛增到27%，超过了长期领先的俄罗斯共产党。

二是俄罗斯共产党。俄罗斯共产党约有55万名党员，在89个联邦主体建有2万多个基层组织，其领导人是根纳季·久加诺夫。

三是成立于1990年，以亚夫林斯基政治集团为核心的"亚博卢"民主党。该党领导人为格里戈里·亚夫林斯基、前总理谢尔盖·斯捷帕申和前驻美大使弗拉基米尔·卢金。

上述这3个有势力的组织，基本上都是反叶利钦的。

在杜马中，成立于1995年5月12日的"我们的家园－俄罗斯"运动是亲叶利钦的组织，但由于叶利钦所倡导的"力量"联盟失败，导致"我们的家园－俄罗斯"运动势单力薄。

所幸有一半杜马议员是由地方选出来的，地方长官中也有很多是亲叶利钦的。为了有效利用地方势力，叶利钦让总统办公厅第一副主任沙布杜拉苏洛夫组建一个新的政治联盟，在杜马和总统选举中削弱其他政治势力，确保实现辅助普京上台的政治意图。沙布杜拉苏洛夫受命后，马不停蹄地与数十名地方长官进行磋商，最后联络了近40名地方长官，成立了以紧急情况部部长谢尔盖·绍伊古为领导人的"团结"联盟（也称"熊"），参加杜马选举。

在"团结"联盟中，绍伊古发挥了重要作用。他发表讲话，宣布"团结"联盟与"我们的家园－俄罗斯"运动联手参加杜马选举，并获得了31位地方行政长官的支持。

1999年12月19日，俄罗斯联邦第三届杜马大选正式开始。这一天也成为俄罗斯举国关注的一天。由于拥有强大的资金支持、媒体支持、政府支持,以及正确的竞选方针,经过3天的激烈争夺,"团结"联盟取得了惊人的战绩。

12月23日,俄选举委员会公布了选举结果:19日举行的杜马选举合法有效,62%的选民参加了投票,选出了国家杜马450个席位中的440个,6个党派获得了5%以上选票,得以进入杜马。

成立仅两个多月的"团结"联盟得票率为23.32%,比俄共仅少一个百分点,加上单名制选区获得的10个席位,共获得74个议席,一跃成为杜马中第二大议会党团。

这一结果无疑给叶利钦吃下了一颗定心丸,普京的脸上也终于露出了一丝笑容,克里姆林宫充满了喜庆的气氛。

为总统大选造势

杜马选举结束后,莫斯科又恢复了往日的平静。12月31日,在距离新千年钟声敲响还有12个小时的时候,叶利钦向全国发表电视讲话,仿佛是从克里姆林宫传来了一声惊雷。68岁的叶利钦脸色显得有些苍白,他缓慢而庄重地说:"今天是我最后一次作为俄罗斯总统向你们发表讲话。我已经决定,在即将过去的一个世纪的最后一天辞去总统职务……根据宪法,我在决定辞职时签署了把俄罗斯总统职权交给政府总理普京的命令。在未来的3个月时间里,他将是国家元首,3个月之后将举行总统选举。"

叶利钦在解释自己这一决定时说:"俄罗斯已经有了一个强有力的人物,有了一个准备做总统的强人。今天几乎所有的俄罗斯人都把自己的希望寄托在他身上。在这种情况下,我为什么还要执政半年?为什么要妨碍他，还要等半年呢？不，这不符我意，这不是我的性格。"

就这样，叶利钦把一支派克金笔、一个控制核武器的密码箱，连同一个拥有1707.54万平方千米领土和约1.45亿人口的"正处于数百年来最困难时期的俄罗斯"，交给了代总统普京。他对普京只说了一句话：要把俄罗斯"照顾好"。

叶利钦此举的目的是要打其他总统候选人一个措手不及。按计划，俄罗斯总统选举应在2000年6月进行，但如果总统因故辞职，那么按照俄罗斯宪法，应当在3个月内进行新总统选举，这样一来，这些竞选对手就很难为选举做好充分的准备。

当时，除了普京之外，参加竞选总统的还有以下11人：

根纳季·久加诺夫：现任俄罗斯共产党中央委员会主席、俄罗斯人民爱国联盟领导及协调委员会主席。

格里戈里·亚夫林斯基：经济学家，精通英语，现任俄右翼反对派"亚博卢"集团主席，深受国际金融机构以及西方国家政府喜欢。

阿曼·图列耶夫：现任俄克麦罗沃州州长、俄人民爱国联盟协调委员会主席团主席。

尤里·斯库拉托夫：俄联邦前总检察长，曾成功制定刑法典、刑事诉讼法典和刑事执行法典的草案。

康斯坦丁·季托夫：现任俄罗斯萨马拉州州长，主张实行自由的市场经济政策，是俄政坛的右翼人物。

弗拉基米尔·日里诺夫斯基：俄自由民主党主席、总统政治协商委员会副主席、国家杜马副主席。通晓俄、英、法、德和土耳其5种语言，法学家，中亚和高加索问题专家。

阿列克谢·波德别列斯金：现任"精神遗产"运动领导人、俄罗斯人民爱国联盟协调委员会主席团主席，左翼反对派，是久加诺夫的亲密战友。

斯坦尼斯拉夫·戈沃鲁欣：左翼人士，著名电影制片人，俄民主党骨干，现任俄人民爱国联盟协调委员会主席团主席。

埃拉·潘菲洛娃：上届国家杜马议员，曾任社会保障部部长，是迄今俄罗斯参加总统竞选的第一位女性。

乌马尔·贾布赖洛夫：俄罗斯一家国际旅游合资公司和商业中心的总经理助理，知名度不高。

叶夫根尼·萨沃斯季亚诺夫：现任俄联邦安全局副局长，前总统办公厅副主任，少将军衔。

根据俄罗斯总统选举法规定，总统候选人应由选举或联盟，以及人数不少于100人的公民倡议小组推荐。而候选人要获得参选资格，需征集100万选民的支持签名。由于这次总统选举提前举行，中央选举委员会将征集签名的数量减少到了50万。

在众多总统候选人中，普京显然具有相当优势，人们已目睹他出任总理4个多月以来做出的成绩：车臣战争的胜利、杜马选举的顺利进行、国内局势的稳定。他的个人威望不断上升，而且他的个人财产及其来源、家族成员收入情况的申报材料在递交给中央选举委员会后，也被确认为"诚实可信"。

唯一值得担心的是，普京在莫斯科的职位迅速飙升，人们对他的了解还不多。要想获得更多选票，最重要的是提高他在普通百姓中的知名度，塑造一个让人民期待的英雄形象。

为了制定合适的竞选策略，塑造自己的政治形象，普京组建了自己的智囊团。这些智囊团的精英为了使普京的声望在3月份大选时达到顶峰，采取了一系列的行动，其中包括仔细研究公众的喜好，确保普京能够对俄罗斯社会的主流意见做出迅速而积极的反应；运用爱国主义精神，敦促普京在2月份颁布俄军新的也是更严厉的军事学说，向公众展示他保卫祖国的决心；开动宣传机器，使俄罗斯新闻媒体在总体上都对普京的工作表示支持和赞同。

很快，竞选形势发生了根本性的变化。包括约什卡尔奥拉[①]、达吉

[①] 约什卡尔奥拉：俄罗斯21个共和国之一马里埃尔共和国的首都、工业和文化中心，位于伏尔加河中游左岸支流小科克沙加河畔。

斯坦、阿尔泰①在内的许多地区都表示忠于普京。拥护普京的政治力量包括"团结"联盟、"祖国－全俄罗斯"竞选联盟，反对的只有俄罗斯共产党、"亚博卢"民主党两大劲敌。

普京的恩师索布恰克也在积极为普京竞选总统摇旗呐喊。但就在普京的竞选活动一帆风顺时，索布恰克突然病逝，普京决定参加2月24日为索布恰克举行的葬礼。

车臣匪徒头目巴萨耶夫得知这个消息后，通过互联网向散布在俄罗斯各地的车臣恐怖分子发出了对普京的追杀令，悬赏250万美元，声称："罪犯普京被判处死刑。车臣人的血债要用普京的血来偿还。"由于事发突然，圣彼得堡和莫斯科警方、安全局、内务部一时忙得不可开交，但普京毫不退缩，在异乎寻常的气氛中坚持出席索布恰克的葬礼。

普京就是这样一个从不知道什么叫"害怕"的男人。在武力清剿车臣非法武装的斗争中，他重拳出击，步步为营，击碎了车臣匪军不可战胜的神话，赢得了俄罗斯民众的喝彩。在外交上，他捍卫民族利益，绝不向西方妥协，重现了俄罗斯民族的傲骨。在经济上，俄罗斯几个月来大有起色，扭转了国内生产总值多年负增长的局面。短短数月，普京的民众支持率从最初的2%飙升至50%。

驾机视察车臣

普京能够迅速得到俄罗斯民众的认可，跟他的出色表现有着很大关系。他出任代总统期间所做的一件事——驾机视察车臣，更是成功塑造了一个坚强的"反恐勇士"和"爱国者"的形象。

---

① 阿尔泰：俄罗斯联邦西西伯利亚经济区的行政区之一，面积26.17万平方千米，约占俄联邦领土面积的1%。

普京此次车臣之行带有极大的神秘色彩。2000年3月18日，普京结束了对沃罗涅什市①的视察，于21时15分到达位于黑海之滨的著名旅游城市索契②。早在两个月前的新年期间，普京也曾突然来到索契，第二天便出现在城郊的高山滑雪场上。因此，很多人推测他这次来到索契和上次一样，是为了在紧张的总统竞选活动中忙里偷闲，稍事休整，以便迎接一周后的挑战。

3月20日，普京本应从索契返回克里姆林宫，主持由政府总理与各部部长参加的例行会议，但会议开始后，众人才发现会议临时改由第一副总理米哈伊尔·卡西亚诺夫主持。那么，普京去了哪儿呢？

很快，有消息传出，普京已经离开索契，到达格罗兹尼。记者们询问总统新闻局，总统新闻局对此未置可否。直到电视屏幕上出现普京身着空军军服，从格罗兹尼北方机场走下飞机的画面时，人们才相信这是真的，而这已是普京第三次视察车臣了。

普京第一次视察车臣是在1999年10月20日，当时他还是俄罗斯联邦政府代总理。在人们普遍猜测俄军正在策划对格罗兹尼发动地面战时，他出人意料地抵达车臣北部，对当地民众表示："俄军将战斗到底，我们将通过投票决定车臣的地位问题，但只能在消灭匪帮的情况下才能做到。"

第二次视察是在1999年12月31日。当天午夜，电视中播放了代总统普京向俄罗斯人民发表新年贺词的录像。节目播出时，普京早已和夫人柳德米拉飞到战火纷飞的车臣去慰问正在那里浴血奋战的俄军官兵了。

普京这次视察车臣是在极其秘密的状态下进行的，甚至连总统办公

---

① 沃罗涅什市：俄罗斯海军和苏联空降兵的诞生地，位于俄罗斯欧洲部分的西部，坐落在莫斯科以南500公里美丽的顿河沿岸。

② 索契：位于俄罗斯联邦克拉斯诺达尔边疆区与格鲁吉亚接界处、黑海沿岸，南北宽40~60公里，东西长145公里，是俄罗斯最狭长的城市，也是世界上最狭长的城市之一。

厅的许多高级官员都不知道这个计划。为了防止意外，普京在索契改乘安全性能较高的"苏－27"战斗机前往车臣，总统专机则从索契直飞克拉斯诺达尔市①等候。与普京同机的是俄罗斯最有名的功勋飞行员哈尔切夫斯基将军，其飞行技术世界闻名。

在索契机场，普京脱下西装，换上了空军制服，一名军官现场教他如何使用飞机上的防护设备。登上飞机后，普京向送行人员挥手致意，随后几架飞机腾空而起。中午时分，飞机顺利地在格罗兹尼北方机场着陆。

当时的情景让迎接他的人们为之一惊：普京是驾驶"苏－27"战斗机来的，身旁仅有哈尔切夫斯基陪同。飞机着陆后，身着飞行服、头戴飞行头盔的普京只身一人从舷梯上跳下来，与欢迎他的人握手。他还对前来迎接的俄官员喃喃自语道：驾机的感觉真好！

随后，普京又登上一架军用直升机，视察了格罗兹尼。战后的车臣首府十分凄凉，建筑物几乎全部被破坏。直升机在市区降落了一次，普京实地视察了几处楼房，又来到汉卡拉的联邦军队总指挥部，出席了第331空降兵团撤离车臣的仪式，召集指挥官商讨车臣的军事形势及下一步的任务。在格罗兹尼北方机场，普京又组织召开会议，讨论了车臣所面临的社会经济形势和重建问题。

对于是否要和车臣武装分子谈判，普京表示，车臣武装分子唯一的出路就是放下武器，走出山区，俄罗斯政府只与放下武器的车臣武装分子谈判。如果车臣武装分子不投降，他们若被打死，那么错不在他身上。普京当场要求战士们喊"乌拉"（胜利、万岁之意）3次，士兵们的欢呼声响彻云霄，使人仿佛又看到了苏联时期军队的辉煌时刻。

傍晚，普京结束了对车臣的视察，乘战斗机离开格罗兹尼，到达

---

① 克拉斯诺达尔市：克拉斯诺达尔边疆区的首府和行政中心，是俄罗斯联邦南部联邦管区和北高加索地区最大的经济和文化中心。

克拉斯诺达尔，并于当晚返回了莫斯科。他的神秘行动和快节奏令俄罗斯人民惊叹不已。而他这次突然视察格罗兹尼，对进一步明确俄最高领导层在车臣问题上的立场，提高他在选举中的社会支持率具有重要意义。

新体制下的权力接力

2000年3月26日，俄罗斯联邦总统选举如期举行，选举结果正如人们所预想的那样：普京以53%的高支持率，成功当选俄罗斯联邦第三届总统。俄罗斯从此进入了"普京时代"。

5月7日，在盛大、庄严的仪式上，普京正式就任俄罗斯总统。

叶利钦在1991年第一次当选俄罗斯总统时，并没有举行特别的仪式，其宣誓就职是在人民代表大会上进行的。相比之下，普京的就职仪式从程序上来看，是俄罗斯第一次真正意义上的总统就职仪式。

仪式定于中午12时举行，当天一早，克里姆林宫附近就已戒严，只有手持克里姆林宫特别请柬的客人方能入场。除依宪法必须邀请的国家政权机构高级官员及其他社会名流外，还有两位没有任何官职的普通客人也受邀参加了普京的就职仪式：一位是普京的中学老师，另一位是普京的柔道教练。

11时40分，在人们的翘首期待中，克里姆林宫的大门打开了，普京的车队出现在了红场，缓缓驶入克里姆林宫大门。车停后，47岁的普京敏捷地跳下汽车，在军乐声中，他踏着红地毯独自大步穿过两个大厅，进入安德列耶夫大厅。就在这时，克里姆林宫的古钟敲响了12点的钟声，俄罗斯总统宣誓就职仪式正式开始。

俄中央选举委员会主席亚历山大·韦什尼亚科夫首先向来宾们展示

了普京当选总统的证明。随后，宪法法院院长马拉特·巴格莱请普京宣誓。普京将右手放在翻开的宪法上，庄严地宣誓："我宣誓，在履行俄罗斯联邦总统职权的过程中，我将始终尊重和保护公民自由和人权，遵守和捍卫联邦宪法，确保国家的主权、独立、安全和完整，诚实地为人民工作。"话音刚落，全场响起了雷鸣般的掌声。

几名克里姆林宫仪仗队队员迈着正步进入大厅，把俄罗斯宪法和"祖国一级勋章"送入大厅。随后，叶利钦庄严地把这枚象征着总统权力的勋章正式移交给普京，这也意味着国家最高权力的更迭。勋章后面已经刻上了俄罗斯第一任总统叶利钦的名字。国家最高权力的另一重要象征——核按钮在3个月前叶利钦辞职时已经交给了普京。

仪式完成后，普京发表了简短而感人的就职演讲，表示他将把俄罗斯建设成自由、繁荣、富强和文明的国家。

叶利钦也发表了讲话。尽管人们对他的身体情况有些担心，但他的演讲充分证明他的头脑还相当清楚。他圆满地完成了权力棒的传递，走进了历史。

在叶利钦时代，俄罗斯一直处于政局不稳、经济混乱的状态，人民生活水平严重下降。在国际舞台上，俄罗斯世界强国的地位被严重削弱；在国内又面临民族分裂主义和恐怖主义势力的双重挑战。在这种形势下，俄罗斯人民迫切希望有一位强有力的国家领导人力挽狂澜，普京的出现显然满足了他们的愿望。经过竞选班子的精心包装，出现在人们面前的普京，是一个柔道、滑雪样样精通的运动健将，是一个"缺乏恐惧感"的硬汉。这一充满活力、意志坚定的形象，受到了选民的广泛认可和支持。

普京在政治上也不缺乏灵活性，他认真对待并妥善处理与国家杜马中各主要党派的关系，在一系列重大问题上取得了他们的合作与支持。他不像叶利钦那样对俄罗斯共产党这个左派政党采取强硬态度，而是摆出一副宽容、和解、寻求合作的姿态，时不时还对俄罗斯共产党及其领导人说上几句出人意料的赞美之词。

对俄罗斯人民而言，他们一直希望能找到一位领导者，快刀斩乱麻地解决国家存在的种种问题，叶利钦让他们失望了，而普京则让他们看到了希望。

第六章　事不避难的新总统

面对千疮百孔的俄罗斯，普京审时度势，稳健过渡，清理弊端。在发生令人痛心的意外事件之后，他率先检讨自己的过失，赢得了民众的信任与支持；面对国内外的各种风浪，他展开多翼外交，力挽狂澜，稳定了大局。

回击西方国家的诘难

普京接任俄罗斯总统，也从叶利钦手中接过了一个千疮百孔的俄罗斯。他接过来的不单单是成就，更有数不清的"问题"，正是这些问题，使他成为事不避难的英明领袖人物，成为这个特殊时代俄罗斯最有建树的领导人。

自俄罗斯在车臣发起军事行动的第一天起，西方国家开始施加压力，他们对车臣非法武装骚扰平民百姓、袭击俄罗斯军警、制造爆炸事件和绑架劫持"很包容"，却一再指责俄军在车臣滥杀无辜、实行"种族清洗"，践踏人权。西方媒体在报道车臣的时候，很少使用"匪徒""恐怖分子"等俄罗斯媒体常用的字眼，而经常用"战斗队员""起义者"等概念混淆视听。

第二次车臣战争刚刚爆发的时候，随着俄军在车臣战场上频频告捷，西方一些国家不断对俄罗斯攻打车臣的行动妄加责难。一些西方媒体大肆渲染车臣的战祸惨状，称俄军的轰炸造成大量平民伤亡并引发了"难民潮"，车臣境内出现了"人道主义灾难"。车臣分裂分子也大造舆论，企图将高加索问题国际化。西方国家领导人接二连三地发表讲话，要求俄罗斯停止车臣战争和"种族清洗"，呼吁俄罗斯当局与车臣分裂分子恢复政治谈判。

2000年，法国因车臣和俄罗斯新闻自由等问题与俄罗斯吵得不可开交，直到同年8月普京在冲绳会见法国总统希拉克后，两国的关系才有所改善。但普京2002年访问法国时，希拉克在记者招待会上又重提车臣问题，认为车臣匪徒虽然与拉登的基地组织有联系，但不能简单地将车臣问题归结为恐怖主义。

对此，普京镇静而很有绅士风度地回击道："当我们谈到阿富汗时，都承认有一个犯罪组织曾在那里活动，塔利班的犯罪制度支持了它。而那些塔利班的代表也曾在车臣境内活动，车臣的犯罪制度同样也支持了他们。这个犯罪制度与塔利班有什么区别？根本没有区别！要说有区别的话，那就是这个制度更加血腥罢了。因此，我们有权和他们进行斗争！"

普京表示，俄罗斯政府并不是不和车臣分裂分子谈判，只是因为车臣叛军拒绝缴械，使双方的对话渠道被堵死了。普京也承认，在已打了两年半的车臣战争中，双方的实际对话时间只有两个小时。但这并不是问题的实质所在，问题的关键在于，车臣分裂分子是否有诚意与俄罗斯政府对话。

2001年9月7日，普京向外界发表声明称，只要车臣分裂分子承认并遵守俄罗斯宪法，所有的武装分子无条件交出武器，并交出所有有血债的主要匪徒，俄政府可以与他们接触和谈判，但时间最长不得超过3个月，因为拖延时间已经没有意义了。

9月21日，普京在接受德国记者采访时说："不应当得出这样的结论，即在莫斯科炸毁大楼的人是争取自由的战士，而在其他国家搞这种活动的人是恐怖分子。其实他们都是犯罪分子。"

也许是因为美国品尝了"9.11事件"的苦果，也许是进入2002年后，随着反恐的进一步深入以及倒"萨"的需要，美国终于承认并宣布车臣武装分子为恐怖分子。随后，许多西方国家也跟在美国后面，对普京政府的车臣战争给予肯定。

10月23日，莫斯科人质事件发生后，美、英、法、德等西方大国的首脑纷纷致电普京，谴责恐怖分子。

10月30日，丹麦政府在俄罗斯的强大压力下，拘捕了正在哥本哈根出席"世界车臣人大会"的艾哈迈德·扎卡耶夫。

令人头痛的民族分裂主义

车臣问题很复杂，解决起来也很麻烦，需要一系列政治、经济和社会配套措施的改革，短期内是无法彻底解决的。与此同时，俄罗斯的民族矛盾也让普京大伤脑筋。

俄罗斯境内有大大小小的民族193个，是名副其实的世界上民族最多的国家。其中，俄罗斯人1.1亿人，占全国总人数的75.8%，是主体民族。

在俄罗斯，民族集居状况总体上处于一种不平衡状态，100多个民族大杂居、小聚居，少数民族分布很不均匀，而且各民族的语言、方言、宗教和习俗也不同，民族关系十分复杂。

俄罗斯联邦的组成也颇为复杂，它由85个联邦主体构成（2008年以前），包括21个共和国、8个边疆区、48个州、3个联邦直辖市、1

个自治州和4个自治区。其中，21个共和国都是按照当地主要民族命名，有权颁布自己的宪法和法律，有权规定自己的国语等一系列远远大于其他各类联邦主体的独有权力。因此，各共和国的一举一动将直接影响整个联邦体制的稳定。

由于民族众多，俄罗斯民族之间的问题极其复杂，这个问题在苏联时期就已存在，到叶利钦时期更加严重，经济改革失败使原本被压制的民族矛盾凸显出来，分裂主义分子和恐怖活动时有出现。普京担任总统初期，尽管联邦军队在消灭车臣非法武装方面取得了重大胜利，几乎控制了车臣全境，暂时抑制住了车臣脱离俄罗斯联邦而独立的趋势，但是，在军事上赢得清剿非法武装的胜利，实现军事占领，并不意味着车臣问题的彻底解决。车臣问题就像一个毒瘤一样寄生在俄罗斯联邦体内，具有一定的传染性，这个问题不解决，不但危害车臣本身，而且有可能"转移"和"扩散"到俄罗斯联邦的其他民族地区，进而给国家统一与领土完整带来威胁。所以，普京一上任就把车臣问题当作最重要的问题来抓，甚至冒着生命危险，3次到车臣前线视察，鼓舞前线士气。

俄罗斯民族矛盾的复杂性在于，不仅各民族之间存在各种利益冲突和政治对抗，就是俄罗斯人内部也不平静，同样存在一些复杂的纠纷。

看到各共和国权力那么大，一些州的州长沉不住气了，不断提出"各联邦主体权利、义务、责任平等"的问题，有的州甚至出现过试图改称共和国的违法行为。这些州的州长认为，一个州对联邦的贡献比一个共和国对联邦的贡献大多了，联邦中央凭什么给它们那么大的权力，在经济上凭什么又给它们那么大的优惠？贡献大却得不到回报，这些州长当然不服气，对联邦中央一肚子怨气。

民族问题直接关系到俄罗斯联邦的统一和社会的安定，因此，普京把它视为重大的政治问题。苏联时期就是因为没有处理好民族关系，从而导致了国家的动荡，分裂成了 15 个国家。叶利钦执政期间，也是因为处理民族问题出现失误，才爆发了车臣战乱，不但造成了巨大的人员伤亡和财产损失，而且给整个民族关系以及中央与地方的关系埋下了巨大的隐患。

此外，人口持续减少以及由此造成的劳动力短缺、俄罗斯与独联体其他国家之间的摩擦、国内的政治体制，等等，都是普京要认真面对的现实。

除了民族问题外，俄军在车臣战乱中出现的各种问题也让普京颇为担心。

"航母终结者"的悲剧与反思

苏联解体后，由于经济改革失败，俄罗斯武装力量的战斗力大幅下降。为了让俄罗斯再度强大起来，建立一支现代化的武装力量，重振军威，成为普京上台后的重要施政目标之一。2000 年 7 月底，普京表示，如果俄罗斯"想在世界新秩序中扮演更重要的角色"，必须重建其舰队实力。同时，他还在波罗的海的波罗的斯克港口举行了每年一度的海军大阅兵。

不久，俄罗斯海军总司令弗拉基米尔·库罗耶多夫宣布，将派遣"库兹涅佐夫海军元帅"号航母及另外几艘战舰和潜艇，前往地中海区域进行部署和演习，以鼓舞海军士气。这是自苏联解体以来俄罗斯进行的最大规模的海上军事行动。事情本该有个良好的开端，然而，悲剧发生了。

2000 年 8 月 12 日 15 时前后，担任水下演习指挥艇，装备精良的俄罗斯核潜艇"库尔斯克"号在北冰洋巴伦支海①发现敌"目标"后立即下潜,准备向"目标"发起攻击。15时至18时,俄罗斯北方舰队司令维亚切斯拉夫·波波夫海军上将接到根纳季·利亚钦艇长关于发现敌"目标",准备发起攻击的报告,同意了利亚钦的请求。然而,"库尔斯克"号核潜艇上的人员在准备发射鱼雷时,由于易燃物质过氧化氢从鱼雷上一个微小的裂缝泄露,鱼雷装置发生爆炸。爆炸引起潜艇隔仓内温度急剧上升至2000℃~3000℃。在第一次爆炸发生两分钟后,潜艇内存放的其他鱼雷发生了第二次大爆炸,导致"库尔斯克"号核潜艇沉没。

"库尔斯克"号是俄海军现役中的第四代核潜艇,可在深达300~600米的海底连续执行任务120天,是俄罗斯最新式的高性能核动力潜艇之一。其排水量达13900吨,长154米,由两个核反应堆提供动力,潜水时的最大航速为28节,浮出水面时的最大航速为15节。它能够发射24枚巡航导弹。这些被北约称为"沉船导弹"的巡航导弹,每枚重7吨,射程约500公里,足以把一艘航母及伴随的上十艘护航舰击沉,同时还可以攻击敌方的潜艇,因而被誉为"航母终结者"。

8月12日晚或13日晨,临近的舰和潜艇听到从"库尔斯克"号核潜艇上传来的爆炸声,还以为是"库尔斯克"号在发射鱼雷。

8月13日11时至16时,深水营救装置"警钟"号微型潜艇发现了已沉入海底的"库尔斯克"号核潜艇,并收到潜艇内敲击艇壁的信号。"警钟"号微型潜艇迅速浮出水面,向北方舰队司令波波夫报告了勘察结果。勘察发现,"库尔斯克"号发射报警求救信号弹的装置严重受损。一个小时后,核潜艇的设计人员紧急赶往出事地点。18时至零时,海军总司令库罗耶多夫做出初步判断:在核潜艇进水舱内很可能有人员死亡,船体已不能自行浮出水面。他立即下令,尽一切可能营救艇

---

① 巴伦支海:位于挪威与俄罗斯北方,是北冰洋的陆缘海之一。名字取自在该海域病逝的荷兰航海家威廉·巴伦支。由于海流关系,南部海面终年不结冰。9月全面解冻。

上人员。

8月14日8时至11时，库罗耶多夫向正在黑海度假的普京汇报了沉舰事故和寻找情况。第一次以总统身份面对突发事件的普京似乎还未适应过来，他没有及时中断在索契的休假，向俄罗斯人民说明情况，遭到了来自各方面的不同程度的批评。

由于潜艇内部是由相互之间可以隔绝的密封舱构成，所以，事故发生时没有丧生的艇员可以把自己的艇舱密封，等待外面救援。一般来说，核动力潜艇一次出海最多可连续在水下待6个月，依靠自身设备造氧。但现在"库尔斯克"号动力已熄火，就只能靠储备的氧气，储备氧气主要是液态氧和再生药板造氧。这些氧气一般可以维持2~3个星期。

8月15日，俄罗斯成立以副总理伊利亚·克列巴诺夫任主席、海军总司令库罗耶多夫任副主席的事故调查委员会，负责安排"库尔斯克"号的救援工作。当天，北方舰队司令波波夫亲赴出事地点，直接指挥营救。在海难区域已经有20多艘水面战舰和事故救援船只，以及若干潜艇。一些参与设计和建造核潜艇的专家已从圣彼得堡赶来，水下救援人员也做好了救援的准备。

但老天似乎特别不讲情面，紧急救援工作刚开始不久，海上便起了风暴，海浪达3米多高。许多参加救援工作的船只断了锚。不过，可容纳3名潜水员、专门用于搜救的"普里兹"号仍然开始了工作。由于狂风大作、恶浪翻滚，"普里兹"号无法与"库尔斯克"号核潜艇紧急逃生舱口对接，使所有的努力都化为泡影。

普京一直在关注救援工作的进展情况，只因涉及军事秘密，不便公开发表谈话。8月16日，他终于坐不住了，就潜艇被困一事首次正式表态。他承认："目前'库尔斯克'号潜艇的情况非常危险。为了救出被困船员，我们已经尽了最大的努力。"同时，他许诺一定会把"库尔斯克"号打捞上来。

由于营救工作紧迫而艰巨，普京不得不接受外援。"库尔斯克"号是俄罗斯海军新型主力战略核潜艇，涉及海军核心机密，若接受北约等西方国家的援助，等于将自己的秘密向潜在的对手公开。尽管冷战时期已经过去，尽管"救人要紧"，但无论从国家安全，还是军人尊严考虑，这都是一种"痛苦的选择"。

8月17日，英国救援潜艇LR5和挪威救援人员分别乘船赶往巴伦支海，经过两天多的海上航行，英国救援潜艇LR5及挪威深海潜水员终于抵达出事海域。

8月21日格林尼治时间上午9时整，挪威潜水员几经努力，终于打开了"库尔斯克"号核潜艇应急舱的内外两层密封舱门。人们最为担心的情形出现了：潜水艇的隔离舱里早已充满了水，被困在潜水艇中的118名艇员全部遇难。营救"库尔斯克"号被困艇员的行动到此结束。俄罗斯方面请求挪威继续协助打捞遇难艇员的尸体。

"库尔斯克"号沉没后，俄罗斯民众对政府的信任程度有所降低。对此，普京选择了积极面对，并着手解决问题。

2000年8月22日一大早，普京来到"库尔斯克"号艇长根纳季·利亚钦家中，看望了他的妻子利亚钦娜，在他们住的那间破破烂烂的房子里，与她交谈了一个多小时。

普京握着利亚钦娜的手，眼里噙着泪花，说："根纳季·利亚钦是俄罗斯英雄，俄罗斯民众会永远记着他的……你一定要化悲痛为力量，带好你们的孩子。没想到英雄只是住在这么简陋的地方，有什么困难你可以提出来，我会帮你解决的。"

利亚钦娜抽泣着说："根纳季·利亚钦是为国捐躯，虽然我们全家都很悲痛，但我们为他感到骄傲和自豪。谢谢总统，我们会想办法克服困难的。"

随后，他们一起前往"军官之家"。得知普京总统到来的消息后，牺牲艇员的家属都赶来了，"军官之家"只有650个固定座位的大厅里挤进了 1000 多人。普京亲切地与大厅里的人们交谈，并耐心地回答他们的问题。

在亲属们号啕大哭的氛围中，普京看上去不像一个国家元首，而是一位能够与遇难者家属感同身受的普通公民。他悲痛地说："首先我向你们表示衷心的慰问，所有牺牲的艇员都是国家英雄，我为他们感到骄傲和自豪。他们虽然牺牲了，但会永远活在俄罗斯民众的心中……"他接着说道，"我没意识到舰艇处于如此可怕的状况。这是一场灾难，国家会尽最大的努力处理好善后事宜。所有牺牲艇员家属的合理要求，我们都会尽量满足。我代表国家并以我本人的名义向你们再一次表示慰问，并向你们致敬，因为父母培养了英雄的儿子，妻子拥有英雄的丈夫，孩子拥有英雄的父亲。他们虽然牺牲了，但他们的灵魂将与我们同在，他们的精神将永存！"

8 月 23 日晚，普京接受俄罗斯电视台的专访，回答了过去 10 天来令全社会躁动不安的所有问题。他首先承担了这次事件的全部责任，他说："尽管我在总统职位上才 100 多天，但我还是应该对这次悲剧负全部责任，我有过失。我将与军队、舰队同在，也将与人民同在。我们大家不仅要一起来重振军队、舰队，还要振兴国家。"稍作停顿后，他以坚定的语气对全国观众说，"俄罗斯永远拥有未来，对此，我深信不疑。"

由此不难看出，普京不愧为政治高手。他知道，核潜艇沉没事发后，自己的所有解释都是越抹越黑，因为全国上下都认定是他的错，所以不如把责任先揽下来，处理好后事，等大家头脑冷静下来，发现错怪了他，也就会更加支持他。

2001 年 7 月 18 日，为期两个月的打捞"库尔斯克"号核潜艇的工作正式开始了。

为什么俄罗斯坚持要打捞这个庞然大物呢？普京表示，这主要是出于军事和保护生态环境的考虑，同时也是对遇难官兵家属应尽的义务。"库尔斯克"号沉没不久,艇上遇难的118名官兵中只有12人的遗体被打捞出来。当时,政府为这12名殉难官兵举行了隆重的安葬仪式,部分民众的情绪有所稳定。现在把艇上106名官兵的遗体打捞上来并举行隆重的葬礼,是对死者亲属的最大安慰,也是对民心的抚慰。

此次打捞行动由俄罗斯与挪威潜水员联合展开。俄罗斯潜水员于7月25日首次进入已经沉入北冰洋海底的核潜艇,发现了4具遇难者尸体。7月26日上午,首具尸体的身份确定。打捞者在遇难士兵的尸体上发现一张字条,字条记录了潜艇沉没时至少有23名船员没有当场死亡。至10月8日,"库尔斯克"号核潜艇由"巨人"4号大型驳船从巴伦支海海底打捞出水,停泊在位于科拉湾①畔的罗斯利亚科沃镇附近的船坞中。同年12月,北方舰队司令波波夫和参谋长米哈伊尔·莫察克中将被解职派往他处。

"库尔斯克"号事件虽然结束了,但对普京本人、对俄罗斯政府及俄军产生的影响却是深远的。

第一,核潜艇事故对普京是个沉重打击,使他重振海军的雄心受挫。

第二,"库尔斯克"号的沉没暴露出了俄军的一系列问题,让普京对俄军的现状有了全面的认识。

第三,此次事件再一次提醒普京,建设一支强大的军队,必须有雄厚的经济实力做后盾。由于缺乏资金和维修经费,俄罗斯服役的核潜艇数量在10多年里已减少了1/3。据俄军高层透露,用于维修军舰的款额仅占所需资金的10%。一些海军军官也指出,不少舰艇没有定期进行检修,人们普遍对俄罗斯军舰的航行安全产生疑问。俄军缺少兵源,士兵缺乏训练积极性,军官无法及时拿到工资,躲避服役以及军队内部时

---

① 科拉湾:又名巴伦支海南部峡湾,位于俄罗斯科拉半岛北岸,全长57公里。

常发生的军官欺侮士兵事件等一系列丑闻，使俄军的形象大大受损。而且，俄罗斯每年的军费开支仅 50 多亿美元，与美军每年 2800 亿美元的国防开支简直无法相比。

另一个"8·19"事件

时隔两年，俄罗斯又先后发生了两起坠机事件，使普京的执政能力再一次经受考验。

2002 年 8 月 19 日 16 时 50 分，在车臣首府格罗兹尼郊外的坎卡拉军事基地内，两名在直升机场边上武装值勤的卫兵听到了一阵由远及近的直升机轰鸣声，有着"巨无霸"之称的"米-26"直升机庞大的机身隐约可见。但转瞬之间，一直令外界感到神秘莫测的"米-26"重型运输直升机竟然像受伤的鸟儿一样，一头栽入坎卡拉雷区。

坎卡拉军事基地是驻车臣俄军的指挥中枢，驻车臣俄联邦武装部队司令部、驻车臣俄内务部队司令部、俄联邦特警部队车臣司令部均设于此，所以防卫格外森严，除了全副武装的卫兵、嗅觉灵敏的军犬和先进的电子侦测装置外，基地四周密密麻麻的灌木林和蒿草丛也被工兵们变成了一个巨大的雷区。这个雷区方圆 8000 米，埋设了反单兵地雷、饵雷、绊雷等近万枚，不夸张地说，连一只耗子都无法闯过这片雷区。

基地的救援人员眼睁睁地看着数百米外的满地残骸和呼救的战友束手无策，因为谁也不知道哪些地方埋了地雷，加上失事现场浓烟滚滚，官兵们根本不敢贸然闯入雷场。

就在救援人员一筹莫展之时，基地的工兵和弹药专家赶到现场，他们以最快的速度清理出一条通道，救援人员这才得以将幸免于难的战友从熊熊燃烧的直升机残骸中拉出来，立即送往基地医院抢救。基地医院的部分军医也被紧急抽调到现场，对一些重伤员进行现场急救。

事后，据俄罗斯公共电视台（ORT）报道说，这是俄军历史上最惨重的一次空难，失事的直升机上共有147人，其中114人死亡，仅33人生还。

这架"米-26"重型运输直升机是从印古什共和国军事基地起飞执行任务的。当时天气晴朗，能见度高，无风，不存在任何降落障碍。而且"米-26"重型运输直升机有"光环"绰号，是当时世界上最重的也是比较先进的直升机。

那么，是什么原因使这一空中"巨无霸"从晴朗的天空坠落呢？

俄罗斯国防部发言人尼古拉·杰里亚宾在接受媒体采访时表示，事发时"米-26"重型运输直升机驾驶员报告说有一只引擎起火，请求紧急迫降，在迫降过程中，直升机跌入雷区，因此才酿成了伤亡如此惨重的灾难。

普京在第一时间得到了这一事件的报告，他立即要求有关方面随时向他通报事件的最新进展情况。他还说："我们将尽快向车臣派出一个专门的调查委员会，彻底调查这起灾难。"

车臣非法武装声称他们是这次空难的制造者。他们在专门的网站上贴出一张"米-26"重型运输直升机烈火熊熊的照片，同时附了一份书面声明："托'针'式地空导弹的神力，我们一举击落了一架'米-26'重型运输直升机。这是反抗'占领军'的重大胜利！"这个网站还绘声绘色地说，执行此次袭击行动的是一个猎杀伏击小组，该小组一直在格罗兹尼地区侦察、跟踪俄军直升机的行动，在摸清车臣俄军司令部直升机的行动规律后，他们潜入坎卡拉军事基地雷区外围的密林中，当满载俄情报部队官兵的重型直升机刚准备降落，他们就发射了"针"式地空导弹，结果一举击中。

8月22日，普京强烈谴责了车臣武装分子击落俄军用运输机，致使114人丧生的行动，并宣布8月22日为全国哀悼日，悼念8月19日在车臣发生的军用直升机坠毁事件中的遇难者。

同一天，普京还召见了国防部长谢尔盖·伊万诺夫，要求他就当时的调查进展情况作详细汇报。俄罗斯电视台播放了他们的对话。当天的汇报比以往例行汇报的时间要长，持续了将近10分钟。

在对话中，普京面色冷峻，他质问伊万诺夫说："为什么在国防部明令禁止使用这样的飞机运送士兵的情况下，还会发生这样的事情呢？"

不幸的是，就在普京提出警告后的8月31日，俄罗斯驻北高加索联合集群的另一架"米-24"鳄鱼式武装直升机，又在车臣诺扎伊-尤尔特地区被地面炮火击中后坠毁，机上的2名飞行员当场死亡。随后，车臣反政府武装宣称对此负责。

这一事件的发生，更加坚定了普京打击车臣恐怖分子的决心。坠机事件发生后不久，俄罗斯联邦军队在车臣诺扎伊-尤尔特地区发动的特别行动中，一举歼灭了50多名车臣非法武装分子。

俄罗斯陆军总司令、国防部副部长尼古拉·科尔米利采夫因对下属部队管理不严和领导不力，受到警告处分；北高加索军区司令员根纳季·特罗舍夫因没有采取有效措施保证飞行安全和预防人员伤亡，受到严重警告处分；另有3名国防部高官也受到了不同程度的处分。

第七章 大刀阔斧的集权之路

作为总统,要想贯彻自己的治国方略,必须有一班得力的人马。普京提纲挈领、按部就班,理顺政治关系,兼顾各方,依法治党,渐渐完成了新老交替的任务。他在民主的大框架下强化中央集权,使国家意志高度统一的观念深入人心。

稳步改组政府

从发生的种种事件可以看出,刚刚上台的普京接手的是一个"烂摊子",正如他所言:"俄罗斯正处于数百年来最困难的一个历史时期。大概这是俄罗斯近200~300年来首次真正面临沦为世界二流国家,抑或三流国家的危险。"

面对重重困难,普京首先从恢复宪法秩序、整顿联邦体制入手,拉开了其"新政"的大幕,连烧几把旺火,初显铁腕政治家的魄力。

在出任代总统时,普京曾对总统办公厅进行一系列的调整。1999年12月31日,普京将自己的两位密友——德米特里·梅德韦杰夫和伊戈尔·谢钦调到自己身边,担任总统办公厅副主任。为了保持人心稳定,他保留了亚历山大·沃洛申的职位,让其继续担任总统办公厅主任。

2000年的第三天,普京解除了总统办公厅副主任、总统礼宾官弗拉基米尔·舍夫琴科和另一位总统办公厅副主任瓦列里·谢缅琴科的职务,任命他们为代总统顾问。另外两位总统办公厅副主任——弗拉基米尔·马卡罗夫和德米特里·亚库什金(兼总统新闻秘书)也未能幸免,同时被解除了职务。

1月10日,普京再出重拳,免去帕维尔·博罗金的总统事务管理局局长的职务,推荐他担任俄白联盟国务秘书一职。

至此,除办公厅主任沃洛申和第一副主任留任外,总统办公厅副主任以及各主要部门的负责人基本都被更换了。随着一批叶利钦"家族"成员和部下的离去,大批新人开始进驻克里姆林宫,成为普京麾下的精兵强将。

当时俄罗斯政府设有多位第一副总理,在工作中互有掣肘,严重影响了政府运转的效率,为此,普京免去了第一副总理尼古拉·阿克肖年科的职务,降任交通部部长;另一位第一副总理维克托·赫里斯坚科则被降为副总理。

就在普京提出改革联邦委员会的同一天,国家杜马顺利通过了普京对卡西亚诺夫的总理提名。随后,俄政府很快组阁完毕,原内阁大部分成员留任。分析家认为,普京把卡西亚诺夫安排在内阁的重要位置上,是因为卡西亚诺夫政治色彩淡薄,是典型的务实派官僚,最适宜推行普京的决策。

卡西亚诺夫新政府设有4名副总理,分别为阿列克谢·库德林、瓦莲金娜·马特维延科、克列巴诺夫和赫里斯坚科。原副总理绍伊古主动提出不担任副总理一职。尽管卡西亚诺夫称新政府不设第一副总理,但从各自主管的业务范围来看,身兼财政部部长的库德林实际上就是第一副总理。

卡西亚诺夫政府明显不同于以往的普京政府。如果说普京是个政治型总理的话,卡西亚诺夫则是个技术型总理。前者上任伊始就被叶利钦定为接班人，其主要任务是结束国家的混乱局面，开拓俄罗斯的新时代。由于叶利钦重病缠身，所以总理在国家政治生活中的地位十分突出。而卡西亚诺夫的主要任务是将普京的治国蓝图逐步变为现实。这就意味着，俄罗斯国家建设的大政方针将由总统及总统办公厅来制定，政府只要抓好落实就可以了。当然，要落实总统的治国构想，新政府必须有一个团结一致的领导班子。

随后，普京任命自己的好友、"团结"联盟领导人绍伊古为紧急情况部部长。这对他在大选前顺利开展工作具有重要意义。紧急情况部虽然不属于政府经济部门，但它与俄罗斯经济有着直接联系，尤其对车臣的重建工作至关重要。而由绍伊古担任这一重要职务，普京自然可以放心。

不久，俄罗斯外交部新闻司司长弗拉基米尔·拉赫马宁被普京任命为总统礼宾官。普京还任命伊戈尔·舍戈列夫担任总统新闻局局长。此前舍戈列夫在俄罗斯政府办公厅工作，负责与媒体打交道，由他出任总统新闻局局长一职显然十分合适。至于德米特里·亚库什金腾出的俄罗斯总统新闻秘书一职，则由阿列克谢·格罗莫夫填补。

普京是个聪明人，上台后，他虽然急于对政府进行改组，但为了稳定人心，他保持了斯捷帕申政府的内外政策，而且政府中所有的关键职位也都保持不变。他知道，斯捷帕申政府中的重要成员代表着不同的利益集团，若动他们，很可能会让自己过早树敌，不利于日后的发展。

在几次的人事变动中，最引人注目的是第一副总理阿克肖年科被降级使用。这或许是普京逐步削减叶氏家族势力的一个举措。阿克肖年科是叶利钦的"家族成员"，也是寡头政治的最后一个靠山。斯捷帕申被解除总理职务后，阿克肖年科掌管了俄罗斯的经济政策，被叶利钦"家族"视为未来的总理和总统人选。但普京讨厌阿克肖年科与寡头商人之间的关系，特别是在后者介入民间石油公司的人事问题后，阿克肖年科便彻底失去了普京的信任。

5月18日，俄罗斯政府公布了第一批进入新内阁的成员名单。除了总统警卫局局长尤里·克拉皮温、对外情报局局长维亚切斯拉夫·特鲁布尼科夫没有被重新任命外，国防部部长伊戈尔·谢尔盖耶夫、外交部部长伊戈尔·伊万诺夫、内务部部长弗拉基米尔·鲁沙伊洛、联邦安全总局局长尼古拉·帕特鲁舍夫、联邦政府通信与信息局局长弗拉基米尔·马秋欣等强力部门的领导人全部留任。

实行划区管理、改变联邦委员会组成方式等做法，只是普京为加强国家政权建设所采取的一部分措施。一旦措施到位，俄罗斯就可以重新建立起从中央一直到村委员会的垂直的政权管理体系，从而结束俄罗斯立国以来权力过于分散的混乱局面。

中央集权制对普京是很有利的，他在这方面采取了逐步换血的战术，既达到了换人的目的，又不引人注意，充分体现了他的稳重和老练。他在克里姆林宫任命的"自己人"，主要是圣彼得堡人和联邦安全局的战友。任命不引人注目但对他忠心耿耿的同乡谢尔盖·谢钦和德米特里·梅德韦杰夫为总统办公厅副主任，便是最直接的例子，他们都是不习惯抛头露面、默默无闻的人。

另一方面，在权力的巅峰，普京也懂得怎样运用一些战略战术。他在人事安排上非常谨慎，上任后的人事变动并未从根本上削弱叶利钦"家族"的势力。所公布的被降格和另有任用的人员名单没有改变整个力量对比。

用"带枪的人"保驾护航

成功改组政府之后，普京把矛头指向了令前总统叶利钦头痛不已的问题之一——地方长官权力的膨胀。

解体之前的苏联，徒有联邦制国家的形式，实质上却是一个高度集中的单一制国家。到了叶利钦时期，政府和议会没完没了的政治斗争大大削弱了中央的权力，地方势力则日益增强，一些地区领导人乘此机会大肆扩充实力。特别是车臣领导人，竟然公开招兵买马，自立为王，与俄联邦政府分庭抗礼。随后，鞑靼斯坦①、巴什基尔②等共和国纷纷要求独立，连经济欠发达的远东地区也要求建立远东共和国。

面对地方领导人势力坐大的局面，叶利钦从1991年起向各联邦主体派出了总统全权代表，但这一举措并没有发挥应有的作用。为了在与国家杜马的斗争中寻求地方政权的支持，叶利钦不得不与自治共和国的总统和各州的行政长官单独达成协议，允许地方做他们喜欢做的事情，作为交换条件，在他需要的时候，地方则要鼎力相助。这样一来，立宪的联邦变成了契约的联邦，地方领导人改由全民选举产生，总统丧失了对地方领导人的任免权。靠民选上台的地方领导人权力迅速扩大，州长、共和国总统成为各地区的土皇帝，中央对地方的控制力越来越弱。

普京上任后，立即在政坛上刮起了一股改革旋风，而"削藩"正是其中的一项重要举措。

普京当时面临着两种选择：一是对宪法进行修改。此举代价高昂，而且不能确保成功，因为联邦委员会和地方立法权力机关未必会同意批准有损于地方权力的修正案。二是像美国那样，废除联邦主体通过的与宪法相抵触的法规，借助形式上属于联邦中央管辖的司法机构的裁决，加强联邦中央的地位。但是，这也需要大量时间，因为在此之前要先让实际上受地方当局控制的地方法院保持其独立性。

普京及其智囊团经过深思熟虑，在与26位最具影响力的地方领导人会晤后，选择了一个激进但见效也快的策略。

---

① 鞑靼斯坦：又称塔塔尔斯坦，是俄罗斯联邦的联邦主体之一，属于伏尔加联邦管区管辖，距离哈萨克斯坦不足200公里。面积6.8万平方公里，首府为喀山。

② 巴什基尔：俄罗斯联邦下辖的一级行政区，亦是俄罗斯的联邦主体之一，属伏尔加联邦管区。大部在乌拉尔山南段西坡及卡马河支流别拉亚河流域。面积14.36万平方公里，首府为乌法。

2000年5月13日，普京签署了《俄罗斯联邦总统驻联邦管区全权代表》的总统令，决定将全国划分为7个联邦管区，今后总统不再向改革后约88个联邦主体派遣全权代表，只向联邦管区派遣代表。这7个联邦管区是中央联邦区（中心设在莫斯科）、西北联邦区（中心设在圣彼得堡）、北高加索联邦区（中心设在皮亚季戈尔斯克）、伏尔加河沿岸联邦区（中心设在下诺夫哥罗德）、乌拉尔联邦区（中心设在叶卡捷琳堡）、西伯利亚联邦区（中心设在新西伯利亚域）和远东联邦区（中心设在哈巴罗夫斯克）。

在改革的过程中，地方行政长官将失去许多法律规定的特权，这显然是他们不愿意看到的，所以势必采取公开或秘密的方式加以抵制。普京对上述问题已有清醒的认识，决定依靠强力部门来实现自己的治国宏图。为此，他任命了5个将军为联邦区的总统代表，并让绝大多数强力部门领导人留任。这一切都说明，当俄罗斯进入国家发展新阶段的时候，更需要"带枪的人"保驾护航。

5月18日，普京正式任命了各联邦管区的总统全权代表，原圣彼得堡市税务警察局副局长格奥尔吉·波尔塔夫琴科任中央联邦区总统代表。任命前税务警察局副局长为总统全权代表，显然是普京对不太听话的尤里·卢日科夫等莫斯科领导人发出的直接警告。

联邦安全总局副局长维克多·切尔克索夫任西北联邦区总统代表，从莫斯科被派往圣彼得堡。切尔克索夫从1992年到1998年领导了联邦安全局圣彼得堡分局，普京任联邦安全总局局长后将他调到莫斯科。他被看做是普京最好的朋友之一。

经历过两次车臣战争的北高加索军区司令维克托·卡赞采夫任北高加索联邦区总统代表。北高加索联邦区是个很特殊的地区，需要卡赞采夫这样的铁腕将军。这下他的权力更大了，不仅管军人，连平民也受他的管辖。

前总理谢尔盖·基里延科任伏尔加河沿岸联邦区总统代表，这一任命实现了他的夙愿,他早就想承担自己家乡的领导工作。

内务部副部长彼得·拉特舍夫被派到了最富有的地区——乌拉尔联邦区,主管俄罗斯的"外汇仓库",因为乌拉尔联邦区内有石油和天然气。

原独联体事务部部长列昂尼德·德拉切夫斯基任西伯利亚联邦区总统代表。苏联解体前他当过体委副主任,后来进入外交界,当过领事、驻波兰大使。

退役将军康斯坦丁·普利科夫斯基出任远东联邦区总统代表。在第一次车臣战争快要结束时,他指挥过联邦军队集群。

每个联邦管区的全权代表要使总统能在相应的联邦管区范围内履行宪法职能,直接隶属于总统并向总统汇报工作。全权代表接受总统的任命,任职期限由总统决定,但不超过总统任职期限。全权代表的最重要职能是协调联邦权力机关的地方机构执行联邦法律、总统命令和政府决议的开展;协调护法机关的工作,评估它们的工作情况,并向总统提出相应的建议;监督遵守俄罗斯联邦宪法以及有关自由和人权等联邦法律的履行情况;参与联邦主体国家权力机关的工作,其中包括在必要的情况下,在州杜马和政府就有关地方和中央利益的问题发表讲话,协商联邦权力机关驻地方代表的主要干部任命,参加拟订地区发展纲领等。

普京将全国划分为7个联邦管区的做法,意在保证总统实施宪法赋予自己的权力,提高国家权力机关的工作效率,更好地监督中央政府决议的执行情况。

由于事先做了大量工作,各地区领导人对此事反应极为平静,就连一向喜欢挑刺的鞑靼斯坦共和国总统明季梅尔·沙伊米耶夫也没有公开提出反对意见。普京在5月17日的电视讲话中说:"这是一条巩固国家统一的路线,它得到了行政长官、杜马代表和所有俄罗斯公民的支持。可以说,国家第一次在如此原则性的问题上没有出现分歧。"

重树克里姆林宫的绝对权威

普京"削藩"的一系列举动，使俄罗斯中央集权的权力体制重新形成。实际上，俄罗斯在传统上就是中央集权，这种思想并没有因为苏联解体而消失，只不过因为中央太弱，也就是叶利钦的弱势才造成了地方的强势。当中央领导人换成强者后，地方长官会立刻发现自己确实难有真正的地方实力，民众还是倾向于中央集权。

以革除总检察长斯库拉托夫为例。开除总检察长需要国会上院的同意，而上院是由地方民选的行政首长及议会议长组成，可以说是地方长官的大本营，他们都是民选出身，具有强大的地方民意基础，所以可以反抗叶利钦。叶利钦在任时，曾三度要求上院批准解除斯库拉托夫的职务，但都遭到了拒绝。上院其实对斯库拉托夫并不感冒，只不过不肯与叶利钦合作而已。而普京提出要革除斯库拉托夫的职务时，上院几乎是全票赞成。而且，不仅民选的行政区长官支持普京，信奉伊斯兰教的加盟共和国同样如此。最让人意想不到的是，上院居然有很多人建议取消地方长官的民选制，一律改为由中央官派。

普京认为，地区领导人必须集中精力搞好本地区的工作，立法工作应由这些地区派出的专门代表来完成。他在电视讲话中提议改变联邦委员会的组成原则。

这一建议如火烧屁股般，使各加盟国和各大州的"诸侯们"坐不住了。鞑靼斯坦共和国总统沙伊米耶夫公开表示："我看不出改变联邦委员会组成原则的想法有什么好处。也许这一想法背后的目的不但是要削弱国家杜马，还要削弱联邦委员会，使其变得更加无力，使这一宪法权力机关只能起辅助作用。我还没有听说过哪个联邦主体的领导人不能同时承担领导义务和联邦委员会成员的义务。如果谁履行这些义务有困难的话,有一个简单的办法:行政长官不想在联邦委员会工作,就让他派自己的代表参加。"

然而,当普京铁腕镇压车臣叛乱、大力提倡爱国主义而广获民众支持时,地方长官们见风转舵,纷纷向他靠拢。一些地区领导人完全支持普京的建议。比如,下诺夫哥罗德州行政长官米哈伊尔·普鲁萨克认为,普京的建议只说了一半,"他应当继续对国家的权力进行改革,其中行政长官也应由联邦中央直接任命"。

当然,普京不会接受废除地方长官民选制的建议,因为这违反现代潮流,但他准备加强司法权力,以便在必要时依法革除民选长官的职务,这就有了威慑力。2000年5月31日,国家杜马一致通过了联邦委员会组成程序法。6月23日,国家杜马以308票赞成、86票反对的压倒多数,通过了剥夺地区行政长官在联邦委员会席位的法案。但是,6月28日,当联邦委员会对该法律草案进行表决时,心怀不满的联邦委员趁势发起反攻,托木斯克州①议长马尔采夫一边用拳头敲打桌子,一边晃动俄联邦宪法,大声喊道:"这是我的位置,我是根据宪法赋予的权利占据这个位置的。"结果,联邦委员会以129票反对、13票赞成的表决结果否决了该法律草案。普京削减地方长官权力、设立垂直权力机构的计划遭遇了严重的挫折。

在俄罗斯的政治力量对比中,亲政府力量占有一定优势。尽管遇到了一定阻力,但普京对改革联邦委员会仍志在必得。

6月30日,国家杜马以408票通过了一份呼吁书,表示愿意与上院合作。他们呼吁成立一个协调委员会,对法案做出3点修改:第一,逐步更换联邦委员会的成员;第二,由联邦主体领导人亲自任命地方执行权力机关驻上院代表;第三,派出机构可以召回自己在联邦委员会的代

---

① 托木斯克州:位于西西伯利亚平原东南部,鄂毕河中部流域。俄罗斯最大的州之一。首府为托木斯克市。

表。如果联邦委员会不接受关于成立协调委员会的建议，杜马就推翻上院的否决。7月19日，国家杜马通过了修改后的联邦委员会组成方式法案，同时推翻了联邦委员会对总统有权撤销地方领导人法案的否决案。

8月，上述法案相继得以签署生效。普京于9月1日宣布成立由一些联邦主体的首脑和议长提出的联邦国务委员会，同时批准了联邦国务委员会条例。经过一系列的成功运作，可以说，俄罗斯"四分五裂的时期已经过去了"。

颁布《政党法》

继加强中央集权，大刀阔斧地打击地方势力后，普京很快又点燃了他上台后政治体系改革的第二把火———政党改革。

苏联解体以及俄罗斯独立后，各种政治和社会组织如雨后春笋般在俄罗斯蓬勃发展。1999年，在俄罗斯正式注册为全联邦性质的政党有150个，政治运动50个，另外还有许多社会集团（联合组织）。从各种政治和社会组织的活动来看，"政党""运动""集团"并没有什么实质性的区别。除了这些形形色色的民主改革党派以外，还有各种自由主义派、恢复宗主制运动、新法西斯组织、极端民族主义组织以及绿党、啤酒党等。

党派多了，纷争自然也多。历届入选杜马的俄政党及其代表们，将议会大厅变成了捍卫自身利益的"战场"。杜马代表们唇枪舌剑，甚至大打出手，使得国家最高权力机关的工作难以顺利进行。叶利钦执政时期，政府想让杜马通过一个议案有时也非常困难，为了迫使杜马代表们"就范"，叶利钦不止一次以解散杜马、重新举行大选相威胁。

解决党争问题，不可能一蹴而就，只能采取扶持一批、压制另一批的办法，使之此消彼长，逐渐平衡。普京上台后，情况发生了一些变化。

在1999年的第三届杜马选举中，亲政府的"团结"运动（原为"团结"联盟）虽然获得了胜利（占据了第二大党的位置），但俄罗斯共产党仍是杜马第一大党，而且在2000年的第三届国家杜马第一次全体会议选举杜马主席和各委员会主席时，俄罗斯共产党的根纳季·谢列兹尼奥夫被选为国家杜马主席。同时，在国家杜马27个委员会中，俄罗斯共产党获得了10个职位。

鉴于俄罗斯共产党势力的强大及其在群众中的影响力，普京在执政初期对该党采取了怀柔与笼络的态度，努力改善与该党的关系。他在当选总统后的一次讲话中说，尽管人们对俄罗斯共产党可能会有各种各样的看法，但他认为该党是俄罗斯目前唯一形成了体系的党派。俄罗斯共产党当时对普京也采取合作态度，在杜马中支持普京提出的一些法案。

不过，从内心讲，普京并不愿意保持这种危险的平衡。2000年5月27日，在他的授意下，"团结"运动在克里姆林宫召开第二次代表大会，宣布改建为"团结党"。此前，"我们的家园－俄罗斯""全俄罗斯运动""俄罗斯统一和谐党"等已宣布解散或停止活动，并号召其成员以个人名义参加团结党。加入该党的原"我们的家园－俄罗斯"领导人维克托·切尔诺梅尔金也参加了成立大会。普京更是亲临会场祝贺并发表讲话，希望团结党进一步发展壮大。团结党领导人强调，该党面临的任务是发展成为执政党。

尽管普京以果断的工作作风、正确的方针策略和显著的执政业绩赢得了较高的民意支持率，但在杜马选举中，俄立法机关牵制政府决策的局面仍然没有多大改善，一些党派与普京政府的矛盾依然存在。因此，仅仅支持一批还不够，还必须对党派组织进行一定的限制。

2000年12月26日，为了对长期盘踞俄罗斯政坛、势单力薄的政治组织进行一次毁灭性的打击，将近180个政治组织变成几个有固定群众基础的政党，加强国家对政党的管理，最终建立以两党或三党制为基础的多党制政治体系，普京在克里姆林宫会见了国家杜马各议会党团和议员团领导人，与他们讨论了政党法的问题。会后，俄罗斯共产党领导人久加诺夫和团结党议会党团领导人鲍里斯·格雷兹洛夫表示支持普京提出的政党法草案，并决定在2001年1月的国家杜马会议上进行审议。

2001年7月12日，普京签署了《政党法》并予以正式颁布。《政党法》对政党的成立、登记和撤销，党员的人数和地区组织的数量，政党的宗旨和活动形式，政党的权利和义务等问题都做了详细规定。其中比较重要的内容有政党必须拥有1万名以上成员，并且至少在一半以上联邦主体内建有人员不少于100名的地区组织，在其他联邦主体的地区组织成员不少于50名；不允许按职业、种族或宗教属性建立政党；成立政党必须先组成发起委员会，举行成立大会，然后召开代表大会，通过党的纲领和章程，并把这些文件提交负责政党登记的部门审核；政党必须推举候选人参加全国立法、权力机构和地方各级自治代表机构选举。

《政党法》不但要求政党必须注册，而且规定了政党在违法情况下的取缔办法。《政党法》规定，只有政党才有权推举候选人参加选举，这也包括联邦总统和国家杜马（议会下院）的选举。同时，政党还可以根据其在选举中的得票比例从国家财政中领取部分经费。

激活国家杜马

《政党法》颁布后，俄罗斯各政党都大力发展新党员和建立新的地区组织，出现了对政党进行改组、联合或建立新党的热潮。

普京颁布的《政党法》使中派政党①实行了联合，成为杜马中的第一大党，组成了支持政府的多数派。2001年4月17日，国家杜马中的4个中派议员团"团结党""祖国运动""人民代表""全俄罗斯运动"经过协商，决定成立跨党团的协调委员会，从而大大加强了中派的势力。7月12日，团结党与"祖国"运动组成"团结－祖国联盟"，并着手组建统一的政党。

12月1日，全俄罗斯团结和祖国党成立大会在克里姆林宫大会堂举行。联盟领导人、紧急情况部部长绍伊古在会上指出，在团结党、祖国党和"全俄罗斯运动"基础上成立的团结和祖国党，将使全社会团结在总统周围，为俄罗斯的繁荣而工作。联盟另一位领导人、莫斯科市长卢日科夫指出，团结和祖国党将团结全社会的建设性力量，保护大多数俄罗斯人的利益。

为了表示对团结和祖国党的支持及对治理党争的希望，普京在成立大会上发表了讲话，指出政治激进的时期已经过去，未来属于那些善于克服私心、放弃狭隘政党利益的政治力量。他希望团结和祖国党能有效利用现有资源，努力成为一支强大的、现代化的政治力量，成为多数党。他同时还强调，不要把新成立的党称为政权党，任何一个党派都不

---

① 中派政党：即实用主义者的政党。从纲领性政策角度来看，左翼共产党人是非市场管理的最大庇护所，自由主义者则将使有序竞争的市场和民主制度遭到破坏，而中派主义是在拥护适合俄罗斯国情的经济政治纲领的前提下实现国家美好的前景。

能代政府行使职能。

　　这次大会还选举出了由 18 人组成的最高委员会，绍伊古、卢日科夫、沙伊米耶夫三人共同担任党主席。2002 年 4 月，团结和祖国党举行第一届全俄代表大会，改称统一俄罗斯党，并完成了在司法部的登记手续。统一俄罗斯党在国家杜马中的议员人数已超过俄罗斯共产党，成为议会第一大党，从而使普京在议会中获得了比较稳定的可依靠力量。

　　与此同时，一些达不到《政党法》要求，又不准备与其他党联合的小党，将不再作为政党进行活动。它们有的可能解散，有的可能改组为俱乐部类型的团体，将无权提出候选人参与各级立法和权力机关选举，但不排除有些政党和组织可能会转入地下开展活动。

　　至 2001 年年底，俄罗斯正式登记在册的有 56 个政党和 150 个政治团体。

　　另据俄罗斯杜马网站公布的资料，那届国家杜马中各个主要党团的人数及所占百分比如下：团结党党团 83 人（18.44%）、俄共党团 85 人（18.89%）、俄罗斯自由民主党党团 12 人（2.67%）、祖国－全俄罗斯党团 49 人（10.89%）、右翼力量联盟党团 32 人（7.11%）、亚博卢党团 17 人（3.78%）。

　　以上统计数字表明，由团结党和"祖国－全俄罗斯"组成的统一俄罗斯党在杜马中拥有 132 个席位。如果再加上人民代表议员团和俄罗斯地区议员团，杜马中的中派议员总数将达到 235 人；左翼（包括俄共和农工议员团）的议员总数为 128 人；右翼（包括右翼力量联盟、亚博卢和俄罗斯自由民主党）的议员总数为 61 人。

　　当然，党争并不会因此而结束。2002 年 4 月 3 日，杜马中的团结党等 4 个组织突然对俄罗斯共产党发难，要求重新分配杜马委员会的领导职位。这一议案获得了通过，俄罗斯共产党失去了原先拥有的 10 个委员会中 8 个委员会的领导职务，只得到了文化旅游、宗教事务两个无足轻重的委员会的领导权。"祖国－全俄罗斯"议员团的杜马代表亚历山大·费杜洛夫甚至提出一项议案，要求"取缔俄罗斯共产党在司法部的注册，彻底禁止其一切活动，并追究其党首久加诺夫的刑事责任"。这一提案遭到了包括"祖国－全俄罗斯"议员团在内的大多数人和司法部的反对，但俄罗斯共产党在议会中失去了一系列重要阵地。与此同时，俄罗斯共产党内部也发生了分化。为了对杜马的上述决议表示谴责和抗议，俄罗斯共产党宣布放弃包括杜马主席和其他两个委员会主席的职位。但是，谢列兹尼奥夫拒绝辞职，两个委员会的主席古边科、戈里亚切娃也不同意放弃自己的职位。4月10日，俄共召开了第七次中央全会并通过决定，要求谢列兹尼奥夫等人辞职，如果他们拒绝服从俄罗斯共产党中央的决定，将给予组织处分。谢列兹尼奥夫无奈，只得求见普京，在与普京会晤后，他拒绝了俄共中央要他辞职的决定。

5月25日，俄罗斯共产党召开第八次非常中央全会，通过了将谢列兹尼奥夫开除出党的决议，同时被开除出党的还有古边科和戈里亚切娃。接着，他们三人又被开除出俄罗斯共产党议会党团。普京对俄罗斯共产党的做法进行了公开批评，并表示继续支持谢列兹尼奥夫留任杜马主席。其他政党也支持谢列兹尼奥夫继续担任杜马主席，直到2003年新一届杜马选举为止。

这次团结党的进攻及俄罗斯共产党围绕谢列兹尼奥夫问题的争论，使俄罗斯共产党在群众中的形象大大受损，同时也导致了俄罗斯共产党的分裂，俄罗斯共产党的势力因此大受打击。

普京通过一系列的整党活动，使国家杜马的组成架构大大有利于发挥他的权威，使国家杜马中支持政府的力量得到了激活，反对党团如俄罗斯共产党已很难再阻止克里姆林宫提出的任何法案在杜马中获得通过。

由于普京手段强硬，俄罗斯国内不少人大骂他是"帝国主义者""独裁者"。但普京毫不理会，坚持用"猛药"继续医治顽疾，迅速整顿了中央与地方、党派与政府之间的关系。正是在这种情况下，国家杜马不顾左翼的强烈反对,先后通过了《所得税法》《劳动法》《土地法》等重要法案。杜马终于成为普京可以掌控的"橡皮图章"。

建立年轻团队

在整顿政治体系时,普京对总统办公厅和政府机构进行了重大改组,使大量"新鲜血液"流入俄罗斯上层的国家机构机体。他们在"为我们的苏维埃祖国而自豪"的气氛中成长,又经历了戈尔巴乔夫和叶利钦时期,其中一些人还曾参与政府工作。俄罗斯媒体把这些人称为"血气方刚的内行人"。他们目标明确,雄心勃勃,干劲十足,没有多少教条和框框,也较少形式主义和陈规陋习,捍卫国家利益和讲究实效是其主要特点。与此同时,由于年轻气盛,他们也会做一些冒险之事。但一个内外困难重重的俄罗斯,必须要有年轻的开拓者和实干家。

1. 好帮手阿列克谢·库德林

2000年3月29日,俄罗斯《生意人报》以"普京的第二届临时政府"为题刊登了该报记者虚拟的俄政府组成草图,其中,阿列克谢·库德林名列卡西亚诺夫之后,出任第一副总理,主管财政部、税收部等经济部门。

库德林于1960年10月出生在拉脱维亚,毕业于列宁格勒大学(现圣彼得堡大学)经济系,是普京的校友。后来他在苏联科学院经济研究所读研究生,获经济学副博士学位。毕业后,库德林在丘拜斯领导的列宁格勒自由企业家活动园区设计组干过一段时间,1991年后一直在圣彼得堡搞经济工作,1993~1996年任圣彼得堡市第一副市长兼经济和金融委员会主席。

库德林在圣彼得堡市政府工作期间，普京恰好也在那里工作，两人成了好朋友。1996年，圣彼得堡市长索布恰克竞选连任失败，普京和库德林都辞去副市长职务，来到莫斯科工作。起初，他们都在总统办公厅主任丘拜斯手下工作，库德林任总统直属检察总局局长，普京任总统事务管理局副局长。丘拜斯当上财政部部长后，库德林任财政部第一副部长，普京则接替了库德林的职务。1999年6月，卡西亚诺夫当上财政部部长后，库德林依旧任财政部第一副部长，主管包括联邦预算在内的预算政策制定等工作。

俄罗斯分析家认为，库德林给卡西亚诺夫做搭档比较合适。俄罗斯新内阁面临的主要经济问题有两个：一个是偿还外债问题，另一个是增加预算外的资金问题。卡西亚诺夫可以解决前一个问题，而库德林则可以有效地削减国家开支。

2."安全首脑"尼古拉·帕特鲁舍夫

普京任总理后，提名让尼古拉·帕特鲁舍夫接替自己担任俄联邦安全总局局长一职。

帕特鲁舍夫出生于1951年7月11日，1974年毕业于列宁格勒船舶制造学院，1975年起在列宁格勒安全局工作。20世纪90年代初，普京担任圣彼得堡市副市长、对外经济联络委员会主席时，帕特鲁舍夫负责圣彼得堡安全局经济处的工作，两人联系密切。1992~1994年，帕特鲁舍夫任俄罗斯北部的卡累利阿共和国安全部部长。1994年，他被调到莫斯科担任俄罗斯联邦安全总局财产局副局长，后来又担任干部局副局长，由于掌握大量机密材料，他在俄罗斯国家安全系统是一个具有重要影响的人物。普京从总统办公厅监察总局局长晋升为俄联邦安全总局首脑后，帕特鲁舍夫于1998年6月接任监察总局局长，8月11日又被任命为总统办公厅副主任。

普京到外地巡视，一般是由帕特鲁舍夫陪同。2000年2月24日，普京打算去圣彼得堡参加恩师索布恰克的葬礼，社会上风传车臣恐怖分子预谋暗杀他。帕特鲁舍夫使出浑身解数，精心安排、亲自保驾，保证了普京的人身安全。

3月12日，在俄罗斯总统选举前半个月，俄联邦安全总局反恐怖局特工人员神不知鬼不觉地在车臣抓获了车臣非法武装力量头目之一、已被击毙的车臣匪首杜达耶夫的女婿萨尔曼·拉杜耶夫。普京在与几个副总理开会时宣布了这一消息，可谓轰动一时。擒拿萨尔曼·拉杜耶夫的行动是早就策划好的，准备工作做得非常周密，一枪未放就抓获了萨尔曼·拉杜耶夫及其卫队长。这是帕特鲁舍夫的得意之作，对大选前夕进一步提高普京的威望起了重要作用。

3．"安全战略家"谢尔盖·伊万诺夫

谢尔盖·伊万诺夫与普京多次在一起学习和工作。伊万诺夫于1953年出生在列宁格勒，毕业于列宁格勒大学语言学系翻译专业，1976年从克格勃明斯克高级训练班结业，1981年又到苏联克格勃第一总局第101学校深造，然后在对外情报部门任职，先后到瑞典、肯尼亚工作。他精通英语和瑞典语，具有渊博的知识，待人和蔼，工作兢兢业业。他曾担任俄罗斯对外情报局某局副局长，1998年8月被任命为俄罗斯联邦安全局副局长兼分析、预测和战略计划局局长，中将军衔。

1999年，普京出任总理后，把自己原来兼任的联邦安全会议秘书职务交给了伊万诺夫。联邦安全会议直属于总统，是保障国家安全的最高决策机关，涉及的安全问题非常广泛，除了国防安全、政治安全和外交安全以外，还有军事安全、经济安全、社会安全、生态安全、文化安全等。联邦安全会议秘书是该机构的常务负责人。

伊万诺夫担任联邦安全会议秘书不久，根据普京的授意制定了新的《俄罗斯联邦国家安全构想》，其中特别指出：俄罗斯反对单极世界，将为建设多极世界做出自己的努力；恐怖主义是俄罗斯面临的重大威胁

之一，主要表现在破坏北高加索局势稳定并企图使该地区脱离俄罗斯；北约东扩使外国军事力量逼近俄罗斯边境，所以，俄罗斯必须拥有足够的防御能力，必要时将动用包括核武器在内的各种力量和手段。

4. "经济战略谋士"格尔曼·格列夫

格尔曼·格列夫于1964年出生在哈萨克斯坦。1985~1990年，他在鄂木斯克大学法律系学习；1990年考入列宁格勒大学法律系研究生，在那里认识了索布恰克；1991年在圣彼得堡夏宫区政府工作；1992年成为圣彼得堡财产委员会夏宫地区分委会主席；1997年被任命为圣彼得堡财产管理委员会主席，后晋升为俄罗斯国家财产委员会第一副主席。

根据普京的建议，1999年12月26日成立了以格列夫为首的战略研究中心。普京的设想是，该研究中心应不受政府各集团利益的影响，从国家和政府的立场出发，制定国家的经济发展纲领。

战略研究中心位于莫斯科市列宁大街总统饭店附近的亚历山大大厦，俄罗斯总统竞选期间，普京的竞选总部也设在该大厦内。自2000年1月开始，几个不同流派的经济学家小组在"战略研究中心"紧张地工作，为普京制定经济纲领。格列夫在新政府中担任副总理，主管经济改革。

5. 政府"大管家"德米特里·科扎克

德米特里·科扎克出生于1958年，毕业于列宁格勒大学法律系，是普京的校友。1985年起，他在列宁格勒市检察院工作，1990年调到列宁格勒市执行委员会工作。普京担任圣彼得堡副市长期间，科扎克是市政府法律局局长。

普京十分欣赏科扎克的才干，1999年8月他出任总理后，马上任命科扎克为俄罗斯政府办公厅主任，享受部长级待遇。科扎克发挥自身出色的组织才能，把政府办公厅的工作安排得井井有条，使普京能够把更多的精力投入到重大决策中去。

从司法程序来说，普京是从 2000 年 5 月开始履行总统职责的，但事实上，他从前一年秋天便开始治理国家。也正是从那时起，他开始广纳贤才，组建自己的团队，当上总统后又对叶利钦时期的精英阶层进行了大换血。

普京的工作班子主要由三类人组成：列宁格勒大学法律系的同窗、苏联克格勃和俄罗斯联邦安全局的同僚、圣彼得堡市政府中的同事。但叶利钦毕竟对他有知遇之恩，所以他对前朝老臣的更换也有所保留，直到 2004 年，叶利钦的最后一员爱将、总理卡西亚诺夫才被解职。

普京登上俄罗斯权力之巅后，不少昔日在政界默默无闻的人开始担任要职。当然，他用人的首要标准是具备极高的职业素质，以真才实学和忠诚之心赢得他本人的信任。

第八章　恢复国民经济的元气

　　针对国民经济运行中存在的实际问题，普京查找病根，速开良方、标本兼治，用一系列切实可行的措施进行调控，力争使人民得到实实在在的利益。他还打击寡头，不让他们掌控国家经济命脉，防止他们进入政界。

剪不断理还乱的经济困局

　　除了来自国内外的政治、军事方面的威胁，普京上台时，俄罗斯联邦的经济问题如一团乱麻，剪不断理还乱。这种内外威胁实际上是一件事情的两个方面。经济是基础，国际关系说到底是实力对比关系。只有振兴经济，极大地增强综合国力，俄罗斯与外部世界的关系才能得到根本改善，其国际地位才能得到提升。普京说："没有发达的经济和强大的武装力量，不可避免地要处于依附的地位。"

　　其时，俄罗斯经济上的表面问题是，固定资产投资增长缓慢，国外投资很少，外债负担却很重。同时，经济结构存在问题，出口主要依靠能源等原材料，多数居民收入很低，国内需求不足，加上车臣战争耗费巨大，官员腐败盛行，这些都严重阻碍着经济的发展，使经济增长的潜力难以发挥。而究其根底，则是国家经济体制的问题，也是苏联的集权政治和计划经济体制向民主政治和市场经济转变所要付出的代价。

这就不能不提到"休克疗法"。

1991年苏联解体后，以叶利钦总统兼任总理，叶戈尔·盖达尔为副总理的俄罗斯联邦政府，聘请美国经济学家杰弗里·萨克斯①为政府高级顾问，全面照抄照搬"休克疗法"，并将其作为俄罗斯经济改革的总纲领，自1992年1月1日起全面推行实施。

"休克疗法"本来是医学术语，于20世纪80年代中期被萨克斯引入经济领域。当时玻利维亚爆发了严重的经济危机，通货膨胀率高达24000%，经济负增长12%，民不聊生，政局动荡。萨克斯临危受聘，向该国献出锦囊妙计：放弃扩张性的经济政策，紧缩货币和财政，放开物价，实行自由贸易，加快私有化步伐，充分发挥市场机制的作用。上述做法一反常规，短期内造成了经济的剧烈震荡，仿佛病人进入休克状态，但随着市场供求恢复平衡，经济运行也逐渐回归为正常。

但是，"休克疗法"不符合俄罗斯的国情，它成为一场只有"休克"而无"疗法"的激进经济改革。

叶利钦政府"休克疗法"的第二步棋，就是财政、货币"双紧"，政策与物价改革同步。财政紧缩主要是开源节流、增收节支。税收优惠统统取消，所有商品一律缴纳28%的增值税，同时加征进口商品消费税。与增收措施配套，政府削减了公共投资、军费和办公费用，将预算外基金纳入联邦总预算，限制地方政府用银行贷款弥补赤字。同时施行紧缩的货币政策，包括提高央行贷款利率、建立存款准备金制、实行贷款限额管理，以此控制货币流量，从源头上抑制通货膨胀。

然而，俄罗斯的经济体制正处于由计划经济向市场经济转轨中，"双紧"政策与物价放开产生了矛盾。市场放开，物价飞涨。紧缩信贷

---

① 杰弗里·萨克斯：著名全球发展问题专家，哥伦比亚大学经济学教授，哈佛大学国际研究中心主任，联合国前秘书长安南的高级顾问，"休克疗法"之父。

造成企业流动资金严重短缺，企业税费沉重，相互拖欠，三角债日益严重。同时，因人们手中的钞票不足，通货膨胀使购买力严重不足。尤其是日常生活用品又因生产结构的问题供不应求，俄罗斯出现工业用品价格低廉，日常生活用品价格昂贵的不正常现象。

由于企业生产进一步萎缩，失业人数激增，政府不得不加大救济补贴和直接投资，财政赤字不降反升。最后，政府被迫放松银根，大量增发货币，在印钞机的轰鸣声中，财政货币紧缩政策也宣告流产了。

休克疗法还留下了一大祸根：加速了国有资产的私有化，使少数人通过权力寻租、资源垄断或其他非法途径暴富。当时，有关专家做过一项评估，俄罗斯的国有资产总值15万亿卢布，刚好人口是1.5亿，以前资产都属国有，是大家的，若平均分配到个人，童叟无欺，人人有份，那么每个俄罗斯人将领到一张10万卢布的私有化证券，可以凭证自由购股。可是通货膨胀后，10万卢布只够买几双高档皮鞋。这个措施使大批国有企业落入特权阶层和暴发户手中，他们最关心的不是企业的长远发展，而是尽快转手盈利，职工既领不到股息，又无权参与决策，做一天和尚撞一天钟，生产经营无人过问，企业效益每况愈下。人民的生活水平更是一落千丈。到2000年年底，俄罗斯人的货币收入总量不足美国人的10%。有专家估计，俄罗斯人均GDP生产要达到葡萄牙或西班牙的水平，即使GDP每年保持8%的增长速度也至少需要15年的时间。

普京上台后，面临的最大难题是国库资金短缺。

俄罗斯2000年只有近200亿美元的外汇储备，而各种债务的总和是这个数字的近10倍。因此，如果得不到发达国家的投资和援助，俄罗斯的经济在短期内根本无法摆脱危机。然而，外资一直在观望等待，大部分外国投资者对俄罗斯市场缺乏足够的信心。

直到2001年，俄罗斯的土地资源、劳动力价格和其他成本仍然十分低廉。奇怪的是，这些优势条件似乎没有成为俄罗斯吸引外国直接投资的重要砝码，一些外国资本往往流向东欧等国家而偏偏不流入俄罗斯。原因大概有二，一是俄罗斯缺乏有效的现代管理体制；二是在俄罗斯投资会增加额外成本。比如，官僚作风既使得投资者增加了成本，又多耗费了时间。这种情况大企业也许还可以承受，但是对中小企业则是致命的。为了符合所谓的投资条件，外国投资者不得不为申请用电、选择场所、进口配额等问题疲于奔命，最后还可能既赔上金钱又贴了时间，却没有任何结果。

此外，俄罗斯各个地区的发展水平也有很大差距，而且实际情况与官方统计不一致。比如与欧洲最接近的加里宁格勒州，按官方统计，那里的生活水平要比俄罗斯的平均水平低28%。就人均外国投资而言，加里宁格勒的水平要比中等地区低50%；就投资吸引力而言，它仅位居国内第35位。但是，这个州里每三个居民中就有一人拥有汽车，比俄罗斯的平均水平高出两倍。该州小企业的数量仅次于莫斯科，居俄罗斯第二位。

这种表面上的矛盾是很容易解释的：加里宁格勒州的地区生产总值中90%来自"影子经济"，即大量收入来自非法活动——制造并传播麻醉品、走私（主要是琥珀）和卖淫。普通的非法经商活动（指未注册）所占份额也不小：在进口中占17%，在出口中占15%。非法制造的产品占10%（教育领域）至30%（工业领域）。专家认为该州影子经济猖獗的原因是，税收高、法制不完善和居民生活水平低下。

据俄欧经济政策中心调查表明，俄罗斯的影子经济大大超过了国家统计局提供的官方数据。按国家统计局的资料，圣彼得堡工业部门中的影子经济仅占23%，而该中心调查的结果则不少于43%。未登记的业务在购买原料阶段占25%~30%，在生产和销售阶段占70%~75%，在建筑业则占70%。该市逃税的比重，在工业部门占将近50%，在建筑部门占47%，在商业部门占41%。

俄罗斯的官方经济在很大程度上取决于能源出口以及世界市场上的

能源价格。石油价格上涨依然是俄罗斯经济增长的主要因素。所以，一旦世界油价下跌，俄罗斯的经济发展速度就可能大受影响。

这说明，俄罗斯经济有两大灾难——依赖能源出口和影子经济猖獗。但是，只要油价不跌，只要影子经济照样发展，人们的生活就能好。只是这样的生活水平是由"黑色金子"和"灰色"商业组成的，色彩搭配未免过于灰暗，畸形发展并非长久之计。

普京认为，"俄罗斯唯一现实的选择就是选择做强国，做强大而自信的国家"，使民众过上"幸福和体面的生活"；大力推进经济领域的改革，振兴俄罗斯经济，使民众从国家的经济发展中得到实实在在的好处，从而提高民族凝聚力。

渐进发展市场经济

面对严重的经济危机，普京知道自己没有时间可以浪费了，"每个国家，包括俄罗斯，都必须寻找自己的改革之路。俄罗斯是最近一两年才开始摸索自己的改革道路和寻找自己的模式。只有将市场经济和民主原则与俄罗斯的现实有机地结合起来，才会有光明的未来"。从普京的言论中可以发现，他将采用渐进式的方式把俄罗斯建设成为一个发达、繁荣和强大的国家。

首先，普京把赶超欧洲发达国家作为目标。他说："如果俄罗斯人均国内生产总值达到葡萄牙或西班牙现在的水平，还不是世界经济领先国家的水平，在国内生产总值年增长速度不低于8%的情况下，我们大约需要15年的时间。如果15年里我们都能保持年增长速度为10%的话，那么我们可以达到英国或法国现在的水平。"

普京还说："最少要有5%的增长……如果我们不能超过这个水平，

我们在国际舞台上的经济竞争就要落后，做尾巴，不只是做尾巴，而且要落伍。因此，我们应当保证较高的发展速度，我们非常希望达到哪怕是7%或8%的水平，最好是达到10%的水平。"

接着，普京又制定了一系列加速经济发展的计划和措施。2003年，他明确提出在21世纪头10年里争取经济总量翻一番。

他还把发展速度问题提到政治高度，"必须尽快发展，因为俄罗斯已经没有时间晃来晃去了"，"达到应有的增长速度，不仅是一个经济问题，也是一个政治问题。我不怕讲这个词，从某种意义上说，这是意识形态问题。更准确地说，它是一个思想问题、精神问题和道德问题。而这最后一点，从团结俄罗斯社会来说，在现阶段意义尤其重大。"

按当时的情况来看，如果俄罗斯的投资条件没有重大变化、民生之计没有本质变化，那么，这些设想和指标都难以实现，形势仍十分严峻。

但熟悉普京的专业人士认为，普京在民主德国当情报官的经历使他受益匪浅，他在那里经常与西方政府和企业界接触。他是市场经济的坚定支持者，但与大部分俄国政治家形成鲜明对比的是，他了解东、西方的经济和政治生活模式，他不是一个局外人，而是圈子中的一员。早在1999年9月，时任总理的普京与中国国家主席江泽民在新西兰举行会谈时便说过，一个国家应像中国那样，在经济改革中根据自己的情况走自己的道路。也许普京那时已对俄罗斯未来的经济改革有了通盘打算，未来的俄罗斯既不会走苏联的共产主义老路，也不会一味仿效美、英等西方国家的政治经济体制，而是走出一条适合自己的"第三条道路"。他所采取的措施如下：

第一，提高投资积极性，刺激生产快速增长；优先发展高科技及科技密集型产业；实施合理的结构政策；取缔影子经济，打击经营和金融信贷领域的有组织犯罪；循序渐进地实现经济改革。

第二，针对私有化政策中的失误，同时为了保持政策的连续性，俄罗斯将不重新实行国有化，但会停止成批低价出售国有企业，要出售的主要是经营效益差的小企业，国民经济中的战略性企业将维持国有制或由国家控股。

第三，改变通过举债弥补财政亏空的金融政策，改革社会福利体制，以求增收节支。政府将税收重点从工商税转到个人所得税，提高烟酒、珠宝和豪华汽车等非必需品的消费税，加重对偷税漏税者的惩罚；逐步减少对房租、公用事业费的国家补贴，将这些费用提高到成本价水平，并增加对困难者的补助；严格控制外汇流出，将强制出售给央行的企业外汇收入比例由50%提高到75%，甚至更高；重组债务，减少内外债务。

第四，摒弃重金融、轻生产的经济政策，加强国家对经济的宏观调控，努力扶持本国生产者。政府将制定化工、汽车、轻工业、畜牧业和高科技等领域的中长期规划，并下调增值税和利润税税率，减轻企业纳税负担。运用海关手段保护本国生产者和市场，对轻工原料和饲料征收出口税，以扭转本国企业停工待料而外国货物充斥市场的局面。

西方经济学家认为，普京已经充分弄清了俄罗斯的经济形势。以民族经济为实质的市场经济，是普京执政之初的首选方向，强调国家调控和民族经济是普京政策中的基础。普京出任总统后，俄罗斯长期低迷的股票市场指数上扬了19%，外汇交易市场也出现了有利于卢布的反弹。这似乎表明普京这个名字可以提供给投资商最需要的东西：明确的方向和稳定的发展。人们普遍相信，普京领导下的俄罗斯是一个比较可信的做生意的地方。

在普京施行经济新政两年后，俄罗斯经济终于进入了快速增长的轨道。尽管国际评论界对俄罗斯的经济前景具有不同的看法，但2000年和2001年，俄罗斯分别达到了8.3%和5.5%的高经济增长率，在国际上引起了普遍关注。除了GDP的增长外，俄罗斯的对外贸易、外汇储备、货币稳定程度和国际财经评价都有明显的改善。2001年，农业总产值增长 5%，进出口总额比 2000 年增长 81%，基础建设投资增长 8%，商业零售额增长超过 10%，外汇储备增长 3679%，达到了 383 亿美元，创历史新高。

能源输出与军火出口

在重振俄罗斯的经济方面，除了加快经济改革的步伐外，能源和军火是普京可以利用的最佳资本。用能源输出和军火出口来换取巨额外汇，成为俄罗斯经济最重要的增长点。

俄罗斯是世界石油大国，石油已探明储量为 67 亿吨，占世界已探明储量的 4.6%，位列沙特阿拉伯、伊拉克、科威特等中东国家之后，居世界第七名。

普京刚一上台，世界石油价格就从每桶 13～14 美元上涨了一倍。其后两年石油价格更是稳定在每桶 30 美元以上的高位。以俄罗斯每年出口 10 亿桶石油计算，仅油价上涨就使国家财政收入增加约 200 亿美元。普京大方地把全国平均退休金从每月 15 美元提升到 53 美元，把职工平均月薪从 60 美元提升到 183 美元。这一行为大大提升了他的支持率。

可以说，俄罗斯经济的快速增长在很大程度上得益于国际市场原油价格的不断攀升。

2003 年，俄罗斯超过沙特阿拉伯，毫无争议地坐上了世界最大产油国的交椅。有权威人士预言：俄罗斯是新世纪世界石油的交易中心。

俄罗斯财政预算收入的 35% 来自石油和天然气。2003 年，俄罗斯石油行业收入达 718 亿美元，其中石油出口收入达 407 亿美元，石油产品出口收入达 147 亿美元。

在增加石油出口的同时，普京不断拓展能源外交，实施以能源出口为主的多元化战略，抢占国际能源市场。在与西方国家关系改善的情况下，俄罗斯与美国的能源合作热度迅速升温。美国是世界上最大的石油消费国与进口国，以前的石油进口主要依赖中东地区，但美国的反恐行动引发了中东伊斯兰国家的反美情绪，阿以冲突也加剧了该地区局势的动荡。另外，两伊战争以及战后伊拉克局势始终动荡不安，在造成国际市场原油价格居高不下的同时，也使美国长远的能源安全问题日益突出。俄罗斯丰富的能源蕴藏、生产和出口能力，以及俄美新型关系框架的确立，使其成为美国能源补充渠道的最佳选择。

普京因势利导，在打开美国能源市场的同时，还大力巩固与欧盟的能源合作关系，深化与独联体传统伙伴在能源领域的合作力度，并已取得显著成效。

同时，普京也视亚洲国家为最具潜力的石油出口市场，提出将铺设"从萨哈林岛①（库页岛）到日本、从托木斯克到中国西部、从伊尔库茨克②到中国东北和朝鲜半岛"3条能源管线。

在军事工业方面，俄罗斯的军工企业集中了全国最先进的科学技术和高素质人才。基础雄厚、门类齐全、设备先进、生产力强的军工业，不仅在俄罗斯经济生活中起着举足轻重的作用，近年来还成了俄罗斯的出口创汇大户。

军工业发展与普京推行的改革措施有着直接关系。2000年以前，俄罗斯军火出口遭到西方军火商挤压，致使全国1700家军工企业开工率不足15％，其中700家严重亏损，不得不依靠国家补贴才能生存。

为此，普京大力推行军事工业结构改革，把1700家军工企业改组

---

① 萨哈林岛：位于亚欧大陆的东北部，黑龙江入海口的东南，东为鄂霍次克海，西通过鞑靼海峡与大陆相望，南隔宗谷海峡与日本北海道相邻，是俄罗斯联邦的最大岛屿，属萨哈林州管辖。

② 伊尔库茨克：俄罗斯伊尔库茨克州的首府，是西伯利亚最大的工业城市、交通和商贸枢纽。位于贝加尔湖南端，安加拉河与伊尔库特河的交汇处。

成50家综合性军火出口集团，同时取消政府补贴，让企业自寻生路。与此同时，政府官员加大外交力度，为本国军工业拓展市场。2003年，俄军工厂生产的产品有95%都用于出口，成为出口导向型企业。

在继续保持和巩固武器装备传统势力范围的同时，普京展开全方位攻势，把目光瞄向属于美国势力范围的拉美武器市场。如今，俄罗斯武器装备远销全世界50多个国家和地区，品种达上千个。其中，航空技术装备仍是其对外军售的拳头产品，约占销售额的70%，其次是海军装备、防空武器系统和陆军装备。

一些最有竞争力的军工企业已经在国际军火市场上立足，其中北方造船厂85.1%、安泰公司99%、伊尔库特航空集团97%的产品用于出口。伊拉克战争结束后，俄罗斯军火商又获得了一大批订单。俄罗斯前国防部部长谢尔盖·伊万诺夫曾开玩笑说："这是美国为俄罗斯军火做了免费广告。"

清算盗国起家的暴发户

在富民强国、发展经济的过程中，普京不可避免地要面对一个沉重的问题，那就是寡头。

在普京正式就任总统之前，如果问任何一个普通的俄罗斯人：是谁在统治俄罗斯，你会得到几乎同样的答案：鲍里斯·别列佐夫斯基和"寡头"们在"统治"着俄罗斯。

从1998年3月到1999年5月，俄罗斯政府的3次更迭都与金融寡头的幕后操纵有关。同时，寡头们控制的经济部门也越来越多，以俄罗斯"七巨头"①为代表的金融工业集团已控制俄罗斯经济近50%的份额。

俄罗斯"寡头新贵"的穷奢极欲，与平民百姓的贫苦形成了巨大反差。

比如，"梅地亚-桥"集团公司总裁弗拉基米尔·古辛斯基经常身着华服出入巴黎五星级饭店，每餐一掷千金。他在欧洲的私人别墅过周末，经常出入西班牙和伦敦的奢华场所。周末打网球时，在网球场巡逻的武装警卫多达15人。古辛斯基公开声称，他雇佣的保安人员达几千人之多。

俄罗斯近两成民众处于赤贫状态。在俄罗斯大城市的地下通道里，总能见到骨瘦如柴的老妪，伸着颤抖的手，噙着眼泪向行人乞讨。每到傍晚，街头就会出现一些老妪，手中举着几条干鱼、几根香肠或几包油炸马铃薯片，她们从不叫卖，只是默默地呆立着，眼巴巴地望着过往行人，静候问津者。更为凄惨的是，有的老年寡妇手中居然举着年轻时获得的劳动勋章，或是卫国战争中牺牲的亡夫的衣服，期待着能换回点食品。这种鲜明的对照，让有良心的俄罗斯人都感到痛心疾首。

普京上任后，发誓要让俄罗斯人民过上好日子。他强调说："我们的优先方向是保护市场，使其免受达官显贵和犯罪分子的非法侵入"，"所有经营主体应该一律平等"，"诚实的工作应该比偷窃得到更大收益"。他坚定地表示，政府惩治金融寡头的行动，会让寡头"今后再也不会回头"。

为了国家的最高利益，普京经过深思熟虑和周密策划，终于向金融寡头们宣战了。

2000年6月13日，莫斯科艳阳高照，万里无云。对大多数俄罗斯

---

① 俄罗斯"七巨头"：指联合银行总裁别列佐夫斯基、大桥银行总裁古辛斯基、国际商业银行总裁维诺格拉多夫、首都储蓄银行总裁斯摩棱斯基、阿尔法银行总裁弗里德曼、梅纳捷普银行总裁霍多尔科夫斯基，以及俄罗斯信贷商业银行总裁马尔金。

人来说，这是一个好日子。但是，对俄传媒"龙头老大"、金融巨头之一的古辛斯基来说，"13"这个不吉利的数字，给他带来了牢狱之灾。那天早上，他正悠闲地坐在豪华的办公室里阅读当天的《今日报》，两个警察悄悄地把他带走了，并把他直接送进了布蒂尔卡监狱，罪名是诈骗和盗窃。

原来，1996年年底，古辛斯基的大桥集团在购买国家电视公司"圣彼得堡第十一频道"70%股份的时候，只花了25万旧卢布，而该频道的实际价值高达1000万美元。合同签署12天后，该频道负责人在芬兰的个人账户上就出现了100万美元的好处费。这笔钱的曝光使俄罗斯检察机关认定古辛斯基在侵吞国家财产方面劣迹斑斑。

实际上，早在1999年春，总统办公厅就曾向古辛斯基施压，逼他移居国外。总统办公厅主任沃洛申在时任总理斯捷帕申的办公室里，半开玩笑半认真地对古辛斯基说："让我们替你偿还外国银行和其他借贷者的欠款吧，再给你1亿美元，条件是你在总统大选前必须移居国外。"但古辛斯基未予理睬。2000年总统大选期间，俄罗斯高层又向大桥集团施压，要求其偿还4600万美元的贷款。2000年3月，俄罗斯上流社会风传要把独立电视台从大桥集团分离出去。5月11日，俄罗斯执法部门强行搜查了大桥集团的几间办公室。6天后，俄罗斯中央银行又在大桥银行"掺沙子"，任命了临时负责人。此后不到一个月，古辛斯基就身陷囹圄。

6月16日，被关了3天的古辛斯基获得取保候审的权利。此后，他隔三岔五就得去总检察院受审，最终不得不移民国外。他创办的颇具影响力的独立电视台也被政府接收。十几年来在俄罗斯商界和政界风云一时的古辛斯基，最终落得个流亡海外的下场，2013年死于英国。

普京打击的第二个对象是俄罗斯头号金融和工业寡头别列佐夫斯基。

2000年7月12日，俄税务警察局对伏尔加汽车公司逃税案进行了调查。该公司 1999 年年产拉达轿车 65 万辆，政府指控该公司为大规模逃税，虚报年产量为 20 万辆。该公司的后台老板正是在叶利钦时代呼风唤雨的俄罗斯首富别列佐夫斯基。

普京在行动，寡头们惶恐不安，伺机报复。惊恐中，还真的让他们等来了机会。"库尔斯克"号核潜艇沉没后，寡头们立即利用他们控制的电视台和报纸大肆往普京身上"泼脏水"。别列佐夫斯基还扬言要为遇难者家属捐钱，事后证明，他并没有捐。这时，普京说话了："对于这种慈善行为，我们赞成，他最好卖掉地中海岸边的别墅。但接下来的问题是，他们是从哪里得到这么多钱的？"

进入 11 月，俄罗斯的天气早已冷了。俄罗斯总检察院开始传讯别列佐夫斯基：他控制的两家在瑞士注册的公司内外勾结，把俄罗斯航空公司在境外的几亿美元据为己有。而该航空公司的总裁正是叶利钦的女婿瓦雷利·奥古廖夫，如果深挖到底，必然牵扯到叶利钦家族的人。

别列佐夫斯基仗着与叶利钦家族的渊源，有恃无恐，公然拒绝回国接受传讯，并向媒体披露了一条爆炸性新闻：他曾用俄罗斯航空公司瑞士公司洗的黑钱，赞助普京竞选总统并组建"团结"联盟。黔驴技穷的别列佐夫斯基，不惜公开自己的无耻行为，往普京身上泼脏水，并且断言："普京的总统任期最多一年，长不了。"

尽管此案的背景十分复杂，但普京打击别列佐夫斯基的决心并没有动摇，原因有两个：

其一，别列佐夫斯基太过猖狂，自恃"举贤"有功，想要更多的商业和政治回报，欲壑难填，特别是他无视国家利益，企图利用自己与车臣分裂主义头目的特殊关系，在车臣问题上与政府讨价还价，打乱并阻碍政府遏制分离主义、维护国家统一的计划。

其二，普京想通过追究这个寡头，显示自己作为独立政治家的形象，团结大多数政治精英和人民群众，巩固自己的地位；警示那些助选有功、希求得到回报的地方"诸侯"不要有非分之想，规规矩矩地顺从中央的权威,以便进一步推动政治、军事、经济、社会改革,实现他的富民强国之梦。

但是,别列佐夫斯基的特殊身份及其滞留国外不归的行为,给执行司法程序的联邦司法部门带来了困难。为此,普京密会叶利钦,争取他的支持。随后,叶利钦在接受记者采访时公开表态说:"普京目前对别列佐夫斯基和其他寡头采取的强硬立场是正确的,我支持他。"叶利钦这次讲话的政治影响还是很大的。很快,联邦司法部门依法查封了别列佐夫斯基在莫斯科的国家别墅和挂着政府牌子的汽车。这实际上是把他从俄罗斯生活空间中轰了出去。

某些寡头不仅把持国家的经济命脉,还利用金钱势力把控政府,影响人们的政治生活,制造大量腐败案件。普京对此类人物坚决地砸下了重拳。

2003年10月25日清晨5时,夜幕尚未散去,一架从下诺夫哥罗德飞往伊尔库茨克的图-134客机降落在新西伯利亚托尔马切沃机场,准备加油。飞机刚刚停稳,客机四周突然灯火通明,警笛大作,十几辆警车如同神兵天降,呼啸而至,将飞机团团围住。荷枪实弹、身着黑色迷彩作战服、戴着面罩的特种兵冲进机舱,搜捕尤科斯石油公司的总裁米哈伊尔·霍多尔科夫斯基。

一位强力部门的官员走到坐在头等舱、惊魂未定的霍多尔科夫斯基面前说:"请跟我们走一趟!"霍多尔科夫斯基强打精神说道:"我们走。"就这样,因拒绝对下属公司偷税、逃税进行调查,霍多尔科夫斯基被武装警察逮捕。

在俄罗斯,霍多尔科夫斯基的名字总是与财富、地位和权势联系在一起,这位年轻的石油巨头以他的显赫背景、他的目空一切以及他对政府的强硬作风,叫人刮目相看。

1963年,霍多尔科夫斯基出生在莫斯科的一个普通家庭,从20世纪80年代中期开始经商,是苏联解体后在私有化过程中迅速发家致富的新俄罗斯人的典型代表。1986年，他出任莫斯科伏龙芝区共青团委副书记。当时国营单位纷纷成立合作社，也就是公司承包给个人经营。霍多尔科夫斯基也加入了首批官员下海经商的行列，他与人合伙承包的合作社叫"梅纳捷普"。起初，他只是倒卖酒、牛仔服和计算器等小商品；1989年，颇有经济头脑的霍多尔科夫斯基与人合伙开了一家商业投资银行；1995年，该银行旗下的梅纳捷普投资银行收购了被公开拍卖的尤科斯石油公司的78%股份。

之后，霍多尔科夫斯基开始专心经营尤科斯石油公司，先是为公司筹得17亿美元的资金，接着收购了东方石油公司。按照计划，尤科斯石油公司将与西伯利亚石油公司正式合并，成为全球第四大私营石油公司。根据美国《福布斯》杂志2002年的排名，尤科斯石油公司位居世界500强企业的第267位，而霍多尔科夫斯基也以80亿美元的净资产名列全球富豪榜第26位，在俄罗斯更是高居榜首。

霍多尔科夫斯基外表温文尔雅，但正如他在商场上的霸王作风一样，他在政治上也有不小的野心。为了扩大自己的势力范围，他一直主张经济自由化，并大张旗鼓地进军国家杜马，广泛收买政界人士，在国会各派中都有他的代言人，他还曾声称自己将于2007年退出商界。这一切不能不令人怀疑这位年仅四十出头的石油巨头有意干预政局，甚至问鼎克里姆林宫。他的这些高调行为激怒了普京政府，最终也让他成了阶下囚。

当然，普京并不打算和所有工商界巨头决裂。事实上，他与俄罗斯国际工业银行总裁谢尔盖·普加乔夫、圣彼得堡工业建设银行总裁弗拉基米尔·科甘的关系都很密切。这两人在俄罗斯的知名度不是很高，但对俄罗斯经济的影响力却十分巨大。

普加乔夫和别列佐夫斯基等寡头不同，他在俄罗斯公众中几乎毫无知名度，可说是一位"隐身巨头"。

普加乔夫毕业于列宁格勒大学，他的事业是在20世纪90年代中期进入帕维尔·博罗金的圈子之后开始发达起来的。当时博罗金手下有一个很有名的"迈克罗金"公司,但该公司经理叶法罗夫没能把握住自己的锦绣前程,被名不见经传的国际工业银行总裁普加乔夫击败,很快,"迈克罗金"公司不复存在,普加乔夫的银行则蒸蒸日上。

在博罗金的鼎力帮助下,国际工业银行被列入俄罗斯与国际金融组织合作机构的名单中。俄罗斯许多大财团和大公司纷纷在国际工业银行开设账户,普加乔夫很快成为克里姆林宫权势人物的亲信,经常帮助叶利钦一家处理一些商业上的事务。

有关普京与普加乔夫的交往有许多说法,但有一点可以肯定,他们的关系是从普京担任总统事务管理局副局长的时候开始密切起来的。当时普京负责俄罗斯在境外的国有资产事务,而这些工作与国际工业银行在国外的业务有直接联系。

圣彼得堡工业建设银行的大股东科甘,其成功不仅因为他拥有经商的天赋,更重要的是他善于和圣彼得堡市的政界人士打交道,他在圣彼得堡、列宁格勒州的政界朋友可以开出一张长长的名单。在索布恰克担任圣彼得堡市长期间,科甘的银行成了与市政府关系最密切的贷款机构。他与当时担任圣彼得堡第一副市长的普京关系也非同一般。对科甘来说,普京办公室的门总是向他敞开。加上普京的很多助手都来自圣彼得堡,因此很多事情不用找普京,科甘自己就可以搞定。科甘和政府副总理兼财政部长库德林、负责国防工业事务的副总理克列巴诺夫的关系也都很好。

以上事实说明,普京决心打击寡头,是要把寡头作为一个阶层消灭掉,但这并不影响他和那些讲道德、具有社会责任感的富豪交往合作,这也是俄罗斯经济发展战略的需要。

第九章　多极外交初见成效

在世纪之交的国际形势下，普京确立方针，把握重点，悉心保持平衡，进一步发展了俄罗斯的全方位外交，为俄罗斯树立新形象，争取有利的国际环境，努力营造地缘政治的新格局创造了条件，逐步开创了外交新局面。

"双翼外交"的构想

在普京的努力下，经济逐步恢复、各个领域的体制改革逐渐深化、困难被一个接一个地解决，上述这些条件，为提升俄罗斯的国际地位提供了一个非常难得的历史机遇。

自苏联解体以来，俄罗斯在对外政策方面进行过一系列调整。

起初，俄罗斯采取的是向西方各国"一边倒"的外交战略，幻想以妥协和让步换取西方各国的接纳和青睐。然而，俄罗斯的一厢情愿却付出了沉重的代价。冷战虽然已经结束，但西方各国对俄罗斯的戒心并未消除，削弱俄罗斯的图谋也丝毫没有改变。俄罗斯融入西方未成，反而丧失了在东方的影响力，自身利益和大国形象严重受损。

于是，叶利钦在第二届任期内，确立了以推动世界多极化、争取成为未来多极化格局中重要一极为目标的外交战略。这是在重新认识世界格局的发展趋势、重新认识俄罗斯的国际地位、反思数年来俄罗斯外交战略得失之后提出的，得到了俄罗斯社会各阶层大多数国民的认同。

作为叶利钦这一外交战略的坚定支持者，普京在叶利钦"双头鹰"外交的基础上进行了调整、发展和创新，制定了"巩固独联体、平衡东西方"的全方位外交政策，即"双翼外交"，突出强调以下4个方面：

第一，希望在降低武力因素在国际关系中的作用方面进一步与美国合作；

第二，把欧盟看做极为重要的政治经济伙伴，与欧洲国家的关系是俄罗斯外交政策传统的优先战略；

第三，亚洲外交是极为重要的方向之一，其中，积极发展与中国的友好关系是极为重要的；

第四，优先保证与独联体国家进行多边和双边合作，重点在于发展与独联体所有国家的睦邻关系和战略伙伴关系。

普京的"双翼外交"是由俄罗斯现实的需要和长远的利益决定的。俄罗斯横跨欧亚大陆，必须同时与欧亚建立并保持良好的周边关系，确保俄罗斯的复兴及维持俄罗斯在外交上的大国地位。

普京多次表示，俄罗斯有足够的力量，能够可靠地捍卫主权与安全，在国际舞台上捍卫自己的民族利益。但是，俄罗斯不希望通过返回冷战时代或通过制造新的两极世界的方式来达到这一目的。俄罗斯选择了民主和市场改造方式，选择了融入国际社会的方式，并沿着这条路坚定地走下去。

"双翼外交"以巩固独联体为依托，推动东西方的平衡，尤其是面对北约的继续东扩和美国NMD（国家导弹防御体系）的发展，面对西方国家全方位的挤压，俄罗斯必须从军事安全的长远战略考虑，积极发展与西欧的合作，同时抓紧和东方国家发展关系，以建立稳定的战略大后方，并努力推动经济合作，开发潜力巨大的市场。

普京曾经在《21世纪的头10年》这篇文章中，对21世纪头10年的国际关系前景进行了展望，集中反映了他的多极化外交战略思想。他认为，未来世界的格局应该是多极化的，俄罗斯要继续推动多极化格局的形成。

2000年4月和7月，他先后签署了两个纲领性的文件：《俄罗斯联邦外交政策总则》和《俄罗斯联邦外交政策构想》。在"构想"中，普京政府明确提出了俄罗斯的对外政策：推行积极的外交方针；巩固关键性的国际政治与经济进程多边管理机制，首先是联合国安理会；为国家的经济与社会发展提供有利条件，确保全球和地区的稳定；保护侨居国外的俄罗斯公民的合法权利与利益；根据国际法准则，发展与独联体成员国的关系，发展独联体范围内与俄罗斯利益相适应的一体化进程；确保俄罗斯作为享有充分权利的一员加入全球与地区经济、政治机构；协助解决冲突，包括参加联合国安理会及独联体所领导的维和行动；谋求核武器监督领域的进步，维护战略稳定，维护和加强1972年的《反弹道导弹条约》的地位；履行削减与销毁大规模杀伤性武器及常规武器领域的相互义务，实施巩固信任与稳定的措施，确保对商品和技术出口以及提供军用及双重用途服务，实行国际监督；就限制和削减军备问题修改或签订新的法律所要求的协议，就加强信任与安全措施拓宽政治义务；促进无大规模杀伤性武器区的建立；在打击跨国犯罪与恐怖主义方面开展国际合作。

与刚刚接任代总统时慎言外交的局面相比，普京在正式就任总统后的几个月时间里，让人们看到俄罗斯外交在他的调度下日渐活跃，并且初露锋芒。这种变化集中体现在两个方面：一方面是俄罗斯与西方的关系开始调整；另一方面是俄罗斯力保大国地位的最新努力。

与西方关系的变化集中反映在俄美关系的微妙变化中。普京担任总统后，美国国内舆论和各家智库就俄美关系发生了尖锐的争论。一种意见是担心普京会对西方持强硬态度，导致双方更加对抗，特别是认为俄罗斯新安全构想已经把西方从"伙伴"改为"竞争对手"，担心这是不祥之兆，普京时代的俄美关系将很棘手并充满困难。另一种意见则认为普京治下的俄罗斯并不见得会比叶利钦时代对美国更具威胁。

普京上台以后的事态发展则更富有戏剧性。1999年年底，美国特使斯特普·塔尔博特访问莫斯科时的冷淡气氛，的确令观察家担心。但美国国务卿马德琳·奥尔布赖特在2000年2月初访俄罗斯后，双方居然都对访问结果表示了谨慎的满意。

也许更能说明问题的是在两个领域的动向：其一，2000年2月11日，俄罗斯与伦敦俱乐部就重新安排俄罗斯偿还318亿美元债务的时间达成了一致意见。这一安排实际上将勾销俄罗斯在苏联时代欠下的债务的一半以上。这一结果将使俄罗斯有可能重返自1998年危机后几乎完全撤出的国际资本市场。其二，同年2月中旬，北约秘书长乔治·罗伯逊到莫斯科进行访问。这次访问结束了科索沃战争以来俄罗斯与北约"伙伴关系"被冻结的状况，双方开始恢复了定期的官方接触，恢复了共同常设理事会在布鲁塞尔总部的工作，俄罗斯武装力量重新参与实施"和平伙伴关系"计划。

普京外交的另一个变化表现在，他非常鲜明地强调俄罗斯的大国地位，并且把追求、力保大国地位与亚欧主义外交紧密相连。在接任代总统职务的前一天，他曾发表《千年之交的俄罗斯》一文，虽然在外交方面着墨不多，但相当突出地阐述了俄罗斯的强国思想。从外交实践来看，俄罗斯外长伊万诺夫的东亚之行，旗帜鲜明地亮出了亚欧外交的特色。伊万诺夫是苏联解体后第一个访问朝鲜的俄罗斯外长，充分表明了俄罗斯对亚太地区最敏感事务的高度关注，显示出俄罗斯绝不会放弃在朝鲜半岛问题上发挥影响力的地位。

在外交政策及实践中，普京将独联体置于特殊地位，欧美和亚洲则被列为优先发展方向。东西方的排列顺序虽有先后,但在其外交中占有的位置几乎同等重要,正如普京所言:"俄外交政策的特点在于平衡性,这是由俄罗斯作为一个欧亚大国的地缘政治地位所决定的。"

联合各国阻止美国部署 NMD

在积极开展"双翼外交"的同时,普京也面临着苏联解体之后俄美关系可能进入冰点的不利局面。

其实,俄美两国的矛盾早在1991年就产生了。当时,华沙条约组织[①]宣布解散,一些成员国相继提出了加入北约的要求,对此,俄罗斯明确表示反对。两年后,作为一种折中办法,美国提出了"和平伙伴关系"计划[②],表示加入该计划将为最终加入北约创造条件。为了不至于被排除在当时正在形成的欧洲新军事安全一体化进程之外,包括俄罗斯在内的23个国家加入了这一计划。但这个计划并没有阻止北约东扩的步伐,东欧国家仍然继续要求加入北约,这对俄罗斯是个不小的打击。

1999年3月,美国国会批准了《国家导弹防御系统法案》。此后,反对美国研制和部署国家导弹防御系统(NMD)开始成为俄美关系中

---

① 华沙条约组织:是为对抗北大西洋公约组织而成立的政治军事同盟。成员国包括苏维埃社会主义共和国联盟、德意志民主共和国、波兰人民共和国、捷克斯洛伐克社会主义共和国、匈牙利人民共和国、罗马尼亚社会主义共和国、保加利亚人民共和国、阿尔巴尼亚人民共和国。1991年7月1日正式解散。

② "和平伙伴关系"计划:在美国的建议下,于1994年1月在北约布鲁塞尔首脑会议上获得通过。主要内容如下:一、北约正式邀请前华沙条约组织国家和欧洲中立国家参加"和平伙伴关系计划",在军事演习、维和、危机控制等方面进行合作和政治磋商;二、伙伴国可以向北约总部派出联络员;三、伙伴国必须承认西方的民主、人权标准,并尊重现有边界。

的首要难题。如果说导致俄美蜜月关系迅速终结的北约第一轮东扩还只是一个地区性问题，那么，NMD 问题因涉及全球战略稳定，极有可能引发新一轮全球性的军备竞赛而引起了国际社会的广泛担忧。

1999 年 7 月，美国总统克林顿无视美苏于 1972 年签订的《反弹道导弹条约》，签署了完全违反该条约宗旨的关于支持建立 NMD 的法案。之后，美国政府一再增加拨款，加速 NMD 的研制进程。同年 10 月，美国军方对 NMD 的导弹拦截技术进行了首次试验并获得成功。

美国推进 NMD 研制计划，归根结底是要降低俄罗斯核力量的潜在威胁力度。而俄罗斯当时的经济状况使其没有任何大规模增加国防开支，并与美国展开核竞赛的可能性。失去了强大的核遏制能力，俄罗斯将丧失大国地位，只能在世界舞台上扮演二流角色。所以，普京表示坚决不能接受美国部署 NMD 和修改《反弹道导弹条约》的计划，并非常明确地把阻止美国部署 NMD 确定为俄罗斯对外政策中最重要、最紧迫的任务之一。

当然，普京也明白，分歧与对抗难以达到阻止美国实施 NMD 计划的目的。因此，他采取了灵活的应对措施，在强烈反对美国发展 NMD 的同时，也提出了一系列建设性的方案，并力图通过各种外交手段来解决这一问题。

在普京的推动下，俄罗斯国家杜马批准了搁置多年的俄美第二阶段《削减和限制进攻性战略武器条约》（START Ⅱ）和《全面禁止核试验条约》两个议案。普京通过此举强化了俄罗斯维护《反弹道导弹条约》的立场，但他同时也表示将把"START Ⅱ"与《反弹道导弹条约》挂钩，也就是说，如果美国发展 NMD，俄罗斯将废除包括《俄美第二阶段削减战略核武器条约》在内的一切军控条约。

在这一问题上，普京积极谋求与中国等国家的合作。2000 年 7 月普京访华时，与中国签署了《中俄关于反导问题的联合声明》，充分表达了两国反对美国部署 NMD 的坚定立场。

同年，普京还访问了英、德、法、意等西欧大国和加拿大，寻求各国在反导问题上对俄罗斯的支持。这些国家担心核裁军进程逆转及出现新的军备竞赛，普遍对美国部署 NMD 持反对或消极态度。普京甚至建议与北约和欧盟联合建立导弹防御体系，并就这一建议与欧洲各国领导人交换看法。这些都表达了他愿与各国一起认真解决所谓"导弹威胁"问题的诚意。

普京的努力，使得美国坚持发展和部署 NMD 的做法遭到了北约盟国及国际社会的普遍反对。出于各种考虑，克林顿宣布推迟做出部署 NMD 的决定，但这并不代表美国就此放弃发展 NMD，俄美在这个问题上的尖锐矛盾依然存在。

改善俄美关系的发起人

由于美国加快研制 NMD，加上俄美两国在北约东扩、波黑危机、车臣事件、科索沃危机等重大问题上的严重分歧，俄美关系将如何发展，是继续合作还是走向对抗，一时之间众说纷纭。但是，美国是世界上经济、军事实力最强大的国家，又具有广泛的政治影响力，这一严酷的事实决定了俄罗斯的对美政策必须建立在合作的基础上。

2000 年经普京批准的《俄罗斯联邦外交政策构想》，再次确定了俄美关系应在合作框架内发展的战略目标。其中指出："尽管存在着严重的分歧，许多问题都有着根本的分歧，俄美关系仍是改善国际形势和保证全球战略稳定的必要条件……只有在和美国积极对话的情况下才有可能完成限制和裁减核武器的问题。为了相互的利益，要保持各级别的经常不断的双边接触，而不允许关系停滞。"

1. "9·11"事件之后努力改善俄美关系

2001年1月20日,美国第43任总统乔治·W.布什(小布什)走马上任。布什班子的外交政策以新保守主义和单边主义为基调。"9·11"恐怖袭击事件改变了世界安全局势与外交格局。普京抓住这一机会,极力与美国改善关系。

2002年11月初,普京访华游览长城。在他拾级而上时,俄罗斯代表团中有人提醒普京,年初美国总统小布什登长城时,曾一直涉远登上第三座烽火台。普京听后笑了笑说:"我不准备和布什先生竞赛。"果然,他只攀登至第二座与第三座烽火台之间就止步返回了。

普京此言貌似戏语,实际上暗含着普京治下的俄罗斯在痛定思痛后做出了战略层面的重新思考。这一年5月,俄美总统在莫斯科峰会签署了《俄美削减进攻性战略力量条约》《俄美新战略关系宣言》等文件,宣布俄美两国正在建立新型战略伙伴关系,相互视为敌人和战略威胁的时代已经结束,两国将为促进世界稳定、安全、经济一体化,共同对付全球性威胁和解决地区冲突而合作。同年6月,美国商务部决定承认俄罗斯为市场经济国家,为俄罗斯加入世贸组织和进入美国市场扫清了障碍。

2. 灵活而又有原则地对待北约东扩

在北约东扩的问题上,俄美也在积极寻求共同立场,缓解僵持的局面。在1999年波兰、匈牙利和捷克加入北约后,美国及其北约盟国表示北约将会继续东扩,其对象自然是某些东欧国家和波罗的海三国①。俄罗斯认为,波罗的海三国加入北约将会使俄罗斯西北边境地区的军事战略态势面临实际威胁,因此强烈反对北约继续东扩的计划。2000年6月,普京明确指出,北约进一步东扩的计划是不友好的、与欧洲安全相

---

① 波罗的海三国:指位于波罗的海沿岸的爱沙尼亚、拉脱维亚、立陶宛。

矛盾的计划。他警告说,"北约跨过苏联的边界将导致一种对俄罗斯和欧洲来说都是崭新的局面的出现",这将"对整个安全体系和欧洲大陆产生极其严重的后果"。其后,俄罗斯国家杜马于2001年5月23日通过了关于反对北约东扩的决议。

不过,面对美国及欧盟各国对北约东扩的坚决态度,普京也力图通过灵活的方式来解决矛盾或者缓和关系。早在2000年2月,在普京的建议下,俄罗斯外交部邀请北约新秘书长乔治·罗伯逊访问俄罗斯,使自科索沃危机后冰冻的俄罗斯与北约的关系得以缓和,双方恢复接触。普京在会见罗伯逊时主动提出了加入北约的想法,这使北约措手不及。这可能只是普京的一种外交策略,而北约也拒绝了这一提议,但这毫无疑问地反映了普京外交政策的灵活性。

2001年11月13日,普京应布什之邀赴美国访问,双方在美国的领土上第四次握手。布什极尽地主之谊,甚至在得克萨斯州自己的牧场里招待普京夫妇。他们在那里的林间漫步,一起烤肉,尽显私人友谊。

普京与布什私人关系的发展,使俄美两国在反对恐怖主义的问题上有了更多的共同语言。美国在阿富汗战争问题上得到了俄罗斯的支持,普京在反对车臣恐怖主义的问题上也得到了布什的承诺。当然,这些并未彻底改变俄美双方的基本立场,两国之间仍然面临几个重大的问题,其中之一就是俄罗斯与北约的关系及北约的东扩问题。

就在普京访美后第9天,11月23日,普京在与俄罗斯联邦会议国际事务委员会委员的谈话中说:"我想再次强调一点,那就是俄罗斯不打算排队加入北约组织。从本国经济、科学技术、人力、军事和领土潜力来讲,俄罗斯是个自给自足的国家,也是个有能力保证本国国防的国家。但是,在世界已经发生变化的条件下,我再重复一遍,我们不仅愿意与世界各国,而且愿意与所有国际组织开展积极的和建设性的合作,特别是安全领域的合作。我们在很多方面准备使我国的立场与北约接近到北约本身在考虑到我国利益的情况下准备对此做到的程度。"这番话表明了普京对北约的基本态度：接近（或者说"东扩"）是有界限的，那就是不能超出"我国利益"的程度。

2002年5月28日，意大利首都罗马天气凉爽宜人。普京与北约19国的首脑聚在一起，共同签署了《罗马宣言》，北约－俄罗斯理事会正式成立，以取代原有的北约－俄罗斯联合常任理事会，即将"19＋1"机制转变为"20国机制"。在这个"20国机制"内，北约将在反恐、军控、危机处理、海上搜救、防止核扩散、应对民事危机等问题上，与俄罗斯展开平等合作。

在普京看来，与北约建立这种新的合作机制，可以在北约新一轮东扩中最大限度地维护国家利益。北约的新一轮东扩会把战略防线直接推进到俄罗斯西北部边界，对其国家安全构成直接威胁。而确立与北约新的合作机制，既能减轻北约对自身安全的威胁，又可安抚国内反对派的情绪，避免引起内部政治动荡。

同时，建立新机制也是改变北约性质的重要机遇。普京试图以此换取俄罗斯在政治上融入西方、获取经济援助并得到加入世贸组织的支持，使本国经济尽快得到恢复与发展，增强支撑大国地位的实力，扩大在大国角逐中的战略回旋余地。

因此，俄罗斯和北约都对这种新型关系给予了很高的评价。普京说，这是双方向着基于真正的互信的平等合作关系迈出的重要一步。北约秘书长罗伯逊则称，这是"冷战思维的结束"。英国外交大臣杰克·斯特劳说："这是冷战葬礼的最后仪式，俄罗斯不再是敌人，而是朋友和盟友。"

普京在接受记者采访的时候表示，俄罗斯不排除加入北约的可能性，但只有在利益一致时才会这样做。这一表态被认为仅仅是普京向北约发出改善关系的一个信号，是其灵活的外交手腕的表现。因为此后俄罗斯领导人就此问题多次表示，俄罗斯不准备加入北约。但是，2002年11月，普京在与北约秘书长罗伯逊会谈后又表示："如果北约进一步演变,如果北约与俄罗斯的合作符合俄罗斯联邦的安全利益,如果我们认为北约能够成为解决我们共同面临的问题和促进相互合作的工具,那么俄罗斯参与北约工作的方式将会发生改变,我们将考虑更广泛地参加北约的工作。"

普京这番讲话显得意味深长。他知道,俄罗斯与欧盟的合作其实是个双赢的局面,俄罗斯离不开欧盟,欧盟也无法拒绝与俄罗斯合作的诱惑。所以,他在灵活处理与美国的关系时,选择了既尊重对手又不屈从于对手,既保持距离又保持合作的态度,但与欧盟,他的选择是走近它,尽可能与其建立更为亲密的关系。

3. 在中东既有分歧也有妥协

在伊朗、伊拉克等国家的问题上,俄罗斯基于自身经济利益和战略利益的考虑,与美国的外交政策之间也存在一些矛盾。多年来,美国一直向俄罗斯施加压力,要求俄罗斯停止向伊朗出售核技术,声称伊朗可能会利用俄罗斯提供的核技术制造核武器,但是普京顶住了美国的压力。2000年3月,伊朗总统哈塔米访俄,进一步推动两国关系向前发展,双方签署了《两国关系基础和合作原则条约》以及《关于黑海海上边界的联合声明》,达成了有关军事技术合作及俄罗斯帮助伊朗建立布什尔核电站的协议,武器交易金额达300亿美元。2000年10月,俄罗斯宣布将继续与伊朗在和平利用原子能方面进行合作,包括再为伊朗修建3座核电站。

2003年3月20日,伊拉克战争爆发。在伊拉克战争问题上,俄罗斯与法国、德国组成了三角合作关系,既努力维护国际法和联合国的尊严,又寻求保护自身在中东地区的合法利益。俄美关系迅速降温,两国在战争问题上的争吵立刻牵涉双边关系。

不过,俄美双方还是很珍惜不久前取得的进展的,毕竟将俄罗斯这个"宿敌"转化为"伙伴",是冷战后美国努力想要实现的战略目标之一。

2003年9月下旬，普京与布什在戴维营会晤时，双方强调，在反恐战争中，俄美甚至已不仅仅是战略伙伴，而是真正的盟友。布什首次明确承认，俄罗斯打击车臣极端势力的行动也是世界反恐战争的一部分。普京也明显缓和了在伊拉克重建问题上的态度。当美、法领导人在联合国为何时向伊拉克人民交还权力、联合国在重建进程中扮演何种角色而争吵时，普京表示，俄罗斯希望伊拉克尽快恢复正常的生活秩序，但这是一个很复杂的过程……应当分阶段逐步完成，不能允许伊拉克出现权力真空，他同意在伊拉克的多国部队由美国来领导。

随后，普京政府大幅调整了战略安全构想，认为暂时不存在大规模战争的威胁，俄罗斯面临的威胁不是来自美国和北约，而是国际恐怖主义。基于这一认识，俄罗斯与美国建立了新型战略关系，并与北约建立了新的合作机制。

在欧盟内部寻找朋友

在处理国际事务上，普京始终采取灵活、务实、积极进取的外交方针。从2000年4月起，他开始对欧洲各国展开外交攻势，力求在欧盟内部寻找朋友。

2000年4月，普京选择英国作为上任后出访的第一个西方国家。之所以选择英国，主要是出于经济上的考虑，因为英国能在国际货币基金组织中为俄罗斯说话，起到"说客"的作用。同时，英国不但在欧盟中具有重要地位，而且与美国有着特殊关系。因此，改善俄英关系还能间接促进俄美关系的发展，缓和俄美的对立，为俄罗斯缓和与西方的关系打开缺口。

访英期间，普京呼吁英国企业家到俄罗斯投资，并明确表示要采取一切可能的措施来改善俄罗斯的投资环境，保护西方投资者的经济利益。英国首相托尼·布莱尔在第一次会见普京后就称赞不已，说普京是一个有政治远见，深知自己应该做什么的人。

通过此次访问，普京与布莱尔做出了建立俄英两国领导人年度会晤机制、筹建两国经济热线等重大决定，俄罗斯在与英国建立"特殊伙伴关系"方面迈出了重要的一步。

随后，普京又于6月访问了意大利、西班牙和德国，10月底访问法国，并实现了与欧盟首脑会晤的目标。在这些访问中，普京实行"经济务实"的对外政策，将双边经济合作以及多边经济合作的问题摆在首位，取得了丰硕的成果，在经济合作与经济援助方面都获得了很大的实惠。

在普京的外交布局中，德国永远是很重要的一个国家，但俄德关系早已因科索沃战争等原因冷却下来，因此在访问意大利、西班牙后，普京又对德国进行了友好访问。作为访德的见面礼，普京向德国归还了部分"二战"时的"艺术战利品"。

德国是俄罗斯在世界上的最大债权国。当时俄罗斯欠德国的债务高达750亿马克，普京希望利用访德的机会使俄罗斯的债务得到减免。德国政府拒绝了这一请求，但同意俄罗斯推迟偿还巨额债务的时间，即将1998年至2000年尚未偿还的约80亿马克推迟到2016年偿还，其中一小部分可以推迟到2020年。

普京还与德国总理施罗德就双边"战略伙伴关系"达成了共识。普京希望通过访德扩大两国的经济合作，使德国增加在俄罗斯的投资，在俄罗斯振兴经济过程中发挥更大作用。

在访问意大利、西班牙期间，普京也重点讨论了经济合作问题。意大利许诺向俄提供15亿美元的援助。2000年10月，在巴黎举行的俄罗斯与欧盟的首脑会晤中，欧盟表示将在经济领域进一步加强与俄罗斯的合作，继续向俄罗斯提供技术援助，促进对俄投资，并帮助俄罗斯尽快加入世界贸易组织。

在与欧盟的关系中，普京始终把国家利益，特别是国家经济利益放在首位。与美国的口惠而实不至相比，欧盟在经贸领域向俄罗斯提供了现实的、强有力的援助。2002年6月举行的欧盟－俄罗斯首脑会议的一个重要议题，就是启动欧俄一体化进程，将俄罗斯经济融入欧洲经济体系，营造统一的经济空间。

的确，欧盟的市场、资本和技术将是推动俄罗斯经济改革的最强有力的发动机，而俄罗斯丰富的能源和巨大的市场潜力对欧盟来说也是一块极其诱人的大蛋糕。双方在经济上的合作与相互依存，必将推动欧俄在政治安全领域内互信关系的建立，从而使建立一种真正的欧俄战略伙伴关系变得更有可能。

作为地理和文化上的欧洲国家，不管是欧洲对于俄罗斯还是俄罗斯对于欧洲，都有着特殊的价值和影响。自从彼得大帝打开通往西方的国门以后，欧洲就一直让俄国魂牵梦萦。"进入欧洲，成为欧洲强国"是几百年来俄国历史的主要内容。也正是由于走入欧洲，俄罗斯才得以从偏安于旧大陆一隅的神秘之国，变成了世界政治舞台上的主角之一。

从战略高度推进俄中关系

在普京的"双翼外交"政策中，作为其中一翼的东方，中国占有特殊而重要的地位。无论是叶利钦还是普京，都把保持及发展与中国的睦邻友好与战略伙伴关系，作为俄罗斯对外政策的战略方针之一。

2000年7月5日，中国国家主席江泽民在塔吉克斯坦首都杜尚别会见了前来出席"上海五国"元首会晤的普京。这是普京就任总统后江泽民首次与他会晤。江泽民说："近几年来，中俄两国在双边关系和国际领域进行的合作卓有成效，双方战略协作水平不断提高，基础日益充实，无论是中俄两国的根本利益，还是两国对世界所负有的特殊责任，都要求我们在新世纪继续加强和深化中俄战略协作伙伴关系。"

同年7月17日至19日，普京访华期间，中俄双方签署了《中华人民共和国和俄罗斯联邦北京宣言》。双方共同阐明了反对霸权主义、强权政治以及企图修改国际法准则、用武力施压或干涉主权国家内政行为的立场，主张建立公正合理的国际新秩序，推动世界多极化发展。

2001年7月15日至18日，应普京邀请，中国国家主席江泽民对俄罗斯进行了国事访问。7月16日，两国元首签署了《中俄睦邻友好合作条约》，并发表了《中俄元首莫斯科联合声明》，明确将双方永做好邻居、好伙伴、好朋友的坚定意志用法律形式固定下来，为中俄进一步发展睦邻友好关系奠定了有力的法律基础。条约将中俄关系定位为平等信任的战略协作伙伴关系，集中体现了中俄在发展双边关系和国际事务中的广泛利益。条约的签署标志着中俄战略协作伙伴关系进入了不断充实和深入发展的新阶段。

2002年12月1日至3日，普京对中国进行了第二次正式访问。访问期间，普京与江泽民共同签署了《中俄联合声明》。声明中强调，要加强和深化两国间的战略协作伙伴关系，在反对恐怖主义方面继续加强合作；重申要恪守《中俄睦邻友好合作条约》的方针和原则，并突出强调了加强中俄经贸合作的重要意义。

中国把两国关系迅速发展的成功经验归纳为5条：第一，高度的政治互信是基石；第二，登高望远，着眼未来，从战略高度和长远眼光看待和规划中俄关系；第三，保持密切的高层交往并机制化，及时处理和解决新情况、新问题；第四，相互尊重、互谅互让，相互考虑和照顾对方的合理利益；第五，树立以互信、互利、平等、协作为核心的新安全观，共同倡导成立了上海合作组织，使各自的国内经济建设有了和平的周边环境。普京也首次对俄中战略协作伙伴的重要内容进行了概括，他说："政治交流、经贸合作和双方在国际事务中的相互配合，是俄中战略协作伙伴关系的三大支柱。"

与此同时，同为联合国安理会常任理事国的中俄双方，对加强联合国及其安理会以及其他专门机构的作用也看法一致。双方都主张应努力增强联合国作为由主权国家组成的最具权威性和普遍性的国际组织，在处理国际事务尤其是安全领域的中心作用，确保安理会在维护国际和平与安全领域的中心作用，通过这种战略合作，在国际事务中更好地维护两国的利益。中俄双方还建立了基本的保障制度，包括中俄国家元首、政府首脑定期会晤机制，使中俄关系得到持续、稳定和健康的发展。

2003年5月26日至28日，中国国家主席胡锦涛对俄罗斯进行了国事访问。胡锦涛把出访的第一个国家定为俄罗斯，表明中国把不断加强和发展中俄战略伙伴关系视为中国外交的优先方向。访问期间，胡锦涛和普京签署了《中俄联合声明》。声明中郑重宣布，两国元首一致表示，无论国际风云如何变幻，深化中俄睦邻友好、互利合作和战略协作伙伴关系，都将是两国外交政策的战略优先方向。

2004年10月14日至16日，普京第三次踏上中国领土，对中国进行国事访问。这一年是两国建交55周年，因此这次访问具有特殊意义。胡锦涛和普京在北京签署了《〈中俄睦邻友好合作条约〉实施纲要（2005年—2008年）》和《中俄国界东段的补充协定》，宣布中俄边界走向已全部确定，两国间4300多公里的共同边界从此将成为两国人民和平、友好、合作、发展的纽带，这为中俄战略协作伙伴关系长期、健康、稳定发展创造了更加良好的条件。

中俄关系的核心内容是"世代友好，永不为敌"。

修补篱笆护院门

在俄罗斯对外关系布局层次上，普京把独联体视为俄罗斯外交工作的重中之重。

作为俄罗斯的近邻，独联体对俄罗斯来说是有着直接政治、经济、文化、军事及其他方面特殊利益的地缘战略区，这一地区的形势是否稳定，是否对俄罗斯采取友好政策，关系到俄罗斯能否拥有一个稳定的周边环境。

1. 对抗美国的渗透

苏联解体后，由于俄罗斯在外交上对独联体国家重视不足，加上自身经济形势的恶化，导致了独联体国家对俄罗斯的离心力不断上升。美国抓住时机，不断向这一地区渗透，影响力渐渐加强。

1999年4月20日，格鲁吉亚、阿塞拜疆和乌兹别克斯坦退出了《独联体集体安全条约》，另谋他路来保障国家安全。在美国的支持下，格鲁吉亚、乌克兰、阿塞拜疆和摩尔多瓦五国成立了"古阿姆"联盟，明显带有反俄倾向。美国极力通过经济手段来拉拢独联体各国，特别是乌克兰。据粗略估计，美国每年向中亚和外高加索国家提供的援助和各种专项资金高达22亿美元。乌克兰早在之前就已成为仅次于以色列、埃及的第三大美援接受国。美国也毫不掩饰地声称，援助地理位置具有战略意义而且能源资源丰富的中亚和高加索地区的独联体国家，非常符合美国的国家利益。

面对美国咄咄逼人的攻势，普京上任伊始就宣布，对俄罗斯来说，"与独联体国家的合作，过去、现在和将来都是绝对优先发展的方向"。

2000年1月25日，在莫斯科召开的独联体国家元首理事会上，独联体国家一致决定改变轮值次序，选举普京为独联体国家元首理事会主席。同年6月，在莫斯科峰会上，独联体12国发表联合声明，指出《限制反弹道导弹系统条约》仍然是全球战略稳定、国际安全与世界和平的基石，并将继续成为进一步削减战略核武器的基础，任何模糊反导条约宗旨和条文的行动，都不利于缔约国和世界各国的安全，将破坏全球战略稳定和核裁军进程。

随后，普京表示，对于俄罗斯来说，与独联体国家的关系不是与独联体这个组织的关系，而是与独联体各国的关系，过去是，将来也是头号重点。基于此，普京在实际的外交活动中加大了与独联体国家的合作力度，先后通过出访、邀请访问的方式，与白俄罗斯、乌克兰、乌兹别克斯坦、土库曼斯坦和哈萨克斯坦等国的元首和政府首脑进行会晤，在经济和安全领域作了深入的讨论，签订了许多军事和经济协定。

2. 稳住俄乌关系

乌克兰是"古阿姆"联盟中综合国力最强的国家，也是美国渗透的重点。但乌克兰在能源方面严重依赖俄罗斯，它所需要的石油的90%、天然气的75%依靠俄供应，这成为俄制约乌克兰的重要手段。俄乌之间的经贸合作比较紧密，但双方多年来一直因为黑海舰队的分割和塞瓦斯托波尔①军港的归属问题而争吵不休，在经贸领域内也摩擦不断。

普京早在总统选举结束后不久，即对乌克兰进行了访问，和列昂尼德·库奇马总统首先就乌偿还欠俄债务、俄黑海舰队驻乌基地、俄乌军事和技术合作等一揽子问题进行了讨论，稳住了俄乌关系。2000年两国又进行了6次首脑会晤，两国首脑间的频繁交往使双方关系得到了改

---

① 塞瓦斯托波尔：地处黑海北岸，有铁路经克里米亚共和国首府辛菲罗波尔，可直达莫斯科。南出黑海海峡可通地中海，战略地位重要。

善，在经济、军工生产方面签署了不少重要协议，加强了在太空、宇航领域、飞机制造方面的长期合作，俄对乌的影响明显增强。

3. 与格鲁吉亚达成协议

格鲁吉亚与俄罗斯过去因潘基西峡谷问题一度剑拔弩张，和平解决这个问题是改善两国关系的有效途径。

潘基西峡谷是格鲁吉亚与车臣接壤的山区，1999年第二次车臣战争后，大批车臣非法武装分子逃匿至此，并不时对俄罗斯军民发动袭击，导致车臣问题久拖不决。俄方多次要求与格方联合清剿潘基西峡谷的车臣非法武装，但格方对俄存有戒备之心，态度很不积极。普京上任之初，格方一再谴责俄军轰炸潘基西峡谷，侵犯其领土主权，两国之间的隔阂进一步加深。由于俄军在车臣不断遭受重大损失，普京对潘基西峡谷问题的态度日益强硬，甚至威胁要以军事手段来解决潘基西峡谷问题。

面对俄罗斯的强大压力，格鲁吉亚不得不适时做出妥协。2002年10月6日，普京与格鲁吉亚总统爱德华·谢瓦尔德纳泽达成一项协议，格方将向俄引渡被其拘捕的13名车臣非法武装分子，俄方则保证不对格境内的潘基西峡谷进行轰炸。

普京软硬兼施的根本出发点是维护俄罗斯在中亚和外高加索地区的政治和经济利益，巩固俄在这一地区的传统势力范围，加强控制力度，从而遏制美国势力在这一地区进一步膨胀。

4. 把乌兹别克斯坦拉过来

对于乌兹别克斯坦，普京别具匠心，把就职总统后首次出访独联体的国家定为乌兹别克斯坦，扩大了两国的经贸关系和军事技术方面的合作。普京抓住国际恐怖主义、宗教极端势力和民族分裂势力在乌兹别克斯坦等中亚国家进行武装侵扰，对中亚各国安全构成威胁的时机，向这些国家提供军事援助，使它们迅速向俄罗斯靠拢。本已退出《独联体集体安全条约组织》的乌兹别克斯坦也改变态度，参加了俄罗斯、哈萨克斯坦、吉尔吉斯斯坦、塔吉克斯坦等国的联合军事演习，两国的关系逐步得到改善。

5. 巩固独联体

2001年，独联体成立10周年。11月，独联体国家元首理事会会议通过了名为《独联体10年活动总结及今后任务》的文件。文件强调，加强独联体的伙伴关系符合世界发展趋势和各成员国的国家利益；自我封闭的发展道路已被堵死，只有联合起来，12个成员国方能最大限度地在全球化的浪潮中获得收益。

当然，俄罗斯在独联体战略目标的实现和独联体一体化的进程中不可能一帆风顺。10多年过去之后，独联体固然在风雨飘摇中顽强地生存了下来，但其内在问题的根源并没有消除，前景仍不明朗。

2002年，美军在阿富汗采取军事行动后，并未从中亚和独联体国家撤出，而是在这一地区积极谋求"长期军事存在"以及对这些国家施加影响，这增加了俄罗斯处理独联体事务的难度，但俄罗斯在独联体内部仍起着主导作用。俄罗斯在2002年与独联体国家双边和多边会晤频繁，拉近了彼此的关系。

在面临安全问题的新形势下，俄罗斯和白俄罗斯、哈萨克斯坦、吉克斯坦、塔尔吉斯坦一道建立了独联体集体安全条约组织，并通过组建快速反应部队、举行联合军事演习等方式来显示俄罗斯维护地区安全稳定的作用。这些都表明，普京不会通过牺牲本国经济利益来推动独联体一体化，但仍将高度重视这个具有特殊利益的地区，尽力加强俄罗斯在独联体内的主导地位。

第十章　硬碰硬的策略和措施

为确保国家安全，普京计划重振军威，同时果断清除强力部门内部的恶势力。在维护国家主权和领土完整的问题上，他坚守原则，毫不手软。面对愈演愈烈的恐怖袭击，他连出重拳，显示了反恐到底的决心。

提出"新军事学说"

在普京推动下的俄罗斯外交政策，面向东西方双翼齐飞，攻势凌厉，力争取得国际事务中的发言权，恢复大国地位。事实上，无论是当总统还是当总理，"军事情结"相当深厚的普京始终把恢复俄罗斯的大国地位视为己任。"没有强大的武装力量，便没有强大的俄罗斯。"这是普京的宣言，也是普京的行动。

普京对俄罗斯的军事改革酝酿已久。早在1999年10月担任政府总理之后，他就提出要重新制定俄罗斯的国家安全战略。2000年1月6日，普京就修改《俄罗斯联邦国家安全构想》颁发总统令。这是他对俄罗斯国家安全战略的新认识。紧接着，他还批准了俄罗斯新的军事学说。

新军事学说是根据俄罗斯国内外面临的军事斗争新形势，于 2000 年 2 月提出，同年 4 月 21 日获俄罗斯联邦安全会议通过，普京于当天签署了批准该文件的命令。

这一新军事学说的突出特点是降低了核门槛，强调使用现有的全部力量，包括核力量来保障俄罗斯的军事安全。新学说指明了核武器是一种遏制手段的基本态度。

按照俄罗斯军事改革的计划，2000 年之后，俄罗斯军事改革要完成以下任务：

第一，建立全新的军队组织结构。俄军采用空军、陆军、海军三大军种结构，常规力量将由机动部队、战略预备部队和边境防御部队三大部分组成。由实行多年的"连—营—团—师—集团军"体制改为"连—营—旅—军"体制。海军的结构包括北方舰队、太平洋舰队、波罗的海舰队、黑海舰队以及里海区舰队。空军由过去的空军、防空军的一部分、航天力量及部分战略核力量组成，包括空间战略部队、航空兵部队、防空火箭部队、无线电技术部队和电子对抗部队。

第二，建立合理的军事统率机关。为适应未来战争的要求，普京打算建立横宽纵短、精干高效的新型指挥体制：一是在总指挥部一级实行军政（行政领导）和军令（作战指挥）分开的新指挥体制。二是建立地区联合司令部作为二级战略指挥机构。将当时已有的 8 个军区的指挥机关全部撤销，代之以 4 个地区的联合司令部。地区联合司令部分别统管其管辖区内除战略核力量以外的所有武装力量。

第三，建立高度发达的指挥通信体系。俄军总参谋部提出：一是完善反导弹反航天武器力量、战略核力量、战略侦察及电子战部队的通信和自动化指挥系统。二是建立各军种共用的地区通信系统。三是完善野战通信系统。四是实现指挥系统的电子化和一体化。普京认为，俄罗斯的作战任务将由真正的职业军人来完成，因此要非常重视军事教育的质量。除了让军人具备很高的职业素养外，还要加强军队的纪律，提高指挥员的责任感以及全体军人的文化和道德水平。

第四，建立新型的后勤保障体系。俄罗斯将加紧研制世界先进的武器，加速发展非传统武器和空基武器，保持军事领域的技术优势，加快调整国防工业的改革步伐，调整国防科技政策等。

新的构想指出，俄罗斯所面临的外部不利因素包括联合国和欧洲安全组织的作用有所减弱，导致俄罗斯对世界政治、经济、军事的影响力下降；以北约东扩为代表的军事政治联盟得到加强，使外国军事力量大大逼近俄罗斯边境等。这些因素可能直接威胁俄罗斯主权和领土完整，包括导致对俄罗斯的直接军事入侵。

因此，《俄罗斯国家安全构想》中提出，要确保对 21 世纪可能出现的国家安全威胁做出相应的反应，俄罗斯应拥有足够的防御能力，必要时可动用各种力量和手段，包括核武器。

此前"库尔斯克"号核潜艇的沉没，曾经令世人怀疑：普京所描绘的通往"俄罗斯大国""俄罗斯海军强国"的决心是否会动摇？纵观普京执政后的一系列做法，可以肯定地说，"库尔斯克"号事件丝毫没有改变他重振俄罗斯大国地位及海军雄风的决心，反而使他更加坚定了进一步增加对军队的投入，以免悲剧重演的决心。

普京对西方势力的强硬态度，得到了俄罗斯军界的拥护，他们认为这将是俄罗斯重建军事强国的契机。

在常规力量削减的情况下，俄罗斯开始执行以战略核力量为基础的"现实遏制"军事战略，突出核武器对于捍卫国家主权的重要作用。在 2003 年 10 月召开的国防部扩大会议上，普京向俄军提出了同时打赢两场战争的要求。为此，俄军决定实行战略思想重大转移，在进攻时使用先发制人的用兵原则。国防部长伊万诺夫公开表示："如果俄罗斯的利益或它的联盟义务要求这样做，我们不能绝对排除先发制人地使用武力。"

开展"猎狼行动"

在力图恢复俄罗斯军事强国地位的同时,普京对国家强力部门(包括国防部、内务部和国家安全机关)中存在的腐败现象也展开了整顿。

在俄罗斯的国家政权中,强力部门具有举足轻重的地位,掌管着各种武装部队,负责保卫国家安全,拥有一系列关键性的权力,作用特殊,地位突出。可以说,谁控制了强力部门,谁就真正掌握了这个国家。普京当初也是因为强力部门的支持才登上俄罗斯权力的巅峰。

以往强力部门作为反腐的主力,一系列反腐侦查、监督等行动都由强力部门来完成。于是,他们常常借职务之便掩盖一些犯罪活动,并收取好处费。一些警察队伍中的败类,纠集起来敲诈企业,少则几万美元,多则数十万美元,对于不服从者则制造冤假错案进行迫害。

人们给强力部门中从事犯罪活动的人,取了一个专门的称号——狼人。这些人大都是警界和安全部门的高级官员。他们的犯罪活动引起了民众极大的愤慨,为此,普京下决心开展一场"猎狼行动"。

2003年7月,俄罗斯联邦最高检察院公布了与内务部、联邦安全总局一起开展的"猎狼行动"的详情,并公布了几个落网的"狼人"的犯罪活动。这一行动被俄罗斯媒体称为"反腐清洗",极大地震动了整个俄罗斯。

"猎狼行动"是从2003年6月23日开始的。当天凌晨6时,俄联邦最高检察院侦查部大楼前,400多名荷枪实弹的警察、头戴面罩的阿尔法特种部队士兵以及扛着摄像机的记者排起了长长的队伍,一次大的突击行动即将开始。

当天上午10时,俄联邦紧急情况部安全局局长弗拉基米尔·加涅耶夫正在办公室里悠闲地玩着游戏。突然，办公室的门被重重地撞开了，没等他明白是怎么回事，几名训练有素的阿尔法特种部队士兵已经给他戴上了手铐。加涅耶夫愤怒地叫喊着，但是没有人理会他。这位51岁的上将，曾在阿富汗立过战功，在俄罗斯强力部门中是个举足轻重的人物。在一名检察院工作人员宣读了刑事起诉书后，加涅耶夫像个泄了气的皮球一样再也打不起精神了。经过搜查，调查人员在他的皮夹中发现了1万美元，保险柜里还有5万美元。

莫斯科警察局刑事侦查部上校萨莫尔金是在家中被捕的。当家门被重重地敲响时，这位上校预感到要出事，他狂吼着要开枪，还威胁要扔手榴弹，但他还没来得及行动，他家的大铁门已经被炸开。调查人员在他家中同样找到了大量美元，他戴在手上的一块瑞士手表至少值3万美元。

在这次行动中，共有1名上将和6名上校落网。在随后的调查中，人们发现这些"狼人"在莫斯科郊外都拥有豪华别墅，造价至少在50万美元以上（在俄罗斯，当时一栋普通别墅不超过5000美元），里面有网球场、溜冰场和游泳池等设施，此外还有大量古玩和奢侈品，当天缴获的现金达300万美元。另外，这些人家中还有制造枪支的车间。

加涅耶夫和萨莫尔金同属于一个由30多人组成的犯罪团伙，他们利用职务之便对企业界进行威胁并收取高额保护费。当被勒索对象不肯服从时，他们就先秘密将武器或毒品藏到对方家中，再"人赃并获"，制造冤案，将其投入监狱。

"猎狼行动"之后，在国家强力部门的反腐败行动还在继续。7月1日，俄罗斯官方公布了一起边防军人犯罪大案。莫斯科舍列梅季耶沃机场是俄罗斯重要的国际空港之一，在该机场执行边检任务的数名边防军人与犯罪分子相互勾结，通过为通缉犯开辟"绿色通道"挣黑心钱。他们以数千美元甚至上万美元的价格，为通缉犯提供假护照和假签证，还将这些人的名字从禁止出境者名单中去掉，帮助这些人逃往国外。

7月2日，俄罗斯军方又宣布4名高级军官因涉嫌挪用公款等违法行为而被捕。根据检察部门的指控，这些高级官员挪用士兵伙食费及截留士兵建房费用，通过克扣相关费用而大发横财。

8月14日，俄罗斯西伯利亚军区法院以违反职责罪，判处西伯利亚军区少将瓦季姆·米哈依洛夫3年监禁，原因是米哈依洛夫变卖军用物资，给国家造成了近500万卢布的损失。

大剧院里击毙"黑寡妇"

猎击强力部门中的"狼人"，普京毫不手软，铁面无私，而在打击恐怖分子时，他同样展现出了"铁腕"政治家的魄力。

早在担任俄罗斯总理时，普京就以强硬立场出兵车臣，收复被分离主义者、宗教极端主义者和非法武装控制的车臣，由此提高了他的个人威望。但是，被打散了的车臣非法武装钻入山林后，开始在俄罗斯全境展开疯狂的恐怖活动。

2002年10月23日晚，寒风凛冽的莫斯科遭遇了一场大劫。

在距克里姆林宫约45公里的杜布罗夫卡大街上，轴承厂文化宫的音乐厅内正上演着一部在莫斯科颇受欢迎的音乐剧《东北风》。场内座无虚席，近千名观众如痴如醉地欣赏着演员的精彩演出。

21时30分左右，就在音乐剧第二幕将要结束之时，30多名男性恐怖分子和近20名穿着传统的伊斯兰黑色长袍，蒙着脸，挥舞着手枪，身绑炸药的女恐怖分子——"黑寡妇"，簇拥着一个长满络腮胡子的大汉，突然出现在舞台上。大汉宣称接管了整个音乐厅，全体观众和100多名演员及文化宫的工作人员已成为他的人质。

恐怖分子疯狂地叫嚣：俄罗斯军队必须在一周内撤出车臣，并释放所有被俘的车臣战斗队员，否则就要引爆莫斯科轴承厂文化宫大楼。他们警告说，如果警方敢采取强硬手段，那么他们每"牺牲"一人，就杀死10名人质作为抵偿。

事件发生后，莫斯科警方、内务部和阿尔法特种部队即刻赶到现场，封锁了事发地区周围的街道。装甲车、消防车、救护车轰轰作响，处于待命状态；训练有素的神枪手手持狙击步枪，抢占制高点，牢牢控制了文化宫四周的所有高层建筑。

很快，阿尔法成员化装成挖凿排污管道、检修供暖设备的工人潜入剧院，监视车臣恐怖分子的行动。随后，救援部队在离剧场不到500米的地方设立了紧急情况指挥中心。

恐怖分子在两个小时内陆续释放了近20名儿童和人质中的高加索人，并再次扬言，如果当局采取行动，他们就要炸平文化中心大楼。有一位被劫持的人质在其他几位人质的掩护下，偷偷从大楼中给警察局打电话说，恐怖分子已经开始在楼中布置炸弹了。

如何营救人质成为摆在普京面前的头等大事。

通常情况下，一旦发生人质劫持事件，政府及特工机构的首选是进行谈判，有时谈判可能持续几天、几个星期。按照普京的一贯作风，俄罗斯这次很可能会采取强攻的办法来解救人质，而且普京在事件发生当天的紧急会议上就已做出这一决定。但是，恐怖分子人数太多，50多名荷枪实弹的恐怖分子遍布剧院的各个角落，观众大厅内的爆炸物装置非常精密，整体爆炸只需几秒钟的时间，一旦引爆，后果不堪设想。

恐怖袭击考验着俄罗斯，也考验着普京！10月23日至24日的整个深夜，普京是在克里姆林宫度过的。他听取了强力部门负责人、有关专家及处理这一事件的相关人员的汇报。

10月24日一大早，美国总统乔治·布什给普京打来电话，向普京表达了政治支持，还提出了美国特工机构向俄方提供实质性帮助的具体建议。同一天，普京还与英国首相托尼·布莱尔、德国总理格哈德·施罗德、意大利总理西尔维奥·贝卢斯科尼及其他国家领导人之间进行了电话沟通。得到国际上的普遍道义支持，普京的信心更足了。

18时30分，两名女人质设法从一个窗户逃出。黑寡妇向她们开枪，并投掷了手榴弹，其中一名人质受伤。晚上，26岁的售货员罗曼诺娃在试图进入剧院时，被黑寡妇开枪打死。黑寡妇说，他们认为罗曼诺娃是政府派来的特工。

10月25日早晨6时30分，7名人质被释放。中午12时30分，包括1名瑞士女孩在内的8名8~12岁的儿童被释放。代表俄政府方面的谈判代表报告说，绑匪发出威胁，如果当晚22时不能把俄军撤出车臣，他们就开始对人质下手。

16时45分，俄罗斯联邦安全局局长帕特鲁舍夫宣布，只要释放人质，绑匪就可以免死。当晚20时，即绑匪规定的最后期限到来前两个小时，普京在电视中露面，表示愿意与车臣叛匪谈判，但必须遵守他所设定的谈判条件。午夜，因报道车臣战争而获得车臣人好感的俄罗斯女记者安娜·波利特科夫斯卡娅在与绑匪交谈之后说，绑匪要求俄政府和普京本人提供打算撤军的证据，否则将采取最为严厉的措施。

10月26日1时，普京派出的谈判代表普里马科夫进入剧场，和劫匪进行面对面谈判。谈判进展显然不顺利，普里马科夫走出剧场后，脸色严肃，一言不发。4时30分左右，在最后一次谈判失败后，绑匪开始枪杀人质，并扬言将定时枪杀人质，其中一名女人质首先遭殃，紧接着又有一名人质遭枪杀，另有两名人质受伤。

目睹绑匪杀人的数百名人质顿时陷入惊恐之中，纷纷尖叫，四处逃散，先有两名妇女冲出剧院，之后又陆续传出惊人的枪响。解决人质危机的关键时刻到了。

早上5时，剧场附近开始了解救人质的紧急调动。俄军坦克冲入剧场，众多俄罗斯特种部队士兵也迅速冲向剧场入口，与车臣匪徒展开激烈交火，剧院顿时陷入枪林弹雨之中。交火中，有很多人质冲出剧院。在冲入文化宫之前，特种部队先向这座建筑物内释放了某种催眠气体。

在事后召开的新闻发布会上，内务部副部长弗拉基米尔·瓦西里耶夫承认，特种部队使用了特别手段。从出现人质危机的那天起，就有一些工人在剧场附近"施工"，挖开或凿开排污管道和暖气输送管道。在事件发生的3天中，特种部队人员一直在做准备，特种兵早已潜入剧院内并隐蔽起来。当武装分子开始枪杀人质时，特种部队的士兵立刻采取了行动。

在激烈的交火中，匪首马夫扎尔·巴拉耶夫被当场打死，众绑匪见状，顿时溃不成军，但仍做困兽之斗。经过近一个小时的战斗，俄特种部队杀死多名绑匪，控制了大局，制服了匪徒。

经过数十个小时的对峙和僵持，10月26日早晨7时20分左右，俄特种安全部队攻占了莫斯科轴承厂文化宫剧场。在这次解救人质的行动中，750多名人质获救，90名人质丧生；50名恐怖分子被击毙，其中男性32人、女性18人，另有3名恐怖分子被抓获。

铁拳回击恐怖分子

震惊世界的黑寡妇绑架案落幕了，然而，一个巨大的问号横亘在悲痛的俄罗斯民众心中，那就是这些人是怎么组织起来的？又是怎样隐秘地进入莫斯科，而丝毫未被俄罗斯边检人员和安全官员发觉？

据调查，这次大剧院恐怖事件的策划者和实施者是车臣非法武装"伊斯兰特种战团"的团长马夫扎尔·巴拉耶夫，他自称是车臣军阀阿尔比·巴拉耶夫的侄子。

阿尔比·巴拉耶夫是车臣最有名的匪首之一，残忍狡猾，仅他亲手杀死的俄军官兵和俄罗斯车臣官员就超过170人。如1998年10月，阿尔比绑架了4名在车臣首府格罗兹尼修理电话系统的工程师（3名英国人和1名新西兰人），在人质的英国雇主支付1000万美元赎金后，他仍残忍地杀害了这4名人质，并把人头弃置路旁。

在"追随"阿尔比的过程中，马夫扎尔逐渐成为阿尔比领导的那伙匪徒中的二把手。叔侄俩合伙干起坏事来可谓得心应手，在他们的"努力"下，这支车臣非法武装很快成为集恐怖袭击、贩卖奴隶、走私于一身的恐怖团伙。

马夫扎尔当上"伊斯兰特种战团"的团长后，组织了一支由车臣妇女组成的敢死队。他招人的条件是，只招被俄军击毙的车臣匪徒留下的寡妇。这些寡妇对俄军有刻骨铭心之恨，加上衣食无着、生活没有希望，很快就被马夫扎尔招到旗下，接受射击、埋雷、制造炸弹等恐怖技能的训练，同时接受马夫扎尔的洗脑。马夫扎尔打的如意算盘是：车臣武装分子以前从来没有招过女性，俄军警对车臣妇女毫无防范心理，这样就能确保一击必中。从那之后，车臣的恐怖分子群体中又多了一支寡妇敢死队。

此次劫持人质的50多名车臣武装分子是2002年年初从与车臣毗邻的达吉斯坦共和国首府马哈奇卡拉赶来的，他们扮成小商品贩子，乘坐长途客车进入莫斯科。当时他们身上除了一些小商品道具外，没有携带任何武器和炸弹。这些人此前在俄罗斯情报人员的犯罪档案中没有罪行记录。所有武装分子全部使用做工精致的假护照，成功地骗过了俄罗斯边检人员的眼睛。

负责这次行动的总指挥马夫扎尔则化装成土耳其商人，从土耳其秘密潜入俄罗斯境内，再从北高加索的明诺拉尼耶·沃迪市坐火车来到莫斯科。

到达莫斯科后，他们藏身于一座事先租好的公寓。为了防止泄密或引起怀疑,除了专门购置食品的人外,其他人员不得擅自离开公寓半步。这些人被分成几个行动小组,每个行动小组的成员只认识自己的直接上司。直到人质事件爆发后,武装劫匪们才获知行动的总指挥是谁。

莫斯科人质危机的解决,使普京再次成为媒体的焦点人物。他在处理绑架问题上的方法独树一帜,他展现的品质正是俄罗斯人民渴望在国家领导人身上见到的那些品质——坚毅和强硬。

随后,普京下令驻扎在车臣的军队开始对叛匪进行新一轮的攻势。他的这次行动传给车臣叛军一个强烈的信号——对付恐怖分子,他绝不手软,绝不妥协。

普京也一次又一次地用实际行动证明,他是能够领导俄罗斯走出车臣危机、人质危机的真正男子汉。

1. 丧尽天良的恐怖袭击事件

2002年12月27日,车臣的人体炸弹驾车撞向格罗兹尼市政府总部,炸毁了4层办公楼,造成100多人伤亡。

2003年3月1日,车臣临时政府领导人艾哈迈德·卡德罗夫的车队在格罗兹尼遭到车臣叛匪袭击,4名保镖和3名警察在交火中身亡,1名叛匪丧生。

2003年4月17日,俄罗斯国家杜马代表、自由俄罗斯党两主席之一谢尔盖·尤申科夫在莫斯科的住宅门口遇刺身亡。这是8个月内遇刺的第二位自由俄罗斯党主席。2002年8月21日,该党前主席弗拉基米尔·戈洛夫廖夫也遭枪杀。

2003年5月9日,车臣地方政府原本打算在一体育馆内举行阅兵式,庆祝卫国战争胜利日,但在距该馆50米的地方有一颗炸弹爆炸,一名支持俄罗斯的车臣警察被炸死,另有2名俄罗斯士兵被炸伤。阅兵活动被迫取消。

2003年5月12日,两名恐怖分子驾车冲进车臣一个区政府办公大院，引爆炸药，造成52人丧生、100多人受伤。警方称卡车上装载的炸药至少有1.3吨，卡车中的3名自杀性爆炸者中有一名是女性。

2003年5月14日下午15时，距离车臣第二大城市古杰尔梅斯不远的沙斯罕-尤尔梅斯村外发生了一起爆炸，造成30人死亡、150人受伤。

当时沙斯罕-尤尔梅斯村外正在举行宗教活动，来自车臣、达吉斯坦和印古什的大约1.5万名穆斯林聚集在一片草地上，车臣行政长官卡德罗夫也在现场。就在全体与会者集体做礼拜的时候，一声爆炸在人群中间响起，有人应声倒下，有人呼喊着外逃。爆炸发生的一瞬间，卡德罗夫的保镖将卡德罗夫压在身下，卡德罗夫安然无恙，但保护他的年轻警卫却献出了生命。清理现场时发现，一共有4名警卫遇难。

卡德罗夫是一个很特殊的人物，他在车臣宗教界很有影响力，其家族也很有势力，拥有一支近3000人的私人武装。这使他成为俄联邦中央与车臣地方、俄罗斯族与车臣族、东正教与伊斯兰教之间最好的纽带。20世纪90年代，卡德罗夫曾是一名顽固的反俄罗斯政府的叛军司令，但在你死我活的血腥杀戮中，他逐渐意识到冤有头债有主，车臣分裂武装才是一切灾难的罪魁祸首。所以，他在第二次车臣战争中与叛军分道扬镳，反过来支持俄军的剿匪行动，并得到了俄联邦政府的信任。俄政府也深谙堡垒最容易从内部攻破的道理，决定重用卡德罗夫。有迹象表明，在车臣举行总统选举前，普京有意让他出任车臣总统。在这种情况下，车臣分裂武装当然不会放过他。

爆炸发生后，很快就查明这是一起自杀式爆炸，凶手是来自古杰尔梅斯的一个46岁的妇女。她身上捆着炸药来到现场，然后伪装成记者混到离主席台不远的地方，趁着大家聚精会神做礼拜的时候，引爆了身上的炸药。她的躯体瞬间被炸成碎片，飞向四面八方。

2003年5月15日，普京向国家杜马提交了一份议案，请求对车臣地区的非法武装人员实行"大赦"。他在给国家杜马主席根纳季·谢列兹尼奥夫的信中说："作为人道主义的举措，大赦的主要目的是给车臣共和国的和平生活创造有利条件。"根据普京的大赦计划，可以对在2003年8月1日前放下武器、停止反政府活动的车臣非法武装人员进行赦免。但那些被指控犯有谋杀罪、绑架罪和其他严重罪行的车臣非法武装人员，以及在车臣地区从事恐怖活动的外国人，不在大赦之列。6月，国家杜马正式颁布了大赦令。随后，车臣有上百名武装人员放下武器，向政府投诚，回归了正常生活。这一举措从内部分化瓦解了车臣恐怖分子阵营。

但是，恐怖分子阵营中仍有一批顽固分子在继续活动。就在颁布大赦令前的6月5日，与车臣交界的北奥塞梯共和国莫兹多克市北部郊区，距俄罗斯一处大型空军基地6公里处，又发生了一起自杀式恐怖事件。一名身上绑满炸药的年轻妇女快步走近一辆运送40名俄空军机械师和家属的车辆，然后引爆炸药，造成至少15人死亡、12人受伤。

2003年7月5日，莫斯科一年一度的摇滚音乐会在莫斯科市区西北的图什诺机场举行，现场聚集了3万多名观众，两名黑寡妇引爆了捆在身上的炸药，炸死17人，炸伤40多人。

2003年8月1日，与车臣接壤的北奥塞梯共和国莫兹多克的一家军队医院发生了自杀式袭击。这天下午，俄军第1458野战医院一片宁静，在骄阳的烘烤下，医院大门外值勤的哨兵正无精打采地四处张望。19时左右，一辆"卡马斯"牌军用卡车驶来，在接近医院时突然加速朝大门冲来，值勤哨兵一看势头不对，刚要举枪射击，但为时已晚，汽车已冲破医院大门，向住院部大楼撞去，住院部里养伤的都是在车臣战场上受伤的俄联邦军队的官兵。几秒钟后，传来一声地动山摇的巨响，4层的住院部大楼瞬间变成一片瓦砾碎石。这次事件至少造成50人死亡，住院部大楼前留下了一个直径约5米、深2米、长约9米的深坑。这次爆炸的当量相当于一吨TNT炸药的威力。据事后调查，原来是车臣恐怖分子从一名俄北高加索内务部的特工手里买了一辆内务部的"卡马斯"牌重型卡车，然后驾驶着它撞向俄军的医院。

2. 闪电式视察车臣

2004年2月6日，莫斯科地铁发生了一起恐怖爆炸事件。这天，恐怖分子在地铁中引爆的炸弹威力仅相当于3~5公斤TNT当量，但由于隧道是封闭的，致使爆炸的杀伤力成倍增加，就连一些远离炸弹的乘客也被强大的爆炸冲击波压迫得五官出血，有人甚至身上并无外伤却被活活震死。发生爆炸的那节车厢顶部被彻底撕裂，车厢内外到处是血肉模糊的肢体，一些人体器官飞溅到隧道的顶部。地铁隧道成了血腥屠杀的刑场，到处是浓烟、烈火、烧焦的尸体。据统计，这次恐怖袭击造成40人死亡、130多人受伤。

2004年5月9日上午，车臣首府格罗兹尼市中心的狄纳莫体育场内人头攒动，车臣纪念苏联卫国战争胜利59周年的庆祝仪式即将在这里举行。10时30分，车臣总统艾哈迈德·卡德罗夫和俄罗斯驻北高加索集群司令瓦列里·巴拉诺夫上将一行刚刚走到主席台中央坐定，只听一声巨响，主席台中央要员席中的几个人瞬间就不见了。人们厉声尖叫着，四散逃命。几个身穿制服的男子把满脸是血、脑袋耷拉下来的卡德罗夫从破碎的木椅堆中抱起来，但他已经死了。车臣国务委员会主席侯赛因·伊萨耶夫等6人也当场被炸身亡。俄军驻北高加索联合集群司令巴拉诺夫等50多人受伤。这就是令全俄罗斯震惊的车臣"5·9"爆炸案。

当车臣和其他城市发生的恐怖袭击使得人心惶惶时，普京责无旁贷地成了俄罗斯的保卫者，他满怀信心地表示要严惩犯罪分子，并迅速行动起来。

面对一次又一次的危机和挑战，普京都表现出了不怕威胁的坚毅，他从不垂头丧气，从不唉声叹气，遇到困难更不抱怨，而是付诸行动，力争把一切处理好。

5月11日，就在卡德罗夫被炸身亡两天后，普京对车臣进行了一次闪电式的秘密视察。当天上午 8 时，两架武装直升机降落在车臣政府大楼院内，普京神情严肃地从其中一架飞机上走了下来。当时车臣的许多官员都不知道普京要来视察，没有任何欢迎仪式。普京径直走入政府办公大楼，先与车臣代总统、政府总理谢尔盖·阿布拉莫夫单独进行会谈，随后又和军政要员讨论了车臣的各种社会、经济和安全问题。普京发布命令，责成俄罗斯军方重新拟订打击恐怖主义的作战计划，压制恐怖分子越来越冒险和残忍的袭击行动。这种明确的态度无疑给了惊魂未定的车臣人一个积极的心理暗示：为了俄罗斯人民的利益，政府不会就此罢休，会将反恐进行到底。

第十一章　深受爱戴的魅力领袖

《嫁人就嫁普京这样的人》，这是一首俄罗斯流行歌曲的名字。人们把普京看成是俄罗斯男人的标准形象，很多人以追星的方式拥戴他，这是对他政绩的另一种肯定，也是对他人格的高度赞扬。

"俄罗斯意志"的苏醒

任何国家都想走强国之路，俄罗斯也不例外，而实现强国之梦，除了经济、政治、军事、外交上的努力外，普京认为，对俄罗斯人民进行爱国主义教育对增强国家实力具有重要意义。俄罗斯的未来必须有一个坚实的基础，而这个基础就是爱国主义，"爱国主义不仅仅是好听的词，爱国主义首先是为故乡、国家、俄罗斯和人民服务"。

因此，普京上台后，第一个重要手段就是宣扬已经失落多年的爱国主义。他说："从我成为总统的那一刻起，我就立下誓言，为了国家的繁荣昌盛可以牺牲自己。这将是我一生的座右铭。"

上台半年多，即 2000 年 12 月，普京向杜马提交了关于国家象征的法案。其中最重要的一项就是恢复苏联时期的国歌，而这首国歌已经消失10年了。这在杜马和整个俄罗斯都引起了极大的轰动与争议。许多政治家认为,这是绝对不行的,连叶利钦也坚决反对,但是普京坚持自己的意见,他说大多数居民已经习惯了听亚历山德罗夫的音乐,只要填上新词就行了。最后,这个法案获得了通过,一首新词老旋律的俄罗斯国歌响起了。

此外,传统的红色旗子也再度在俄罗斯军队中飘扬起来。所有这一切,对于已经10年没有自己国家象征、没有可以代表自己愿望与希望的百姓与军队来说,是一个极大的鼓舞。国防工业再次成为俄罗斯国家发展中的决定性因素。这一手段使军队重新找到了在国家中应有的位置,更重要的是使俄罗斯人精神为之一振——俄罗斯是可以从沉沦中再次雄起的。

普京的第二个手段是实行独立自主的兴国策略。"独立自主"是全世界的通用词,普京执掌俄罗斯后,把这4个字牢牢地记在心里。他吸取苏联解体后俄罗斯转轨过程中的经验教训,使俄罗斯从对西方政治、经济制度的迷信中彻底解脱出来,从美国和西方并不温暖的怀抱中挣脱出来,开始走自己的强国之路。

普京的路线使俄罗斯自苏联解体后所依从的内外政策发生逆转,与美国的战略轨道背道而驰。普京知道,冷战结束了,但竞争并没有结束。在美国眼中,俄罗斯依旧是它的头号敌人。削弱俄罗斯,不让俄罗斯东山再起,仍是美国一项重要的长期的战略目标。

国际局势不利于俄罗斯,国内形势也没有想象中的那么好。因此,普京上台后断然采取了一系列措施来加强中央集权:加强总统的垂直领导,使财阀与国家权力机构彻底脱离,使国家机构和商业机构分开,整肃地方行政长官,向各地区派出总统全权代表等。

在外交上,普京奉行东西方并重、欧亚平衡的全方位外交政策,在致力于发展对西方关系的同时,也加大了亚太外交力度,并且始终把俄罗斯的国家利益放在第一位。在这种平衡外交中,俄罗斯的意志表现得越来越明显，俄罗斯和德、法联合反对美国以战争手段解决伊拉克问题就是明证。平衡是普京外交决策的主要手段，他将在既不得罪西方也不得罪东方的情况下，走自己的强国之路。

"魅力领袖"的风采

在强国之路上稳扎稳打的普京，在国内经历了"库尔斯克"号核潜艇的沉没、大剧院人质事件、金融寡头的挑衅、车臣战争的洗礼；在国外，他支持伊朗、叙利亚等美国的反对势力，处处展现出强硬的男子汉气概以及"铁腕"政治家的魄力，俄罗斯因此掀起了一股"普京热"，且一直"高烧不退"。

在俄罗斯妇女的心目中，普京是全国最性感、最有魅力的男人。一家俄罗斯媒体报道说："每当普京在电视上出现的时候，妇女们便会被吸引到电视机前，她们会告诉自己的丈夫'男人应当像普京一样'。"

33岁的沃尔科娃在办公桌上摆了普京的画像，钥匙链中还有一张普京身穿海军制服的照片。她说，看普京的照片，眼神犀利，仿佛会让对手不寒而栗；冷眼旁观，仿佛会让阴谋无处遁形；面容严肃，仿佛让人不可亲近；唇线冷峻，仿佛从来都是极少笑的；背影挺直，仿佛告诉世人他宁折不屈；抬手之间，仿佛在向世界宣告他的自信和决心；但普京也有微笑的时候，对着自己的人民，对着天真的孩子，对着所爱的家人，笑容温暖亲切。

23岁的库兹斯托娃说，妇女们普遍认为普京很有吸引力，还在于他与一般的俄罗斯男人不同，许多俄罗斯男人都有酗酒的毛病，而且不注重外表和修养，但普京与他们不同，在妇女们眼里，普京如同雏菊一样新鲜。她还说："我喜欢普京身上的每一个优点，这是一个体面的总统和男人应该具备的。如果我能嫁给这样一个男人,我将会感到非常荣幸和幸福。"

作为男人,普京可以身穿海员服出海、驾驶战斗机上天、身穿柔道服摔跤。他具有强烈的家庭责任感,只要休假,总是和家人一起度过。作为一个大国总统,他不但使俄罗斯重现大国风范,而且为俄罗斯男人树立了好榜样。

2002年夏天,"一起唱"成为莫斯科家喻户晓的演唱组合,因为他们唱了《嫁人就嫁普京这样的人》这首歌。该唱片一经上市,立即引起了乐坛的注意,受到听众的喜爱和追捧。歌词是这样的:

> 我的男友打了一场架,
> 打得遍体鳞伤,
> 喝得酩酊大醉又沉沦毒海。
> 他简直令我无法忍让,
> 我把他逐离我的身旁,
> 我如今想要一个像普京的人。
> 昨天我在新闻上看到了他的身影,
> 他说,这个世界正处于十字路口。
> 他是那么有说服力,
> 使我下定决心想要:
> 一个像普京的人,
> 一个像普京强而有力的人,
> 一个像普京不酗酒的人,
> 一个像普京不使我伤心的人,
> 一个像普京不会舍我而去的人。

有意思的是,普京在回答记者有关这首歌的提问时,直率地说:

"这首歌不错。"但他也知道，俄罗斯人民之所以有这么多关于他的演绎，并不仅仅是出于对他的个人崇拜与信任，而是出于对俄罗斯振兴和强大的渴望。

普京现象已经作为一种文化艺术现象在俄罗斯深入人心。有人说这是俄罗斯个人崇拜的复苏，普京却说："个人崇拜在俄罗斯已不复存在，我本人对此也不赞同，只是公众有时会对我个人格外关注，这不可避免。当我就职宣誓时，我发誓忠实地为我的国家工作。俄罗斯人民都知道，我没有食言。他们都对我报以深深的感激。当然，不同人群的支持方式不尽相同。即便是最民间的方式，我也视为一种支持形式。"

在俄罗斯，凡带有普京肖像的物品都十分畅销。有一个名叫德·弗鲁别尔的俄罗斯商人专门售卖普京穿着水兵服装的画像，人们有点奇怪，为什么要让普京穿上水兵服装呢？德·弗鲁别尔解释说："在画像中让普京穿水兵衫，并非简单地换件衣服。水兵衫是人人都熟悉的衣服，是海军特别优雅的标志。水兵衫不佩戴军衔肩章，不分将军和水兵，是最民主的海军服装……"

作为总统，普京在政治上有着非凡的魅力，他不是资深的政治家，却比那些资深的政治家更能吸引大众的眼球。他让几近"休克"的俄罗斯重焕生机，GDP连年稳步增长；对具有黑社会性质的金融寡头进行了大规模的清算，使俄罗斯民众的生活走出低谷；向恐怖主义宣战，坚定了全国上下将反恐进行到底的决心，他的强硬维护了一个受到欧美排挤、受到恐怖势力威胁的世界大国的尊严；他活跃、务实的外交政策和执政能力，让世界和俄罗斯人民都领略了大国领袖之风采。

执政多年的普京，至今没有过有关他贪污受贿、庇荫亲朋的报道。在俄罗斯人看来，普京已经树立了一个精明、实干，具备现代政治意识的强有力的领导人形象。他的治国理念、生活理念影响着俄罗斯新一代的领导层，为其增添活力。在俄罗斯民众眼里，普京诚实、正派、能干、有原则、精力充沛，具有首创意识，富有同情心和亲和力，保障了国家稳定，几乎集一位现代国家领导人的完美特质于一身。

德国《时代周刊》是这样描绘普京的："他打开了朝向欧洲的窗户，德国政治家把他视为朋友，美国总统在自己的牧场招待他。这个人物成为新俄罗斯的象征。这个微笑着充满魅力的人在为自己的国家通风，吹走角落里的灰尘，但角落太多，所以需要强力的'穿堂风'。每天他都签发新的命令与文件。他想改造国家和社会，使经济现代化。"

普京始终很"酷"，神色冷峻，精力充沛，洋溢着阳刚之气。他展示大国外交和军事"肌肉"时，威震列强；他不经意间显露胸肌时，也令人赞叹。

普京是近百年来俄罗斯除列宁外唯一能用外语和外国元首对话的领导人：与德国总理用德语长谈，跟布什以英语调侃，无不谈笑自如。他也善于见招拆招。拜会英国女王，他一袭黑色燕尾服，尽显绅士礼仪。访问东京，他把日本柔道高手摔得五体投地；跟日本小女孩"过招"，则大度地让她把自己"摆平"。参观中国的少林寺，他亲切地把小沙弥扛到肩上，武僧请普京用拳头试试自己的硬气功，他又半开玩笑地婉拒，"我是怕自己的功力经受不住啊"！

清除执政道路上的障碍

极具个人魅力、深受俄罗斯民众爱戴的普京，第一届总统任期转眼就到了，2004年总统大选他能否连任，成了俄罗斯上下极为关注的话题。

2003年9月2日，普京签署法令：俄罗斯第四届国家杜马（议会下院）选举将于12月7日举行。俄罗斯各派政治势力角逐的序幕正式拉开了。

普京公开宣布支持统一俄罗斯党参选，并且亲自领衔统一俄罗斯党竞选名单，参选国家杜马，同时又宣布他不加入该党，也不会成为该党的领导人。这件事本身是很奇特的，不是这个党的党员，又要领导这个党参选国家杜马。

这次参加杜马选举的政治团体共有10个，分别是统一俄罗斯党、俄罗斯共产党、人民党、"亚博卢"民主党、"右翼力量"联盟党、自由民主党、农业党、"祖国"联盟、"俄罗斯复兴党－俄罗斯生活党"联盟、"波赫缅尔金－费奥多洛夫"联盟。

俄罗斯中央选举委员会不断规范选举条件，各政党积极活动，每一个政治势力都很清楚，要想在第四届总统大选中有绝对把握胜出，就必须通过议会选举，控制国家杜马这个重要的议会机构。

鉴于以往选举中出现某些政党利用公关手段互相攻讦，造成选民对选举态度冷淡的情况，为保证各政党平等竞争、诚实选举，俄中央选举委员会于8月22日至27日召集准备参选的各政党、媒体和从事选举活动的政治技巧专家代表，在马涅日广场签署了名为《社会条约——2003年选举》的文件。这是一项协定，旨在把杜马选举引上公正、平等的轨道。

与此同时，普京还走了非常重要的一步棋，那就是利用手中的权力在选举前对寡头进行"无害化处理"。他坚决打压那些与自己对着干的寡头，将他们从政治领域中清除出去。他继续寻求引渡藏身国外的媒体大亨古辛斯基、传媒和汽车工业巨头别列佐夫斯基，对于其他试图问鼎政治的寡头也毫不手软。例如，出钱资助左翼反对派俄罗斯共产党的俄罗斯首富、拥有83亿美元资产的尤科斯石油公司总裁霍多尔科夫斯基，在选举前的关键时刻被捕入狱。普京说："我不喜欢监狱和手铐，但商界影响太大，有时候不得不采取这样的手段。"

12月7日上午8时，俄罗斯第四届国家杜马选举正式开始。各地的选举投票工作在平静的气氛中进行着。普京和夫人柳德米拉一大早就来到莫斯科麻雀山的投票点，但最后只有柳德米拉投了票，普京弃权了。他说："因为我的回答可能会被视为选举前的宣传，所以我投弃权票。但是，我的倾向大家是知道的。"

很快，投票结果出来了，4个得票率超过5%的政党进入杜马，有政权党之称的统一俄罗斯党得票率以领先位居第二的俄罗斯共产党20多个百分点的成绩获胜，这让普京长舒了一口气。舆论认为，亲普京政党在杜马选举中控制了议会，从而结束了以往议会与总统对抗大于协作的局面。在此后的一段时间内，普京可以说没有任何政治竞争对手，完全可以按照自己的政治设计来治理俄罗斯，他所面临的施政环境要比叶利钦时代好得多。

下一步，普京要做的是竞选连任俄罗斯联邦总统。

2004年2月24日上午，距总统大选不到3周，俄罗斯政府高级官员来到克里姆林宫，准备参加中午举行的国务委员会会议，但被告知会议因故要推迟到下午15时举行。时间到了，普京还是没有露面。

下午16时20分，俄罗斯两个官方电视台突然中断正常节目，直播普京的电视讲话。普京表情严肃地说："根据俄罗斯《宪法》第117条，我决定今天解散政府，总理下台回家，其他要员暂时留任。"他同时神情庄重地宣布，任命原副总理赫里斯坚科代行总理职务，留任官员在新政府组成前继续履行职责。他说，这一决定与对卡西亚诺夫政府的评价无关，从总体上讲，这届政府的工作是令人满意的。他还指出，他做出这一决定，是为了在3月14日的总统选举前表明自己的立场，让选民知道他再次当选总统后俄罗斯将走什么样的发展道路。

对于普京这一举动，俄罗斯《独立报》认为："总统把解除卡西亚诺夫总理职务一事看做是一个有效的竞选步骤。"俄罗斯《晨报》认为:"解散政府是为了刺激选民的情绪,提高国民的积极性。"

成功连任总统

作为在任总统,普京再次参选相对于其他候选人占有很大的优势,而且,他在新一届杜马中获得了明显多数的支持。几乎所有政治观察家都将国家杜马选举胜利视为普京的巨大胜利,谁也不怀疑普京会在这次大选中胜出。

这也导致在总统大选前夕,俄罗斯政坛上出现了一个奇怪的现象,很多反对党领导人拒绝参加这届总统大选,拒绝为普京作陪衬,同时蛊惑人心地宣称这场选举是一出闹剧,因为参选者从一开始就不平等。

为了避免给人留下不民主的印象,俄罗斯中央选举委员会公布了6位总统候选人的名单:

第一位是"祖国"联盟领导人谢尔盖·格拉济耶夫。6人中只有他实力较强,与普京差距最小,但也只有2%~4%的选民支持率,很难与普京进行较量。

第二位是联邦委员会主席(上院议长)、"俄罗斯生活党"领导人谢尔盖·米罗诺夫。他参选的唯一目的是"陪伴"普京,他说:"当一个受人信赖的领导人上战场的时候,不能一个人孤零零的,必须有人在身边陪伴。"

第三位是俄罗斯共产党推举的在社会上名不见经传的上届杜马农业党议员团负责人尼古拉·哈里托诺夫。

第四位是自由民主党推举的奥列格·马雷什金,他是弗拉基米尔·日里诺夫斯基的贴身保镖。

第五位是日裔女性伊琳娜·袴田。她是自告奋勇出来参选的，但她在2003年杜马选举时连议员都没有当上，她所在的"右翼力量"联盟也不赞成她出来竞选。

最后一位是伊万·雷布金。他在叶利钦时期当过杜马主席，但是已经没落，成为流亡寡头别列佐夫斯基资助的"傀儡"，其选民支持率不足1%。

这些竞争者明显无法与普京抗衡，如此看来，普京连任总统毫无悬念。

2004年3月，俄罗斯第四届总统选举正式开始。与上一次总统选举相比，这一次的情况已经大不相同。普京这次参选，实际上是凭借统一俄罗斯党在杜马选举获胜的东风乘胜追击，加上俄罗斯"我爱普京"的热潮，他的选民支持率长期保持在70%以上，甚至有53%的选民希望他连任3届总统。作为一名总统候选人，具有如此高的威信和选民支持率，是俄罗斯十几年来所没有的，也是世界各国所罕见的。

竞选期间，普京在位于莫斯科红场的竞选总部对记者说："我想这些年来，我一直是在努力工作的，而且我是真诚地工作的。人民一定感觉到了。我向你们保证，在今后4年中，我将以同样的方式工作。"话语中体现了普京再干一届的诚意和决心，也因此赢得了更多选民情感上的共鸣。

2004年3月14日，普京以71.31%的得票率连任总统成功。

尽管大选结果是意料之中的事情，但是普京依然显得很兴奋。他表示，如此高的得票率是广大选民对他第一个总统任期工作的积极肯定，也使他对做好第二任期的工作增添了信心。

3月15日凌晨，普京向全国人民发表致词。从电视上可以看出，他意气风发，让人感受到他能把俄罗斯领向繁荣富强的决心。他在致辞中说：

早安，或者应该说，夜里好！首先，我非常乐意回答在座记者的提问，同时我想向我国公民致辞。我感谢今天所有到俄罗斯总统选举投票站投票的人！

我感谢所有投在任总统、你们忠诚公仆票的人，感谢投其他候选人票的人。无论如何，即使你们的候选人未能当选总统，这个结果也很重要。这对我很重要，因为对现政权和对我，这些信息是必要的，我们必须考虑得到选票的政治家的意见和观点，不管有多少选民投他们的票。这是其一。

第二，我想感谢所有在大选中支持我的人，以及因某种原因没有参加大选但对我抱有好感的人。现在可以说，结果是令人满意的。我非常感谢你们，因为这是最重要的支持手段。多谢你们。

我认为，做出这种选择的人，支持的不仅是近年来我们国家发生的积极变化、虽不大但积极的好转：我们保证了国家经济近年稳定和高速增长、社会局势稳定、国家巩固。我认为，不是这些简单的成绩，而是你们忠诚的公仆、现任总统近年来为你们工作时的献身精神，赢得了支持。

鉴于此，我希望你们相信，并向你们保证：未来4年，我将尽我所能地工作，以使政府加强其工作效率。

我向你们保证，我国公民所有的民主成果将得到保障。而且我们不会停留在已有的成果上，我们将巩固多党制，我们将巩固公民社会，竭力保证媒体言论自由；而且我们将建立这样一种制度，使任何官员不能以国家利益为掩饰中饱私囊，任何夸夸其谈者不能以民主的漂亮言辞为自己捞好处。我们将竭力保证我国经济稳定增长。毫无疑问，我们将珍惜经济和社会的稳定，这也是近段时间我们多次说过的。我想强调的是，稳定并不是目的，这只是解决主要任务——保证我国人民福利增长的条件。

现阶段所做的一切还谈不上福利，更不是福利的增长，只是福利的启明星。当然，我们应该珍惜它，在稳定的基础上更进一步，切实保障我们人民的福利。我们应该在经济和社会领域迈出下一步，我们一定能够做到。

最后，在对外关系上我们将致力于保障俄罗斯联邦的国家利益，但在任何情况下都不会用侵犯性的方式捍卫自己的利益，也不会陷入对抗。我们将灵活地争取自己的国家利益。我们将力争达成我们和我们的伙伴都能接受的妥协。我们将竭力为俄罗斯的发展创造良好的外部环境。

这就是我想说的一切。

普京似乎让俄罗斯人再次看到了新的希望和俄罗斯的美好前景。

第十二章　铁腕反腐与反恐

　　普京没有完全照搬西方的制度，而是根据俄罗斯自己的国情进行政治建设，进一步完善总统制。西方国家的指责没有让他动摇，武装劫匪的挑战让他经受考验；为了维护秩序和规则，他还敢于惩治那些有影响力的人物。

精简机构，高薪养廉

　　连任总统成功以后，普京将反腐败、实现政治清明作为新一届政府工作的重中之重。为了向国内的腐败现象开战，为政府吸收人才，他采取了精简机构、高薪养廉的做法。

　　当时，俄罗斯的贪污不但普遍，而且很多贪污者都有国家某些权力机构作为后台，并且大多是具有黑社会性质的有组织犯罪。因此，普京面对的是一种成为生活方式的腐败，一种成为亚文化的腐败，一种结构化、组织化、黑社会化的腐败，其解决难度可想而知。

　　在瓦尔代国际研讨会上，当谈到俄罗斯的腐败问题时，普京颇为自嘲地给大家讲了一个笑话：

　　一个父亲带着儿子到参军的地方去报名。父亲问将军："我儿子能成为将军吗?"

将军回答说:"当然可能,每个士兵都有可能成为将军。"

父亲又问:"那我的儿子能成为元帅吗?"

将军说:"不能。"

父亲问:"为什么?"

将军回答说:"因为元帅已经有儿子了。"

普京反腐的语言艺术得到了人们的赞赏,部分妙语被广泛传播,这其中也体现了普京政府的铁腕政策。

早在2004年1月12日,普京就专门召开了反腐会议。他指出,不根除腐败,俄罗斯任何雄心勃勃的社会经济发展计划都会流于空谈。腐败已经成为俄罗斯社会和经济发展的严重阻力,它使权力变异,使广大民众对国家和前途失去信心,使外国资本不敢轻易进入俄罗斯市场。

俄联邦委员会主席米罗诺夫表示:"俄罗斯应该像对待叛国罪那样惩治腐败。"把腐败看成是与恐怖主义、与叛国同样的大害,并非言过其实。据国际反贪组织"透明国际"公布的调查显示,自2001年到2005年,俄罗斯贪污受贿案案例数增加了7倍,2005年,俄罗斯各级政府官员大约接受了相当于400多亿美元的贿赂。

俄罗斯议会上院主席伊戈尔·斯特罗耶夫形容说:"普京总统就像是一位外科医生,开刀后发现病人肌体已经千疮百孔,几乎每个器官都有问题。"但普京让人们仍然抱有战胜腐败的希望和信心。普京说:"金钱必须与权力分家,这是对每位官员、每位国家机关工作人员或者护法人员的要求。想要挣钱,那就下海经商;想要为国家服务,那就靠工资生活。"

普京连任总统后下达了精简机构、重新整合的命令,决心大刀阔斧地开展精简机构的工作。他将原有的250名副部长减到18名,即9个部每个部只保留两名副部长,而副部长们管辖的250个部门也只剩下100个。按计划裁减20%的政府工作人员,将节省下来的资金全部用于提高高级官员的工资待遇，工资水平向私企高级管理人员靠拢。

2004年4月10日，普京签署命令，俄罗斯35万联邦一级官员中有10%的官员从2004年3月9日开始涨工资，部长一级的官员工资上涨了近4倍，副部长和司长一级工资上涨4～11倍，低级别的官员工资上调幅度则在3倍以下。

高薪养廉是普京给官员们大幅度提薪的主要出发点。俄罗斯每个联邦机构和联邦主体政府都编制了易受贿赂职位的名册。担任这些要职的官员领取更高工资，享有更多优惠，但他们必须接受国家对其生活方式和交往对象的监督，这是政府委员会通过的打击腐败计划中的一项规定。

同时，俄罗斯联邦加入了《联合国反腐败公约》缔约国行列，成为世界上第52个批准该公约的国家，表明了普京打击腐败的决心。

2007年7月25日，在俄罗斯政府公布易受贿赂职位的名册之前，俄罗斯太平洋沿岸滨海边疆区副行政长官亚历山大·西什金因受贿120万卢布（约47250美元）而被捕，这场反腐风暴的总导演就是普京，媒体对此几乎是一边倒的欢呼。

但俄罗斯的腐败问题盘根错节，其深度和广度极为惊人，反腐要取得成效非一朝一夕之功。如何让人们相信反腐不是"只抓小虾，不动大鱼"的表面文章，是普京政府面临的难题。

惩治腐败，没有碰不得的人

在反腐风暴中，普京以一贯的鹰派作风，多次痛下决心严加惩治，表明了他严厉惩治腐败的强硬态度。

普京认为，俄罗斯不强的主要标志是，国家政权不强，军队不强，经济实力不强。国家政权不强就是国家政权机构和商业机构混为一体，执政者和财阀相互勾结，国家职能和国家权力机关被收买或出卖、被私有化或转让，于是，权力真空导致私人公司和机构攫取了国家职能。腐败渐渐从政府向司法机关、军队、教育系统扩散，向街头巷尾扩散，甚至扩散到了普通民众的心理层面。

俄前总检察长乌斯季诺夫认为，80%的官员有不同程度的腐败行为；有29%的个人和56%的企业曾被迫行贿；在尚未行贿的人中，也有44%的人对此"有所准备"。

因此，普京将反腐提升到了全民族事业的高度。为了提高反腐效率，他提出要整顿国家机构，调整干部政策。同时采取高级官员财产申报、设立公开举报制度等措施，对官员和国企领导人进行监督，除了监督其收入和资产外，还要监督开支和大宗购置。他发誓"要把腐败分子清除出政权机关"，要把寡头们调教得"守规矩"。他坚定地表示，政府惩治金融寡头的行动，"今后再也不会回头！"

他为金融寡头们定下了依法经营、不准参政的"游戏规则"，对霍多尔科夫斯基的判决便是一个里程碑式的标志。

普京说："一些人在短短五六年之内就赚到了数十亿美元，这是在任何一个西欧国家都不会发生的事情。想用几千万，甚至几亿来消灾，以这些小钱来捞到更多的钱……我们并不是想揪住一个具体的人不放，我们的目标只有一个，那就是恢复俄罗斯的秩序，让人民合法地生活，与腐败分子做斗争。"

普京的所作所为，一个重要目的是防止拥有巨大实力的经济精英进入政治领域，直接掌握政治权力。在任何一个文明社会，政治精英与经济精英之间总存在着一种张力，关键是要保持二者的平衡。谙熟政治规律的普京对经济寡头实施严厉管制，并非要消灭俄罗斯的资本主义，只是想让俄罗斯的资本家们恪守本分。

普京警告说："有些渔民已经浑水摸了很多鱼，他们希望长此下去。

我看，这并不有利于人民和我们国外的合作伙伴。"几年来，斗争的结果是，古辛斯基和别列佐夫斯基这样的财阀被赶到了国外，他们在国内的企业和金融机构被调整、改变或者合并，已经失去了原有的势力和影响；其他的财阀也被普京调教得循规蹈矩了。

俄罗斯24个大企业的企业家与普京建立了定期会晤制度：每隔3个月，他们都会在克里姆林宫和普京举行圆桌会晤，就最迫切的经济问题交换意见。他们仍然可以去赚钱，但普京要求他们循规蹈矩地赚钱，为振兴国家经济出力。

普京政府与企业家的许多分歧和争斗，在品香茶尝甜点的气氛中得以解决或者随后得以解决。普京的脸上向来少有笑容，即使在这种氛围里，大企业家们也很少见到他笑。在和他人谈话时，普京可以坐得很近，甚至把头低下，一副认真聆听的姿态，但他的眼睛却很少直视对方，一旦直视对方，一定是他要坚决地赞成或者反对什么了。

普京对金融寡头的严惩，深深赢得了俄罗斯民众的支持。西方媒体甚至感叹：俄罗斯民众对普京的广泛拥护，就像是对苏联领导人的个人崇拜，只不过这一次是俄罗斯民众自发形成的。

民众的支持使普京更加自信，也使他更愿意接近民众。连任后，普京拟投资数百亿卢布在互联网上缔造一个庞大的信息系统，将俄罗斯所有部门、机构（包括克里姆林宫、总理府等）及社会各行各业，分门别类单独组成相应的子系统，每一个子系统每天24小时，一年365天，不间断地接收来自全俄罗斯乃至全球任何人反映的关于俄罗斯子系统的信息。每一个子系统后面都由一个特别的"安全＋司法"小组负责运营。此计划旨在瓦解所有黑恶势力、不良利益集团，扫除政府毒瘤、民间恶行、行业陋规等。

在俄罗斯普通民众眼里，寡头就是腐败的代名词。普京担任总统后表明了自己的态度：他要与寡头们划清界限。从最初誓与普京作对到底的强硬姿态到后来的沉默无语，寡头们也学会了在政治强人统治下如何生存的方法。普京以自己的魄力和能力，终结了俄罗斯政坛近 10 年的动荡变幻及"寡头"干预政治的时代。

米哈伊尔·古采里耶夫的逃亡与回归

在普京惩治金融寡头的行动中，逃亡成了某些寡头的必然选择。罗斯石油公司总裁米哈伊尔·古采里耶夫就是逃亡者之一。

1. 背靠家族打拼成功

古采里耶夫于 1958 年 3 月 9 日出生在哈萨克斯坦的切利诺格勒。切利诺格勒原是一个荒无人烟的地方，古采里耶夫的祖父辈是在战争年代被强行从北高加索的印古什共和国迁居到那里的。

17 岁时，古采里耶夫开始在车臣首府格罗兹尼当搬运工。之后 7 年，他一直在哈萨克斯坦江布尔市的一家工艺品工厂工作，直到成为一名车间技师。

到了戈尔巴乔夫的改革年代，私营企业日渐成风。古采里耶夫按捺不住内心的创业冲动，别出心裁地在车臣格罗兹尼创办了一家公司——俄罗斯-意大利合资家具公司，然后通过走私运来几套组合家具，在当地进行组装，打起"合资生产"的旗号。他的想法是，在北高加索这个封闭的地区，打"意大利"招牌就会有人买账。

果然，古采里耶夫的"意大利家具"受到了有钱人的追捧，第一批家具很快便销售一空，而且订单接踵而至。在那个物品短缺、任何外国货都能获取暴利的情况下，古采里耶夫很快就成了有钱人。这时，他又想到用钱生钱，办起了一家放高利贷的银行。这家银行是苏联当时为数不多的第一批"合作社银行"之一，加之有家族的支持，古采里耶夫在车臣-印古什地区的名声越来越大。

在苏联历史上，车臣人和印古什人是很会做生意的，尤其是走私和倒腾货物，所以那时就有"车臣帮"和"印古什帮"之说。莫斯科的走私货和外国货集市几乎全被这两个帮派的人所控制。因此，在古采里耶夫进一步发展的过程中，他的家族派系、"车臣帮"和"印古什帮"起了很大的作用。

古采里耶夫和很多俄罗斯财阀不同，他没有上层关系，没有政府高层的特殊眷顾，是个十足的"打拼派"。他的成功更多地依赖于家族对他的支持，他最好的帮手不是某个政客，而是他的兄弟汉姆扎特。

1991年苏联解体后，古采里耶夫已经是家乡很有名气的企业家了。同一年，他被选为车臣-印古什自治共和国企业家协会的主席。第二年，古采里耶夫到莫斯科发展，创办了一家工业和金融公司——比恩公司。随后，他又创建了比恩商业银行，把比恩发展成了一个联合工业、商贸、金融和涉足石油市场的大财团。

2. 弃商从政失败后重操旧业

古采里耶夫生意做得有声有色，但他并不是胸无点墨的暴发户。实际上，工人出身的他毕业于著名的莫斯科古布金化工学院，之后又分别在俄罗斯联邦政府金融学院、圣彼得堡法律大学和俄罗斯经济学院深造过，同时拥有经济师、法学候补博士和经济学博士称号，是个地道的专家型企业家。

耀眼的学历背景让他在政治上也尝到了甜头。1994年，他被俄罗斯政府任命为印古什自由经济特惠区的行政首脑。

1995年，深知政治重要性的古采里耶夫弃商从政，当选第二届俄罗斯国家杜马代表，并担任杜马副主席，领导工业、建设、交通和能源委员会，负责过科学、教育、农业等领域的工作。

2000年年初，古采里耶夫又被政府任命为俄白合资石油公司——

斯拉夫石油公司的总裁，但两年后便被解职。原因是在2002年4月，为了支持自己的兄弟汉姆扎特竞选印古什共和国总统，他从莫斯科运了两大箱子钞票到印古什作为竞选经费。事情败露后，古采里耶夫被撤去了斯拉夫石油公司总裁之职。

之后，古采里耶夫重操旧业，于2002年9月创办了罗斯石油公司。凭借多年积累的资源，罗斯石油公司在短短4年里便拥有了30个采油企业、2个石油加工厂和完整的销售网络，势力触及俄罗斯的中部各州，东、西西伯利亚，甚至乌德穆尔特①和科米②这样偏远的共和国。该公司拥有170个石油天然气产地，石油总储备量为6.3亿吨，石油年开采量达到了1700万吨。采油企业至少在6年时间里年年盈利。在2006年俄罗斯《福布斯》黄金百人榜上，古采里耶夫名列第31位，个人资产为30亿美元。

罗斯石油公司有两大特点：一是股份集中，古采里耶夫本人拥有公司70%的股份，其余30%则属于他的家属和亲戚，是纯粹意义上的"私人石油公司"；二是子公司遍布俄罗斯各地，发展潜力和空间很大。从罗斯石油公司发展的迅猛势头来看，古采里耶夫有很大可能发展成为新型的财阀。

3. 与政界失和而逃亡

与生意上的顺风顺水相比，古采里耶夫在政治上则几经起落。2001年2月起，他是普京与俄罗斯的大企业家定期对话的专门组织"俄罗斯工业家和企业家协会"的副主席。2002年，他因印古什的总统选举问题与普京政府意见相左而产生矛盾。2006年，因在车臣建立自由经济区的问题，他与车臣总统拉姆赞·卡德罗夫失和。同一年，因在莫斯科

---

① 乌德穆尔特共和国：位于前乌拉尔、卡马河与维亚特卡河之间，首府为伊热夫斯克。人口较多的是俄罗斯人、乌德穆尔特人、鞑靼人。
② 科米共和国：位于东欧平原的东北边区，乌拉尔山脉西部，首府为克特夫卡尔。

不动产方面的进军，他遭到巴图林娜集团的排斥，莫斯科市政府宣布停止与他的合作。

不过，古采里耶夫并非为富不仁之人，相反，他乐善好施，捐赠了很多钱财给他的故乡和他工作过的车臣地区。因此，2005年9月，格罗兹尼的一条街道和印古什共和国的格伊德村都以他的名字来命名。2006年5月，他获得了"迈克纳斯"一级大金质勋章。

但是，他也因为在车臣和印古什深厚的社会关系和背景，以及他与别列佐夫斯基等人说不清的瓜葛，遭到了俄罗斯政府的怀疑。2007年7月31日，根据内务部调查委员会的请求，俄罗斯地方法院查封了罗斯石油公司所有涉案的股票，并向法院起诉古采里耶夫，指控他违反了俄罗斯联邦刑法第171条（非法大规模从事企业活动）和第199条（逃税数额巨大），对他下了禁令：不得离开莫斯科，不得在非家庭住址居住，要随传随到。

但这位石油大亨最终并没有锒铛入狱——8月22日，他的儿子因车祸身亡，身为印古什族人的古采里耶夫，家族和血缘观念非常牢固，决定把儿子的尸体送回印古什共和国的故地，埋葬在家族墓地里。同时，他也怀疑儿子车祸的真正原因，还特意将儿子的尸体运到巴库进行尸检，随后又运到车臣共和国境内的卡拉布拉克举行了葬礼。参加葬礼的有车臣共和国、印古什共和国的领导人和地方官员，还有300多名专程从印古什各地来的族人。葬礼过后，古采里耶夫就在人们的视线中消失了。有消息称，他很可能携带数十亿美元的财产流亡到了伦敦。

8月24日，莫斯科特维尔区法院判决逮捕古采里耶夫，俄罗斯联邦内务部随即向国际刑警组织请求国际通缉古采里耶夫。俄罗斯自由民主党主席日里诺夫斯基针对此事发表评论说："古采里耶夫唯一的罪过在于，他涉足了最危险的能源行业。私人企业家应当明白，他们迟早得将石油和天然气生意逐步交还到国家手中。"

不过，在经济发展这个一荣俱荣的大前提下，很多"分歧"都可以时过境迁。2010年，古采里耶夫在英国避难3年后，回到了家乡印古什共和国。俄罗斯检方先后取消了针对他的多项指控，原因可能是为了促使他回国投资印古什。

别斯兰人质危机

在反腐行动中赢得了一片喝彩声的普京，在铁腕反恐时却遭受了一次惨重的挫折。

2004年9月1日上午，别斯兰①第一中学的几百名学生迎来了新学期的第一天。家长们带来了鲜花，老师们穿上了节日盛装。伴随着高音喇叭里传出的音乐声，学生们开始在操场上列队举行开学典礼。

在欢乐的气氛中，一些高年级的学生发现了异常：一些蒙面人跨过学校后面的铁路向他们奔来。刚开始，不少孩子还哈哈大笑，以为有人要跟大家开玩笑。不过，操场上的人很快就意识到情况不妙。

那些蒙面人来到操场上后，马上四散开来占领各个方位。据目击者说，除了跨过铁路进入学校的那群蒙面人外，还有一伙武装分子，他们是乘一辆带篷卡车过来的。卡车直接开进了学校，劫匪们立即跳了下来。两伙劫匪从不同方向包抄而上，1000多名学生、家长和教师很快被劫匪们赶进了只有25米长、10米宽的学校体育馆。

进入体育馆后，劫匪们命令被劫持的大人们交出手机和照相机。当时有一些学生和大人躲在学校的锅炉房里没被劫匪发现，但一名叫作库巴洛娃的女孩由于害怕而低声找人帮忙，结果被劫匪听见，循声而来，

---

① 别斯兰：俄罗斯北奥塞梯共和国的第三大城市，仅次于首府弗拉季高加索和莫兹多克。它也是重要的铁路枢纽，位于顿河畔罗斯托夫到巴库铁路之间，是通往弗拉季高加索铁路支线的起点。

抓住了锅炉房里的大部分人。不过，这群人中还是有4人逃了出来。

当地警察很快赶到学校，他们尽可能地帮助未被劫匪发现的人逃离险境，还与劫匪发生了第一次交火，一些人质被劫匪打死。

在当地警察和俄联邦安全部门武装人员的包围下，劫匪们都躲进了学校的建筑物。特种部队士兵和狙击手在装甲车的掩护下伺机行动。

别斯兰市民也开始涌向学校，他们携带了武器，手臂上缠上了标志，以便和劫匪区别开来。仅有35000个居民的别斯兰市，约有5000人全副武装赶到了现场，但后来发生的事情说明，这些市民其实是给政府帮了倒忙。

在外面枪声大作的时候，体育馆内的劫匪们喝令男人和女人分别站到两边。在这个过程中，劫匪枪杀了几位男教师。同时，劫匪们还在体育馆内埋设炸弹。他们把两根电线穿过两边墙上的篮球筐，电线和篮球筐上连着小炸弹，隔一段距离就有一个。体育馆的墙上和入口处也安装了炸弹，地板上还摆了两个巨大的塑料箱子，里面全是炸药。

11时30分，恐怖分子通过扔出的纸条提出下列要求：俄罗斯从车臣撤军，释放6月因袭击印古什而被逮捕的恐怖分子。他们同时要求北奥塞梯共和国总统亚历山大·扎索霍夫、印古什共和国总统穆拉特·贾济科夫以及儿科医生列昂尼德·罗沙利抵达别斯兰。

由于体育馆内十分拥挤，许多人质感到呼吸困难，纷纷脱去外衣以适应闷热的环境，女人和孩子们挤在一起。3名蒙着面纱、系着自杀腰带的女人威胁说，如果有人哭喊，他们就杀人。为了杀一儆百，劫匪谎称一个男人质使用了手机，然后杀死了他。

为了人质的安全，俄政府决定与劫匪谈判。劫匪为了给政府施加压力，又将20名男人质押到体育馆边上的主楼里，并在二楼杀害了他们，然后将受害人的尸体抛出窗外。

中午，以扎索霍夫为首的解救人质的指挥部与恐怖分子取得了联系，随后，约50名儿童从学校成功逃脱。

13时，普京从索契返回莫斯科，并立即在机场召开了由强力部门领导人参加的会议。

下午，恐怖分子释放了15名儿童，同时通过手机发出威胁：如果1名武装分子被打死，他们将杀死50名儿童；如果1人被打伤，将杀死20名儿童作为报复。

9月2日凌晨，罗沙利医生与恐怖分子进行了电话联系。下午，恐怖分子在印古什共和国前总统鲁斯兰·奥舍夫的调解下，释放了26名妇女和儿童。俄联邦安全局驻北奥塞梯官员表示，不会动用武力解救人质。

9月3日，谈判人员与恐怖分子的电话联络一度中断。这一空档时间，武装分子发射了数枚火箭弹，造成1名警察受伤。一名劫匪说："如果政府发动强攻，我们只能引爆炸弹。"

当天下午13时05分，劫匪允许政府方面派人到学校里收尸。紧急情况部的人员进入学校小心翼翼地运送尸体。这时，恐怖分子绑在篮球架上的一颗炸弹忽然跌落爆炸，引起一片混乱。受到惊吓的人质开始四散逃窜，慌了神的恐怖分子开始向人质扫射，包围在学校外面的俄罗斯特种部队则向恐怖分子反击，并趁机冲入学校解救人质。

此次事件共造成334名人质死亡，其中包括186名儿童，另有728人受伤。

据参与劫持人质事件的一名绑匪供认，这次劫持人质事件是车臣非法武装重要头目马斯哈多夫和巴萨耶夫下达的命令。

别斯兰人质事件后，普京的支持率跌至4年来的最低点，仅次于"库尔斯克"号核潜艇事故时的支持率。

在这次人质事件中，恐怖分子提出的关于俄罗斯军队撤出车臣、允许车臣独立等要求是普京绝对无法接受的。在车臣分裂这个问题上，普京没有退路。谈判道路根本行不通，这也是本次人质危机乃至2002年莫斯科剧院人质危机最终以武力收场的原因。

普京十分清楚，尽管强硬手段不能杜绝恐怖活动的发生，但向恐怖分子妥协只会招致更频繁的恐怖活动。如果恐怖分子这次的要求得到满足，更多的恐怖分子将以此为榜样。从长期的反恐战略来看，妥协的做法无疑是饮鸩止渴。因此，普京虽然在事后强调说，武装解救并不是政府的备选方案之一，而完全是形势所迫，但可以想象的是，在解决这次人质危机的过程中，普京的确没有什么选择。

第十三章　一切为了俄罗斯的未来

为了让俄罗斯人民找回自信，普京把重振大国雄风作为自己的施政目标，并以彼得大帝为偶像，无论遇到什么困难，都不放弃为自己心中的理想而奋斗，他把理想当作自己的使命。面对周边国家严峻的局势，他对内发展俄罗斯的武装力量，对外则使用资源利器与西方国家进行较量。

以彼得大帝为偶像

这个世界不缺少梦想，缺少的是伟大的梦想。对普京来说，不管是反恐还是反腐，重新塑造一个强大的俄罗斯便是他最大的梦想。他希望俄罗斯能够重新成为强大而自信的国家，做一个不反对国际社会，不反对他国，而是与它们共存的强国。

普京曾说："我有一个梦想，希望能有这么一天，俄罗斯人能够说'我为生在俄罗斯而感到自豪。'"这不仅是一位政治家的梦想，也是许许多多俄罗斯民众的梦想。已经成为大众偶像的普京也有自己的偶像，那就是彼得大帝，因为他的作风、做派无一不和彼得大帝这个铁腕统治者相似。

普京也一心想做个像彼得大帝那样的人，希望俄罗斯能够像彼得大帝时期那样强大。而俄罗斯独特的地理位置、厚重的历史积淀，给普京重振大国雄风奠定了坚实的基础。

俄罗斯横跨欧亚两大洲，版图远远超过美国，军事实力与美国旗鼓相当，科技潜力巨大，只是经济水平以较大差距落后。但普京坚信，凭借得天独厚的条件，俄罗斯迟早会与美国这个横跨两大洋的国家并驾齐驱。

据普京当年在列宁格勒工作时的同事讲，在1991年以前，普京和其他政府官员一样，在办公室里挂列宁的肖像。苏联解体后，大多数人都选择挂叶利钦的肖像，但普京却挂了彼得大帝的肖像，并且至今不变。这对俄罗斯人来说是一种示范。

1999年12月29日普京被任命为代总统之前，曾在互联网上发表了一篇意味深长的文章——《千年之交的俄罗斯》，向俄罗斯民众，也向全世界阐明了他的强国梦想。2003年6月，普京花巨资举办了圣彼得堡建城300周年纪念盛会，再次用彼得大帝的光荣军事传统，用俄罗斯历史上的爱国主义来鼓舞民众。通过这次盛典，普京向世人传达了一个信息：俄罗斯有着强国的传统、强国的历史，俄罗斯将坚持从彼得大帝开始的强国传统，俄罗斯必能重新成为一个强国。

为此，普京坚定不移地推行了一系列重大改革：

第一，坚持经济体制改革，振兴经济，让人民过上好日子。

普京强调指出，一个被软弱和贫穷所主宰的国家是不可能有大国的威力的。俄罗斯在世界上的地位、富裕程度以及新的权利，全都取决于能否成功地解决自己的内部问题。在他看来，俄罗斯的问题仍是经济上的衰弱，与先进国家之间的差距越来越大。他强调不应对有所转机的经济发展数字感到满足，俄罗斯仍然处于日渐严重的经济落后之中，必须走经济振兴之路。

第二，重建强大的俄罗斯军队。普京认为，有了强大的军队，才会有国家的安全和稳定。

第三,改革政治体制,发扬民主政治。普京表示,只有强有力的、有效的和民主的国家,才能保证公民的政治和经济自由,为民众的幸福生活、为俄罗斯的繁荣昌盛创造条件。

……

可以说,无论制定什么样的政策,普京都是以重振大国雄风为目标,始终不懈地带领俄罗斯人民朝着这一目标努力。

苏联情结

从普京执政以来的所作所为可以看出,他时隐时现地表露出那种由传奇式经历所产生的四大"情结",即"苏联情结""圣彼得堡情结""叶利钦情结"以及"克格勃情结"。

"苏联"是一个光辉的历史名词。关于过去的历史,人们不太陌生的一个比喻是,它对于一个国家、一个民族,就像一个人的记忆那样重要。一个人丧失了记忆就会成为白痴;一个国家、一个民族,如果轻慢和忘记自己的历史,至少不会是一个拥有成熟智慧和强大精神力量的国家和民族。

从20世纪80年代中期开始,推动苏联解体的那股势力,就是从否定苏联历史开始的。苏联解体后,面对俄罗斯国力和影响力急剧下降的局面,怎样看待苏联的历史,成为整个俄罗斯社会无法回避的课题。在这个问题上,普京拥有浓厚而敏锐的历史感,有的传记作家把他的这种历史感称为"苏联情结"。

普京如此重视苏联的历史,是源于爱国主义和深远的政治战略。

2000年12月14日,普京在《关于国家标志问题的声明》中明确说道:"我国在苏联时期拥有的一切就不值得我们回忆了吗?我们把杜纳耶夫斯基(作曲家)、肖洛霍夫、肖斯塔科维奇(作曲家)、科罗廖夫(苏联火箭制造和宇航科学家及设计师)和航空航天领域的成就置于何地?我们把宇航员尤里·加加林的飞行置于何地?把鲁缅采夫、苏沃洛夫、库图佐夫时期以来我国军队所取得的辉煌胜利置于何地?1945年春天的伟大胜利又该怎么解释?……红旗是我国人民在伟大的卫国战争中取得胜利的旗帜。"

普京一改戈尔巴乔夫、叶利钦对俄罗斯历史尤其是对苏联历史妄自菲薄的态度,明确表示"毫无意义地否定历史将使整个民族数典忘祖",苏联时期有某些领域值得骄傲,"看不见,甚至否定这一时期不容置疑的成就是错误的"。他还强调,只有"把全人类的普遍价值观与俄罗斯的传统价值观有机地结合在一起",俄罗斯的未来才有希望。

在这种思想的指导下,普京决定在联邦安全局总部重新树立安德罗波夫(苏联政治家、克格勃主席)的雕像,使安全部门的工作人员重新获得了久违的光荣感与自豪感;在胜利节的庆典上,他让5000名来自苏联15个加盟共和国的老战士走在阅兵式的最前列,使经历10年生活磨难的俄罗斯人重温昔日战胜法西斯的无限荣光;他最终拍板将苏联国歌的曲调定为俄罗斯国歌,使那激昂的旋律重新振奋了俄罗斯人的精神。

《社会学教程》和《历史学教程》是两本供教师使用及新教材编写的范本,这是由普京总统办公厅负责人主持并撰稿的。书中说,斯大林是使俄罗斯成为强国的"最成功的领导人";伟大的卫国战争不仅解放了苏联,而且解放了苏联的周边国家和东欧的土地;不是其他战场,而是苏联战场决定了"二战"的胜利结局。

经过多年思考,普京对苏联解体也有了一个整体上的看法。在《国情咨文》中,他这样说道:"苏联解体是20世纪地缘政治上的最大灾难,对俄罗斯人民来说,这是一个悲剧。"他还对外国记者比喻说,苏联解体是"在泼水的时候,连同孩子一起倒掉了"。在普京心目中,苏联时期的历史和文化科技成果已经成为俄罗斯民族精神的象征。

打造新俄罗斯思想

普京煞费苦心地为实现俄罗斯的民族复兴凝聚必备的精神动力,这也是他提出的"新俄罗斯思想"的核心。

新俄罗斯思想的第一面旗帜就是弘扬俄罗斯的历史传统。

在当今世界各国的首脑人物中,普京算是一个具有浓厚历史感的政治家。比如,他喜欢读两类书,一类是俄罗斯经典名著,如果戈里、契诃夫、托尔斯泰、陀思妥耶夫斯基等人的作品;另一类是描写彼得大帝、叶卡捷琳娜二世和斯托雷平①等俄罗斯历史上著名政治家的传记。对普京来说,这些阅读和欣赏习惯,无疑是培养和积累个人历史感的重要方式。

在公开的政治活动中,普京也时常有意传达和宣传他对俄罗斯历史传统的重视。2000 年 3 月,刚刚当选俄罗斯总统的普京,为来访的英国首相布莱尔一行精心设计了一天的行程,让布莱尔夫妇从英国直达圣彼得堡,并在沙皇时期建立的豪华酒店举行会谈,然后一起到马林斯基剧院观看苏联时期作曲家普罗科菲耶夫创作的歌剧《战争与和平》。这一安排,让头一回与普京打交道的布莱尔体会到"他是一个有政治远见,深知自己应该做什么的人"。

---

① 斯托雷平(1862—1911):俄罗斯政治家,因镇压农民起义而受到尼古拉二世宠信,任首相兼内务大臣。1907 年发动"六三政变",解散第二届国家杜马,建立军事法庭网,残酷镇压工农群众,窒息了俄罗斯第一次民主革命。但他推行土地改革,活跃了当时的经济,史称斯托雷平土地改革。1911 年被俄国社会革命党人暗杀。

普京充分肯定东正教在培养人的道德与精神方面所起的作用，不仅自己经常去教堂，还经常就重大决策征求大牧首阿列克谢二世的意见。

新俄罗斯思想的第二面旗帜是爱国主义。

普京自幼受到爱国主义启蒙教育，从小就立志要报效国家。当发现"一个情报员往往能够做到一支军队都做不到的事情"时，他义无反顾地加入了克格勃。他在一次访谈中坦言："俄罗斯的训练只有一项，就是爱你的国家。"普京强调，爱国主义是民众英勇和力量的源泉，丧失爱国主义精神，就丧失了民族自豪感和尊严，也就将失去能够创造伟大成就的民众。

爱国主义在普京的内外政策中体现为国家利益至上。正是由此出发，在车臣问题上，普京宁愿冒着与西方决裂的危险，也不允许俄罗斯经受屈辱；宁愿背负暴君的恶名，也不愿对分离主义分子妥协。在国际交往中，无论进还是退，普京首先考虑的也是国家利益。在伊拉克问题上，考虑到俄罗斯在伊拉克的巨大经济利益，普京始终坚持反对美国对伊拉克动武的立场。他的这种品质赢得了外国领导人的尊重，不仅布莱尔、施罗德对他十分敬重，就连布什也承认，一看到普京的眼睛，就可以感觉到他的坦诚及对国家的忠诚。

新俄罗斯思想的第三面旗帜是抛弃帝国思想，全面融入世界。

普京曾在民主德国工作过5年，后来又经常走访联邦德国、瑞士等发达国家，对联邦德国的社会和经济运作有着切身的体会，对德式社会市场体制有着特别的好感。这种海外经历使普京具备了宽广的国际视野，也使他深刻体会到以往俄罗斯自我封闭、与世界发展脱轨的后果。普京认识到，历史上长期形成的帝国观念不符合俄罗斯的国家利益和当今世界的现实，"俄罗斯只要务实地考虑问题就无往而不胜，而在帝国思想占上风或自誉为救世主的时候就必然失败"。

普京曾公开表示，帝国思想和对外政策意识形态化给俄罗斯带来的是国困民穷，他对扭转俄罗斯帝国衰落不抱幻想，而把国强民富作为国家政策的根本目标。在放弃帝国野心的同时，普京将俄罗斯定位为不属于当代世界最高经济和社会发展水平的国家，承认俄罗斯与先进国家的差距越拉越大，认为俄罗斯面临沦为二三流国家的危险。同时，他明确强调，俄罗斯人民的富裕与国家的强大必须与世界的发展紧密联系在一起，俄罗斯必须全面参与世界经济一体化，并在与不同文明国家的对话与合作中实现俄罗斯的利益。

克格勃情结

在普京的领导下，俄罗斯逐步走上了国家复兴的道路。而他之所以能取得这样的成就，很大一部分是他从克格勃那里学来的。

普京在克格勃组织前后工作了16年，长期的克格勃经历，对他的治国方略和执政风格都产生了重大影响，并且使他心中充满爱国热情，养成了坚忍不拔、敢于冒险、不怕牺牲的勇敢精神，以及老练稳重、善于幕后操作的神秘作风。

1998年7月，普京在出任俄联邦安全局局长后曾调阅自己的档案，发现当年上级对他的唯一消极评价是"缺乏恐惧感"。而这正是克格勃系统经过长期考察包括秘密观察后对他做出的结论。

普京当选俄罗斯总统后，于2001年6月18日在克里姆林宫接受了美国媒体的联合采访，其间他谈到自己曾是苏联情报机构克格勃的官员。对于这段历史，他感到非常自豪，认为正是这个背景使他能够与令人尊敬的美国前国务卿亨利·基辛格以及美国前总统乔治·布什处于同一水平。他说："有一次，我告诉基辛格我曾经在那儿工作过，他考虑了一会儿后对我说，所有正派的人都是从情报部门起家的，就像他一样。……老布什当初也并不是一个在洗衣店上班的小工，他是在中央情报局工作。"

谈到自己的克格勃背景，普京说这段经历对他治理俄罗斯起到了很重要的作用，"最重要的是，它教会我如何与别人进行交流，和各种各样的人打交道"。此外，他还掌握了如何处理大量信息并分出轻重缓急的本领。

普京的克格勃情结，还表现在他就任总统后大力恢复克格勃的正面形象。

苏联解体前后，克格勃庞大的机构也随之被肢解，而且名声变得很坏。民众对克格勃并不了解，加之克格勃少数成员过去胡作非为，残酷镇压群众，使克格勃在人们心目中成了"恐怖"的象征。同时，作为苏联最有权势的强力部门，克格勃是苏联解体的最大失意者：1991年至1993年间，克格勃近半成员、约30万人被迫下岗，其中约2万人受雇于寡头，更多的则陷入贫穷，丧失尊严。为了生计，个别人利用社会混乱局面出卖情报，甚至从事坑蒙拐骗的勾当。在这种情况下，克格勃被人们不断抹黑，甚至把它与黑社会组织相提并论。

普京2000年就职后，立即着手为克格勃恢复名誉。执政伊始，他下令将已经流失的苏联克格勃著名领导人安德罗波夫的一块牌匾找回来，重新悬挂在原来的地方。坐落在莫斯科市中心卢比扬卡广场的克格勃鼻祖费利克斯·捷尔任斯基的雕像，在1991年被推倒后，又在2004年9月11日重新修复并举行了隆重的雕像安放仪式。

2006年12月，普京特意在俄罗斯国家安全机关工作者日（俗称"间谍日"）举行记者招待会，他在讲话中自豪地宣称："在俄罗斯国家安全机构的历史上，有许许多多光辉的时刻，展现了真正的英雄主义和勇气。"他鼓励间谍们不必为自己的身份害羞，要"抬起头来做人"，并盛赞俄罗斯间谍的昔日辉煌。

与此同时，普京还重新打造了克格勃系统。2003年3月，他大力加强俄联邦安全局的机构设置，使之成为仅次于国防部的强力部门，成为当年克格勃的缩版。2005年，普京下令斥资数百万英镑，拍摄俄版"007"，为克格勃平反。

普京还重用了一批有克格勃背景的人。这种偏好使普京时代的俄罗斯政坛出现了一批新克格勃权贵。2001年3月政府改组，普京一口气更换了四大强力部门的负责人，让同乡、同学兼克格勃同事谢尔盖·伊万诺夫出任国防部部长，让团结党议员团领导人鲍里斯·格雷兹洛夫出任内务部部长，分别控制了军队、警察和内务部队。同时，刚建立的七大联邦管区的总统全权代表，也大都出身于克格勃，是普京的知己和亲信。据俄罗斯社会学家统计，在普京第一个总统任期结束时，身居要职的官员中"戴过肩章的人"比例高达50%。这些来自克格勃系统和其他强力部门的官员，在帮助普京实行"铁腕治国"方面起了不可忽视的作用。

重塑军事大国的形象

无论是以彼得大帝为偶像，还是重申"俄罗斯思想"，普京"铁腕治国"的目的都在于恢复俄罗斯的"强国"和"大国"地位。而要重振大国雄风，拥有一支强大的俄罗斯军队，是保证国家安全、稳定发展的前提。

普京指出，要重塑军事大国的形象，就要改变之前对常规力量发展不够重视的态度，使武装力量得到全面均衡的发展，因为"没有陆军和海军，俄罗斯既不会有盟友，也不会有前途"。

结合科索沃战争的特点及俄罗斯军队在北高加索地区反恐作战行动中暴露出的各种问题，普京认为，提高应付地区性武装冲突和局部战争的常规作战能力，侧重打赢一场高强度局部战争，是当前和今后一段时期军队建设的重中之重。

俄罗斯陆军继续加强常备部队建设，并为其配备最为先进的武器装备，实行特殊的训练大纲，提高其快速反应、快速机动和执行各种作战任务的能力。俄空军进一步优化部队的体制编制，增加担负战备值班任务部队所占的比重，提高航空兵空中远程截击、精确打击和防空部队地面反空袭突击能力及空情保障能力。俄海军合理安排使用兵力，经常组成临时性机动编组，并适时向重要海域派遣特混舰艇编队，增加海上兵力部署的机动性和灵活性。

1. 2004年的军事演习和武器实验

2004年2月中旬，俄罗斯举行了20多年来最大规模的战略力量演习——"安全–2004"核条件下首长司令部战略演习。

这是一场模拟核战争条件下的军事演习，包括了海基、陆基和空中战略导弹的实弹射击。俄军驻欧洲地区的莫斯科军区、圣彼得堡军区、伏尔加河沿岸–乌拉尔军区等6个军区全部参加了演习。演习动用的军兵种涉及陆军、海军、空军、战略导弹部队、边防军和内务部队。

2月16日，普京登上了"阿尔汉格尔斯克"号战略核潜艇。根据演习计划，普京在巴伦支海深处度过了整整一个晚上。俄军官兵为此颇受鼓舞。俄国防部机关报《红星报》指出："军队第一次感受到，在它的背后有一种任何情况下都不可动摇的意志。"

这一天是俄罗斯传统的谢肉节，按照东正教的传统习惯，当天家家户户都要吃薄饼，核潜艇上负责后勤的军官也为潜艇上的全体官兵准备了薄饼。普京潜到大海深处与官兵们共度了谢肉节。

2月17日，根据普京下达的命令，北方舰队所属的"诺沃莫斯科夫斯基"号战略核潜艇发射了RSM–54潜射弹道导弹，目标直指堪察加半岛①的库拉靶场。普京在"阿尔汉格尔斯克"号核潜艇上观看了导弹发射情况。

根据演习指挥部下达的命令，空军远程航空兵出动了数架图–160和图–95MS战略轰炸机。在机群飞抵北极地区的卡宁诺斯角指定空域后，战略轰炸机向俄南部地区的费拉基半罗夫卡靶场发射了空基巡航导弹。为了配合远程航空兵的行动，北方舰队所属的"彼得大帝"号和"列夫琴科海军上将"号大型反潜舰以及数艘护卫舰、扫雷舰组成的作战编队，也开始在巴伦支海举行海上演习。"库兹涅佐夫海军元帅"号航空母舰也参加了演习。

当天晚上，在观看完核潜艇导弹发射后，普京前往普列谢茨克。根据演习计划，战略火箭兵在普列谢茨克发射场②、拜科努尔航天发射场③分别发射"白杨"SS–25公路机动发射导弹和SS–19井式发射导弹。这两枚导弹不但要准确击中标靶，而且在飞行阶段要改变飞行轨道，以显示俄罗斯有突破假想敌反导防御系统的能力。

面对美国积极谋求发展国家导弹防御系统（NMD）的威胁，俄罗斯也进一步加快具备突防能力的陆基洲际弹道导弹的部署，不断加大海基战略核力量的发展力度，全面提升空基打击能力。随着"白杨–M"洲际弹道导弹等一批新型战略武器的不断列装，俄罗斯三位一体的战略核力量进入了一个全新的历史发展时期。

普京在演习后召开的新闻发布会上透露，俄罗斯在演习过程中成功地进行了一系列试验，一批超音速、高精确度的武器能够准确击中洲际目标，而且具有很强的机动性。他自信地指出，这种先进的武器世界上

---

① 堪察加半岛：是俄罗斯第二大半岛，位于俄罗斯远东地区，西临鄂霍次克海，东邻太平洋和白令海。现属于堪察加边疆区。

② 普列谢茨克发射场：位于俄罗斯白海以南300公里阿尔汉格尔斯克州，是俄罗斯第一个航天发射场，也是世界上发射卫星最多的发射场，发射次数占全世界总数一半以上。

③ 拜科努尔航天发射基地：位于北纬46度、东经63度的哈萨克斯坦中部偏西南的半荒漠地区。作为当年苏联科学皇冠上的明珠，它见证了诸多世界第一：第一颗卫星、第一个宇航员和第一个女宇航员。直到今天，它依然是国际空间站的生命线。

其他任何国家都没有，俄罗斯在之后相当长的时间内有能力保障本国的安全。

2. 2005年以后的强军举措

2005年以后，俄罗斯军事建设和改革的发展方向已基本确定。军事改革的方式和速度出现变化，但军事改革的基本原则不会变，因为俄罗斯将继续建立一支强大的军队并且继续进行军事改革，重点将放在提供最现代化的武器装备上，而且还要解决他们面临的社会问题。

俄军高级将领普遍认为，"未来战争必将是使用高精度武器的战争"。但由于采购武器装备的经费连年捉襟见肘，俄陆、海、空三军已经连续多年没有新型装备成批量列装，整体作战能力亦随之大幅下滑。在会见泽列诺格勒市的科技人员代表时，普京曾意味深长地指出："俄罗斯需要一支专业化军队，首先要提高军队的高科技水平。"

根据普京的指示，俄罗斯政府调整了国防预算，把更多的资金用于开发高技术常规武器，武器装备订货拨款总额较2000年增加50%，用于科研开发和试验设计定型工作的资金增加了80%，用于购买武器和军事技术装备的费用亦增加了80%。从2005年开始，一批具有世界领先水平的新式常规武器装备陆续进入俄军，其中包括图－160战略轰炸机、С－400"凯旋"防空导弹、Т－95型主战坦克、卡－52"黑鲨"武装直升机。

同时，为节省有限的物力财力，俄军对部分现役武器装备进行了改进。其中，米－8和米－24B直升机的现代化改装完成阶段性工作，并且在车臣剿匪军事行动中初显身手。俄空军则着力对米格－29和苏－27进行重点改进，换装新的发动机，装备更为先进的火控和电子系统，将其作为21世纪初的主要过渡机型装备部队。改进后的苏－27KUB新型舰载机正式作为"库兹涅佐夫海军元帅"号航母的主力舰载机进入了现役。

针对国防工业面临的诸多问题，普京深感国防工业综合体在确保俄罗斯国家利益方面有着重要作用。

为了让国防工业摆脱过去的灾难性处境，普京加速了国防工业结构改革，并加强政府对国防工业的财政支持力度，消除政出多门、重复研究和资金不能按时到位等弊端。在制订武器装备发展长期计划，确保国防工业可持续发展的同时，他进一步减免所有军工企业的债务，解决企业因长期债务缠身而无法轻装上阵的问题。与此同时，为赚取企业发展急需的外部资金，俄罗斯以更加积极的姿态参与国际军品市场的竞争。

2007年，俄罗斯无疑是国际舞台上的一颗巨星，而普京也成了真正意义上的"普京大帝"，与西方来了一场实打实的"拳击"比赛，并且是"主动出拳"：2月10日，他抨击美国无节制地在世界上滥用武力；5月，他把布什外交比喻为纳粹德国外交的翻版；8月，为抗议美国在东欧部署反导系统，他宣布恢复远程战略轰炸机的全球飞行，并准备建造5艘航母……

俄罗斯既定的军事改革方针已经得到初步实施，但未来是否会有很大的改变、俄罗斯军事改革将如何进行，许多军事机密外人不得而知，但有一点是不容置疑的，那就是普京要重塑俄罗斯军事大国的形象。

用"蓝色燃料"对抗"橙色革命"

重塑俄罗斯军事大国的形象势在必行，不过，尽管军事斗争仍是当今世界称雄和自立的重要手段，但国际竞争已经由直接的军事对抗向政治、经济和科技领域倾斜，各个国家往往倾向于用非常规手段来达到战争手段难以达到的目的。

自苏联解体后，西方国家利用俄罗斯的衰落，蓄意构筑包围圈，不断挤压俄罗斯的战略空间。第一步是实行北约东扩和欧盟东扩计划，把过去属于俄势力范围的中东欧国家纳入版图，使它们彻底融入西方体系；第二步是打入俄的"后院"，挖俄的墙脚，在尽可能多的独联体国家建立亲西方政权。它们采用渐进方式，通过经济援助和政治接触，扶植各独联体国家的亲西方反对派，找准时机夺取政权。他们的最终目标，是要构筑一个北起波罗的海，中经黑海和高加索，南接中亚的弧形包围圈，以便死死捆住俄罗斯的手脚。

发生在乌克兰的"橙色革命"，就是西方国家获得成功的典型范例。

2004年11月至12月，亲西方的乌克兰反对派领导人维克多·尤先科，利用乌克兰总统选举第二轮投票中存在的舞弊现象，发动大规模的街头斗争，迫使当局做出让步，重新进行投票。尤先科在选举活动中使用橙色作为代表色，在第三次投票中获得了51.99%的选票，从而奠定了胜局。具有强烈亲西方色彩的尤先科，极力主张乌克兰加入北约和欧盟，使乌克兰全面融入西方。

为了应对"橙色革命"后的乌克兰，普京打出了"蓝色燃料"这张牌。

所谓"蓝色燃料"，就是指天然气。天然气是一种碳氢化合物燃料，作为自然资源，其分布极端不平衡，世界上大部分国家都不能自给自足。从总储量来看，即使和欧洲或中东相比，俄罗斯在世界上仍处于第一位。然而，大部分气田位于难以开采的地区，大大增加了勘探和开采的成本。大约68.4万亿立方米的碳氢化合物燃料位于俄罗斯联邦大陆架。

在现今俄罗斯的土地上，有一条长达153300公里的天然气输送管道，沿着3个方向，将西伯利亚几乎是取之不尽的天然气源源不断地输送至东欧、西欧和土耳其。十几年来，天然气成了俄罗斯手中与欧洲国家外交较量,以及与独联体国家平衡经济和政治关系的一张王牌。这是一场"蓝色燃料"之战,在这场"战争"中,天然气的出口价格是关乎一切的主要手段。

一直以来,俄罗斯都以不同的价格向欧洲国家和独联体国家出售天然气。对西方国家,它是按世界市场的价格计算,而对独联体国家则保持一种传统的、较为低廉的价格。例如,2005 年,俄罗斯对德国的天然气出口价格是每千立方米 200 美元,对波兰是 120 美元,而对格鲁吉亚是 68 美元,对亚美尼亚是 50 美元,对乌克兰是 56 美元,对白俄罗斯是 47 美元。在对待独联体国家方面,俄罗斯决定这种价格的两个重要因素是:一是接受天然气供应的国家和欧洲国家的关系,其中最被看重的是加入北约的意愿和事实;二是接受天然气的国家对俄罗斯的态度:友好、若即若离,抑或是对抗。天然气的价格经常随着这两种因素而波动变化。此外,还会考虑俄罗斯能源公司的经营成本。

同时,因为俄罗斯出口欧洲的输气管道需经过一些独联体国家的土地,这也成了制约俄罗斯外交政策的一把双刃剑。一方面,俄罗斯可以制约接受天然气供应的独联体国家,使其不可盲目与俄罗斯搞僵关系;另一方面,俄罗斯也受制于这些国家,尤其是处于输气管道主通道上的乌克兰,如果与乌克兰关系恶化,将严重影响俄罗斯对欧洲国家天然气的输出。俄罗斯想让乌克兰按照欧洲的价格支付天然气价格,乌克兰则试图对途经本国领土的俄罗斯天然气提高过境运输费用,这样一来,双方均无所得。政治和外交因素在这场"蓝色燃料"战争中起着关键作用。所以,当乌克兰发生"橙色革命",两国之间的关系变得日益复杂和微妙时,天然气的输送就成了一场新较量的核心问题。

2005 年 12 月以后,在独联体国家的一场有关协调相互间关系的对话中,乌克兰表现出了对欧洲国家和北约的更强烈的兴趣。这使自"橙色革命"以来几乎厌倦了乌克兰对俄罗斯态度的普京,断然做出了一个新的决定。12 月 8 日,普京在会议上表示,俄罗斯将不再养活自己的邻居,"想参加'北约'吗?想像欧洲那样生活吗?那就像欧洲那样付钱吧!"这也意味着,俄罗斯将不再以每千立方米56美元的价格,而是以180美元的价格向乌克兰供应天然气。这显然是对乌克兰的最后通牒,对此,乌克兰总统尤先科惊呼:"这是我们的斯大林格勒保卫战!"

普京的表态受到了俄罗斯舆论和民众的欢迎。一个普遍的看法是,俄罗斯养活邻居已经太久了,不能再养活了,尤其是那些为邻不善的邻居。日里诺夫斯基①说得最尖锐而刻薄:"为什么要养活别人?有句谚语说得好:'不管你怎么喂养狼,它总是往树林里看。'"他建议,"和所有的人都要以世界价格来做买卖,不管是什么样的制度,即使是和白俄罗斯。对所有的人都要规定一个统一的价格——250美元,免得有什么人感到委屈。"

于是,俄罗斯在2006年大幅提高了天然气的出口价格:乌克兰从56美元涨至180美元,格鲁吉亚从68美元涨至110美元,亚美尼亚从50美元涨至110美元。只有和俄罗斯保持盟友友好关系的白俄罗斯,价格仍然维持在47美元。与此同时,俄罗斯对欧洲国家的天然气出口价格也跟着上涨:德国从200美元涨至256美元,波兰从120美元涨至200美元,波罗的海三国从86~95美元涨至180美元。

在俄罗斯大幅提高天然气供应价格的情况下,各国都极力谋求降低对俄罗斯能源的依赖程度。2006年5月开通的巴库-第比利斯-杰伊汉输油管道,第一次打破了俄罗斯对里海石油出口的垄断,阿塞拜疆开始通过该管道出口石油。格鲁吉亚作为过境国,积极与阿塞拜疆、土耳其、伊朗等国商谈合作事宜,争取替代俄罗斯的油气供应;哈萨克斯坦也一直在谋求与该管道实现对接。阿塞拜疆开始拒绝向俄罗斯诺沃罗西斯克港口输送石油,并准备放弃对俄罗斯天然气的采购。乌克兰于

---

① 日里诺夫斯基(1946—):俄罗斯自由民主党创始人、主席,俄罗斯国家杜马副主席。

2006年年初批准了"2030年能源战略",试图逐步摆脱对俄罗斯的能源依赖。

与此同时,俄罗斯也在努力降低对独联体国家能源出口管道的依赖。为了打破乌克兰对俄罗斯出口天然气过境运输的垄断地位,俄罗斯积极开辟绕过乌克兰的替代性天然气输送管线。随着1999年横穿白俄罗斯、波兰、斯洛伐克等国的德国亚马尔-欧洲管道的交付使用,以及2002年经黑海水域向土耳其出口天然气的"蓝流"工程的完工,乌克兰在俄罗斯天然气过境方面的垄断地位大为下降。2005年9月,俄罗斯与德国商定建设穿越波罗的海海底,绕过波兰和乌克兰的北欧输气管道。该管线在2010年建成以后,俄罗斯对乌克兰能源过境的依赖程度进一步下降。

对于俄罗斯的能源公司来说,欧洲国家一直都是最重要的市场,但要想继续扩大对该市场出口,前景并不乐观。此外,欧盟,特别是新加入欧盟的国家,都在努力减少对进口俄罗斯能源的依赖。

可以肯定的是,尽管存在一些问题,俄罗斯天然气依然是欧洲大部分国家未来多年重要的能源来源。

第十四章　　保持平民本色的总统

　　出身于平民家庭的普京，从来没有忘记过自己的身份，即使当上了俄罗斯总统，他与普通百姓也没有任何情感上的隔阂。他表情冷峻、处世低调，但并不掩饰个性中张扬的一面。他热爱生活、有血有肉，他的心与俄罗斯大众相通。

深入民间，贴近百姓

　　受别斯兰人质事件、乌克兰"橙色革命"等诸多因素的影响，普京的声望在一定程度上遭到了削弱。但克里姆林宫坚持认为，普京推行的一些改革措施是国家重建、防止恐怖分子发动新一轮袭击所必须的。

　　任何政治家都会有反对派，既然很多人担心普京搞独裁，那么普京在位一天，就会有反对他的人和反对他的声音。不过，相对于反对普京的人，支持他的人无疑更多。作为总统，普京有很多绰号，如"飞行总统""平民总统""铁腕总统"等。普京认为，最令他自己得意的是，他是一个平民总统。

　　普京总是以平民身份深入民间，被人们看作是可以见到面、可以倾诉、可以触摸到的人。因此，普京不仅是国家领袖，也是俄罗斯人民的"邻家小伙子""大街上的熟人"。日里诺夫斯基有一次在克里姆林宫晋见普京，建议以后俄罗斯要依靠精英，普京却严肃地回答："我可是来自工人家庭的人！"

1. 平民总统

俄罗斯人拥戴普京，喜欢他，特别是一些俄罗斯妇女，可以说对他崇拜得五体投地；媒体对他的各种报道也铺天盖地，从衣食住行到家庭生活乃至个人业余爱好、生活习惯、爱犬……无一不是他们津津乐道的话题。有一篇报道说，记者在普京家里采访时，看到总统居室里沙发的颜色相当独特——鲜艳的黄色，与其他家具的颜色很不相配，于是问普京对他的黄色沙发感觉如何，普京说："没什么，挺好的。"他就是这样一位平民色彩很浓的领袖。

普京在日常生活中十分随意。1999年秋，时任总理的普京视察滨海地区时在导弹巡洋舰"瓦良格"号上过夜，不知是谁没有切断他住舱的喇叭电源，致使他整夜都在听巡洋舰上的实况转播，但他并没有责备舰长。事后，滨海边疆区行政长官叶夫根尼·纳兹德拉坚科请求原谅，普京说："你这样抬高我，让我感觉到快活不下去了。"

长期的平民生活使普京对俄罗斯民众的艰辛有着切身体会，对他们的所思所想、所需所求也有着深刻的了解。他把了解民众的呼声与疾苦作为正确决策的关键。他说，当国家领导，应当真切地了解国家。

讲究眼见为实的普京，即使在大众场合也善于躲开地区领导安插的"工农代表"，专挑未经"训练"的普通人，跟他们聊家常。

有一次在外地，有个参加过卫国战争的老太太向普京抱怨，说自己的退休金低于全国平均水平，而且没有享受任何优惠。普京回到莫斯科后，立即向退休基金会会长了解情况。原来，根据规定，要享受优惠就要自己办齐证件去申请，不申请就没有优惠。在普京的过问下，这项规定被取消，变为退休基金会工作人员上门为退休老人服务。正是这种平民主义的理念与做法，使普京的内外政策反映了多数俄罗斯人的愿望，而他本人也成为普通百姓心目中的自己人。

从地图上看，普京在总统第一任期的两年零四个月内便走遍了俄罗斯各军区和舰队。也就是说，对军队改革情况的了解，他并不只是通过国防部长和将军们的报告；俄罗斯7大行政区他都考察过，有的区还去过不止一次，往往就地举行国务委员会主席团会议，有的会议甚至由电视实况转播。比如在远东那次，目的就是让群众监督，看是否有人在忽悠总统。

普京的考察，有时时间虽然不长，但日程安排很紧，随行人员很少。有一次在外地考察时，他应一位农村老太邀请去尝她的醋渍蘑菇，只开了辆小面包车过去。

他到各地视察时，经常打乱地方接待计划，随意走进没有事先安排的百姓家里了解情况。有一年他考察远东，路过一个村子，有个男人穿着裤衩在劈木柴，他老婆对他嚷道："当家的，总统来了！""什么总统，见鬼了！"男子不相信，抬头一看，不禁愣住了："弗拉基米尔·弗拉基米罗维奇，真的是您！""不，不是我。"普京开玩笑说。男子不知深浅地请普京跟他儿子一起游泳，当时水温只有21℃，但普京二话没说就下了水。这个故事很快变成了传奇。

在与民众接触时，普京总是把自己当成一个普通人。他有着普通俄罗斯人对甜食的爱好，他爱吃加蜂蜜和葡萄干的酸牛奶，爱吃传统的俄罗斯甜食——蜜糖饼干；他也爱喝伏特加酒，但每次只喝一小杯。他甚至会跑到农家去喝那种自酿的伏特加酒——萨莫贡。"萨莫贡"的主人就把自己酿的酒取名为"普京"，密封窖存，期待着普京的第二次造访。

2. 切实解决老百姓的困难

以实干著称的普京，为了迅速解决一些实际问题，经常乘坐飞机来回于俄罗斯以及全球各地。

有一篇报道讲述了几则有关普京的逸闻，既有趣，也令人深思。下面是报道的相关内容：

如今，克里姆林宫红墙外的俄罗斯普通公民，自然不可能随意去找总统，他们只能抓住普京走出克里姆林宫的机会斗胆接近他，向他诉苦。俄罗斯报刊有文章告诫大家，如果有这种机会的话，千万不要放过。而要见到普京并引起他的关注，既需要智谋，又需要胆量。不少俄罗斯人用这种方式直接得到了普京的帮助。丽季娅·瓦莲季娜就是其中之一。

2005年夏天，瓦莲季娜的家乡库叛发了大水，镇上所有人都遭受了损失，她的损失是最大的，家里的一切几乎全被淹没，特别是她的两头奶牛都被淹死了。瓦莲季娜有5个孙子。5个孙子全靠她抚养，因为他们的父母在一次车祸中丧生了。瓦莲季娜的养老金本来就不够一家人糊口，现在又突遇水灾，无异于雪上加霜。于是，她去请求区领导援助一些钱，让她能再买一头奶牛。但是，区里需要帮助的人太多了，地方政府无力答应每个人的要求。瓦莲季娜很失望。恰在这时，普京来到克拉斯诺达尔边疆区视察工作，瓦莲季娜决定碰碰运气，直接去找普京，说不定总统会帮助她。

她坐火车来到区首府克拉斯诺达尔市，一下火车就直奔市政府大楼。那里正在举行会议，自然，瓦莲季娜被突然出现的警察和持枪便衣拦住了，他们对她说："请离开这里，女公民。"

这时，普京本人恰好从大楼里走了出来。瓦莲季娜看见他后，不顾一切地向他跑过去。"亲爱的普京……"她边跑边喊。警察再次拦住了她，将她拿着信的那只手扭向背后。但是普京听到了瓦莲季娜的喊声，他转过身来，看见了被警察抓住手臂的瓦莲季娜，便下令放开她。站在普京面前的瓦莲季娜由于激动，把事先准备好的话都忘得一干二净，只是重复地说道："请帮帮我，请帮帮我……"并把写好的信递给普京。

普京接过信，放进口袋，然后对警察说了些什么，就转身走了。警察放走了瓦莲季娜，告诫她以后不要用这种方法来找总统。

两周后，区政府叫瓦莲季娜去一下。她到了那里后，发现所有的人都毕恭毕敬地对待她。原来克里姆林宫来了电话，请区政府想办法尽快拿出25 000卢布帮助瓦莲季娜买一头奶牛。就这样，瓦莲季娜得到了买奶牛的钱。

"这就是说，普京没有扔掉我的信，而是读了它，并交给了应该交办的人。"她兴奋地逢人便说，并且经常指着她新买的奶牛，得意地对镇上的居民夸耀说，"瞧，这就是普京总统送给我的奶牛！"

还有两个奥姆斯科的妇女想请求普京帮忙医治她们的孩子。普京来到她们居住的城市后，她们早早地站在一条路旁——那是普京当天行程的必经之路。果然，不多时，被保卫人员护卫着的普京走了过来。两个妇女用尽全力高喊"普京，普京"，普京听见后走过去问："你们在叫我？"两个女人激动地点点头，赶紧拿出了给总统的信。保卫人员跑过去接过了信。不久，她们的孩子在克里姆林宫的过问下得到了治疗。

一些俄罗斯人为了引起普京的注意，会在普京到当地视察时，特别是当普京与当地居民交谈时，有意带上他们的孩子。普京很喜欢孩子，常常会把他们的孩子抱起来。有一次，一个5岁的男孩对普京说想当总统，普京对自己的小"接班人"说："那你就赶快长大吧。"

想寻求普京帮助的俄罗斯人实在是太多了，他们采用的方式也各种各样。有的人直接写信给普京，从任何一家邮局寄到莫斯科旧广场4号，总统特别管理局公民信访办公室在那里工作。该信访办公室每天接到各地约5000封来信。尽管寄去的信普京未必都能亲自读到，但他的助手会认真阅读，并有效处理。来信提出的问题各种各样，有的请求经济上的帮助，有的请求多上演对孩子们有教益的本国动画片以代替那些凶杀恐怖等进口电视片，等等。

俄罗斯人用这种办法寻求总统的帮助，新鲜有趣，也总能见效。这既反映了普京的亲民意识及对俄罗斯人民的关爱，也反映了俄罗斯人民对普京的信任，但同时也说明俄罗斯部分官员办事效率低下，对民生问题的关注程度远远不够。老百姓只有直接找到总统，才能得到切实有效的帮助。

俄罗斯媒体还建议人们在必要时用拦截总统的方式来寻求帮助，很有意思，也很有人情味。

作为一个亲民的执政者，普京十分关注民众心理和情绪的变化，时刻注意自己的外表和言辞，以赢得民众或者对话者的好感。

普京到土拉去访问，在那里和老游击队员会面时，问他们有什么需求，一位老太太说她没有电话。普京当即要求州长亲自过问此事，并且对老太太说："电话安好了，您头一个电话就打给我！"

从2001年开始，普京创立了"与普京连线直播"节目，由总统办信息中心通过邮箱、网站、电视、应用软件等方式，收集俄罗斯民众的问题，然后由普京在现场回应部分问题，并接受现场连线。

每年做完"连线直播"以后，普京都会制定一份指令清单，针对俄罗斯民众最关心的问题，矫正各部门的工作方向，真正做到执政为民。

普京的努力也没有白费，这个节目拉近了他与俄罗斯民众的距离，尽管他无法做到完全让民众满意，但是不怕提问、不回避任何问题的他，让民众看到了一个一心为民的好总统。

总统身边的黑衣人

或许正是因为普京的"平民化",俄罗斯安全部门不能不打起十二分精神来保证他的人身安全。

俄罗斯总统的安全保卫工作由联邦保卫局全权负责。负责总统安全的保安人员都是经过精挑细选的。

联邦保卫局的警卫部队装备精良,他们配备的手枪、步话机、袖珍金属探测仪、特制装甲公文夹、直升机、装甲运输车都是世界上最先进的。而普京的超级保镖们还配有9毫米"斑蝰蛇"手枪,可以在50米的距离内打穿防弹背心,在100米的距离内打穿汽车座舱;枪体表面光滑,可迅速从枪套或口袋中取出。

负责总统安全的特种兵战士都是一些精兵强将,个个勇敢善战。他们一般乘坐军用吉普,装备的兵器有AK-47冲锋枪、AKC-74H突击步枪、"德拉贡诺夫"狙击步枪及佩彻涅格机枪、反坦克火箭筒、便携式"黄蜂"对空导弹系统等。

总统的保镖除了联邦保卫局全副武装的人员外,还有一些不引人注目的便衣保镖,比如经常伴随在总统身边手提小型公文包的年轻人。他们手中提的小型公文包其实是一种应急盾牌,可以用来抵挡恐怖分子的子弹。公文包很小,但在发生恐怖袭击的时候,将公文包打开就变成了防弹装置。

这些保镖执行任务通常穿黑色外套,戴墨镜,外界称这些神秘人物为"黑衣人"。他们个个身怀绝技,武艺超群,遇到险情常常能化险为夷。而在公共场合,他们又显得风度翩翩,镇定冷酷。

普京身边有一个叫阿纳托利·库兹涅佐夫的黑衣人,是普京的贴身警卫,他是俄罗斯有名的大力士,以前当过苏联总理尼古拉·雷日科夫的警卫。有一次,雷日科夫在外地访问,一头公牛突然向他冲了过来,库兹涅佐夫一个箭步冲了上去,赤手空拳地抓住公牛的弯角,将它摁倒在地,使雷日科夫免受伤害。

这些黑衣人深感自己责任重大,对任何事情都一丝不苟,精益求精。比如,普京要去朋友家做客,他们往往会提前一个星期进行准备,一些重要的公务活动准备的时间就更长了。但是,普京做事常常率性而为。他有一匹马,有时会牵着它去灌木丛中散步;他还喜爱马术,为了提高骑马技能,他特意从莫斯科请了一位职业骑手做教练。这样一来,联邦安全局便遇到了一个很头疼的问题,普京有时兴之所至,便突然策马狂奔,全然不顾一个初学者所应遵守的最起码的规则。每当这时,在一旁守候的黑衣人都不禁吓出一身冷汗。所幸普京学得很快,时间不长,他就已经熟练地掌握要领,不仅能骑越障碍,还能走走盛装舞步。外出视察时,普京也会心血来潮,突然改变行程,这时黑衣人又要手忙脚乱一番。对此,普京却轻松地说:"普京不怕死,是总统怕死。"

当然,普京在大多数情况下很尊重警卫人员的意见。如果警卫坚称有危险,他便听从安排,这与他在"克格勃"的工作经历不无关系。

黑衣人的存在,引起了国内外媒体的广泛关注。细心的人会发现,普京的保镖们有一项特殊技能:冷天不打战,热天不出汗。据披露,他们之所以有此特异功能,是因为服用了一种特殊的药品,这种药品还可以使他们的听觉和视觉更加灵敏,甚至提高他们的侧视视力。但这些非常待遇也过早地摧毁了他们的身体,多数超级保镖到35岁就不得不退役。

这些黑衣人不仅对普京的安全尽心尽力,对于来访的外国元首同样不敢有丝毫怠慢。有一次,英国女王访问圣彼得堡,河岸秀美的风光令她游兴大发,提出要乘船巡河一游。按规定需要提前对女王乘坐的游艇从上到下、从里到外进行全面检查。时值5月初,圣彼得堡的气温仍很低，水温只有三四摄氏度。面对突如其来的情况，黑衣人毫不犹豫地跳入冰冷的河水中，仔细检查游艇的底部，以确保女王的安全万无一失。黑衣人的举动令在场的英国同行大为吃惊，连声称赞俄方警卫人员的敬业精神。

低调的家庭生活

作为一国政要，身边时刻跟着保镖，加上特殊的身份，私生活就像在金鱼缸中度过，但普京却是个例外。克格勃出身的他，把自己的家庭生活视如国家机密，遮盖得严严实实。他说，尽管民众有权知道公众人物如何生活，但每个人都有私生活，干涉别人的私生活是不允许的。"我会很不客气地对待那些用敏感鼻子和肉欲想象窥探别人私生活的人，我讨厌这些人。"在他的刻意保护下，他的家庭生活给人一种若隐若现的印象，让人充满好奇。

在公众面前，普京及其前妻柳德米拉，展现的都是务实、精干的强人形象。

1990 年，从民主德国返回圣彼得堡后，柳德米拉就在列宁格勒大学外语训练班教德语。

据街坊邻居讲，柳德米拉不施粉黛，平易近人，在普京当上圣彼得堡市副市长后仍是如此。她开车在街上遇到邻居，总要捎个脚，并一直送到对方家门口。

柳德米拉是一个不慕虚荣、低调务实的人，她不愿抛头露面，也从不在公开场合对政治问题说三道四，她只想做贤妻良母，过普通人的生活。她唯一一次接受记者采访是在普京竞选总统前夕。为了让社会更多地了解普京，克里姆林宫召集了几个著名记者，成立了一个写作班子，通过对普京及其家人、亲属、同学、老师等进行访谈的形式，在最短的时间内编写《来自第一人物：弗拉基米尔·普京访谈录》。柳德米拉在采访中对丈夫和家庭的有关情况作了介绍。这次采访也确实为普京当选总统立下了功劳。

在柳德米拉的记忆中，她和普京结婚之后最美好的一段时光是在德国德累斯顿度过的。当时普京被派往德累斯顿工作，柳德米拉和孩子一同前往，住在国家给他们租的一幢公寓里。

公寓和普京的办公室只有一墙之隔，从家里走到办公室也就几分钟的时间。普京上班的时候，柳德米拉就在家里照顾女儿玛莎，玛莎是1985年出生的。1986年年底，他们又有了第二个女儿卡佳。普京作为新手父亲，十分疼爱两个女儿，经常从办公室的窗户朝家的方向眺望，特别想见到她们。回到家后，他总是抱着女儿，一会儿抱抱这个，一会儿抱抱那个，亲个不停。有时孩子还被他的胡须扎得哭闹起来。

柳德米拉回忆说，在柏林的那段时间，她成了全职太太。周末的时候，普京经常开着他那辆公车———一辆白色的拉达牌轿车，带着全家到郊外游玩。那是全家人最开心、最快乐的时候，孩子们在草地上奔跑、嬉戏，他们则并肩坐在草地上，通常是普京用手揽着柳德米拉的腰，柳德米拉则将头靠在普京的肩头，两人望着蓝天，憧憬未来……

嫁给一个间谍老公，日子自然不会很轻松。柳德米拉说："也许是他以前当间谍的职业习惯，我们在一起的所有日子，我总感觉他把我当成观察和分析的试验品。要是你在一个间谍的目光下生活一个礼拜，你就明白那是什么滋味了。"普京从事的秘密情报工作其实非常危险，一句无意的话都可能会给他带来杀身之祸。为了能在国外复杂的环境中立住脚，柳德米拉索性缄口不言，一切事务都交由普京全权处理。

总的来说，在40多年的时间里，普京算是一个默默无闻的人。谁能料到，人到中年后，他仅用两三年的时间就脱颖而出，当上了俄罗斯的总统！

1996年，普京到莫斯科任职，他们全家也从圣彼得堡搬到了莫斯科。为了让孩子们学好德语，柳德米拉把两个女儿送到德国驻俄罗斯大使馆开办的德语学校学习，每天亲自接送并辅导她们。她说："我的两个女儿都是由我负责培养的，我在她们身上花了很多时间，整整10多年，分分秒秒都用在了她们身上。我认为这样的效果很好。"连她自己也承认，她是一位近乎苛刻的妈妈，对两个女儿的教育非常严格，不允许有丝毫马虎。柳德米拉的母亲也说："柳德米拉把全部心血都用在了相夫教子上。"所幸两个女儿都非常争气，成绩优秀，会拉小提琴、弹钢琴，并掌握了至少3门语言。在对孩子的教育上，柳德米拉与普京一个唱黑脸，一个人唱红脸，倒也十分和谐。

2000年，普京就任总统，成为第一夫人的柳德米拉这一年只有42岁。她既有很强的社会活动能力，又对权力十分克制，毫不张扬；既温柔贤惠，又不唯命是从。俄罗斯人常把这位他们尚未完全认识的第一夫人称为"白雪公主"。

柳德米拉戏谑地说，作为第一夫人，"必须要一直面露微笑，参加正式活动时，保持端庄的仪态这项工作很艰苦，而且没有报酬"。因此，在大多数情况下，她总是退居幕后。

在柳德米拉眼中，普京不是个完人，但却是个真正的男子汉。"他经常工作到很晚才回家，在家里从来不谈论政治，不过，他喜欢在睡觉前喝一杯酸奶……乍一看，你不一定会把这些生活细节和俄罗斯政坛的核心人物、总统普京联系起来。可是，在人们眼里很神秘的普京，其实就是这样的，当然，他也有让人头疼和抱怨的地方……"

柳德米拉还说，人们以为普京平时不爱说话，其实他只是不喜欢说不合时宜或者不感兴趣的话题，一旦遇到喜欢的话题，他的谈锋很健，也很有分寸，能说到点子上。

对于穿着，普京不大重视，过去他只有两三套西装，从政以后，因为经常抛头露面，所以服装不得不讲究一些。但在家里，他喜欢穿斜纹布牛仔裤、高领绒线衫或衬衫。他也不大讲究发型,是柳德米拉喜欢他把头发理得很短。

普京每天都睡得很晚,但起得很早。起床洗漱完毕后,他会运动一个小时左右,做运动操、练习柔道、游泳,然后才驱车去克里姆林宫上班。也许正是因为他注意锻炼身体,才能在一天中始终保持旺盛的精力。

柳德米拉坦言:"俄罗斯国家元首普京对我而言首先是丈夫,我经常为一些问题而伤心,因为他几乎将所有的时间都交给了工作。"在这种情况下,夫妻俩倾心交谈的次数屈指可数,柳德米拉只得抓住一切可能的机会,就家里的一些重要问题跟普京面对面地交流意见。她说:"家里人都知道他工作太忙了,因此,家里的每一个人,包括我在内,如果想和他交流,都会事先想好自己要说些什么,然后在晚餐过后的茶点时间和他交谈。这时也是家里的'内阁会议时间'。"作为总统,普京是严肃的,但他在家里是一个和蔼可亲、善于倾听的好父亲。跟家人在一起时,他的脸上总是充满笑意,尤其是跟两个女儿在一起,更能听到他开怀的笑声。普京说:"我把家庭看做一个港湾,当我累了的时候,它能让我停泊,让我得到充分的放松和休息。外人说我是一个比较冷傲的人,但妻子却说我是一个感情丰富的人。"一家人学会了利用有限的空闲时间,解决日常生活中的一些问题。更多的时候,他们会通过电话互致问候,普京只要听到女儿的声音,即使再疲惫,也马上就来了精神。

通常情况下,玛莎、卡佳是和柳德米拉待在一起,她们有时会到索契的国家别墅度假,一起游泳、骑马。据说她们的马术玩得还挺专业。玛莎和卡佳也想拥有更多的伙伴,也想让自己的朋友到家里来聚会,但普京夫妇很少批准。

深居简出的柳德米拉,对国家大事也很关心,特别令她担忧的是独联体国家中俄语的地位和女刑事犯的生活问题,这是她社会工作的重要组成部分。

2013年6月6日，55岁的柳德米拉和普京一同出现在俄罗斯国家电视台上，宣布即将离婚。究竟是什么原因让他们长达30年的婚姻走到了尽头？普京表示，离婚是因为总统的工作，这份工作占去了他大部分的时间，并且要求他的生活完全公开。"我所有的工作都要公开，都在公众的注视下。"普京说，"有些人喜欢这样，有些人不喜欢，也有些人完全无法忍受。"

柳德米拉也表示："我的确不喜欢在公众的注视下生活，飞来飞去对我来说实在困难，而且我们几乎见不到对方。……这是双方共同的决定。"

爱车与爱犬

生活中，普京不仅喜欢柔道运动，也像大多数男人一样喜欢汽车，称得上是汽车发烧友。柳德米拉曾在接受采访时笑称普京这辈子只舍得在两个方面花钱：一是培养两个女儿，二是买车。

普京小时候就喜欢汽车，但是因为家境并不富裕，拥有一辆汽车几乎是一种奢望。1972年，他意外收获了人生中的第一辆小汽车——"扎波罗日人"牌小汽车。他对这辆车爱不释手，一有空就开着它去兜风，有时还到远处郊游。当时他开车的速度有些快，但是驾驶时很遵守交通规则，并十分注意保养汽车，因为那个年代修理汽车的花费比较高。

普京还有一辆老爷车，是高尔基汽车制造厂生产的第一批"嘎斯－21"。那是苏联时代的人都梦想拥有的一款小轿车，普京也不例外。为了实现自己当年的梦想，他后来特意购买了一辆象牙白的"嘎斯－21"

老爷车。当上总统后，他曾经亲自驾驶这辆老爷车出席俄罗斯"索契－红波利亚纳"隧道建成剪彩仪式。但是，这辆车最快只能跑120公里，而且保养起来很麻烦。

2005年普京在莫斯科郊外的别墅招待美国总统布什时，曾邀请布什坐上这辆老爷车，在别墅的院子里兜了一圈。当时，布什自愿当司机，载着普京兜风。开完一圈后，布什意犹未尽地说："太好玩了，我还想再开一圈。"

普京的公务车是奔驰，这是总统的旗舰汽车。普京出行时最常坐的一辆汽车是"梅赛德斯－奔驰S600卫士普尔曼"轿车。这辆车车身骨架全部安装了装甲防护，能抵御各种枪支的射击，甚至是手雷的攻击。此外，车厢内部还安装了自动灭火装置和防毒气攻击装置，而车内的电子安全系统也能抵御大功率微波干扰。

由于俄罗斯幅员辽阔，普京乘车外出考察时在路上的时间较长，因而常在车内召开一些会议，于是，俄罗斯政府专门向梅赛德斯－奔驰公司订购了一款"梅赛德斯－疾跑者"迷你巴士。出于安全考虑，这辆汽车的车身组装工作完全是在俄罗斯本土进行的。据悉，在不把保镖算在内的情况下，这辆迷你巴士内可以容纳8名乘客，完全可以满足普京召开一次高层领导人会议的需求。这辆巴士内部还装备了小冰箱、可以随时收看各频道电视节目的电视机以及搁置报纸的折叠书架。当然，迷你巴士也是完全防爆和防射击的。

爱车之余，普京还喜欢养狗。他有一只名叫科尼的拉布拉多黑色猎犬，是紧急情况部部长绍伊古送给他的。科尼是血统纯正的拉布拉多猎犬，自小就在犬术训练中心接受侦察、搜救等课程的训练，是普京身边的贴身警卫。其实它是一只雌性狗，应该叫科妮才对，人们为了尊重它，才叫它科尼。

对普京来说，最好的休息就是到林边或海边与科尼一起散步。刚开始科尼比较淘气，爱追猫和松鼠，时间长了，它"认为"还是多些朋友好,于是便与它们和平共处了。在索契,普京经常亲自遛狗;而在莫斯科郊外,主要是他的助手去遛狗。

科尼威猛而机警,时刻注意保护主人。有一次在新奥加廖沃①,它发现一名工作人员提着一个小旅行箱站在林边,立即扑了过去,嗅了几次,确认没有炸药之后才放过他。这位工作人员吓得在原地站了足足15分钟。

美国前总统小布什在一次访谈中提到,普京曾当面"羞辱"过他的爱犬巴尼。"当我把巴尼介绍给普京的时候,普京有点嗤之以鼻,说:'你管这叫狗?'一年之后,我去莫斯科,普京问:'你想见见我的狗吗?'然后拉出一只巨大的猎犬,明显要比苏格兰猎犬巴尼大。普京看着我,然后说:'比巴尼更大、更强、更快。'"

世界名流,尤其是领袖人物身边的宠物,往往成为媒体和民众关注的焦点:什么样的性格养什么样的宠物,领导人选择宠物不仅仅是爱好那么简单,其中还包含着很大的学问。科尼能够从侧面显示出主人的公众形象。很多崇拜普京的人,都希望买一条与"真正男子汉"相配的狗。科尼曾多次随普京出席外交场合,并因此成为一只重要的政治犬。在普京的故乡圣彼得堡,人们还为科尼竖起了一座青铜雕像。

偷得浮生半日闲

对于日理万机的普京来说,爱好和休闲在某种程度上是一种奢侈。自担任总统后,繁忙的公务就缠上了普京,他每天的工作都安排得满满的,每年平均出访50余次,在家休息的时间少之极少。

---

① 新奥加廖沃:总统官邸,位于莫斯科大环外10公里,是一栋有着英国哥特风格的19世纪建筑,建有专门的直升机停机场,以及泳池、花园暖房、鸟舍等附属设施。

每天他都要批阅文件、接见外宾、跟下属们谈工作……甚至每年夏天到黑海之滨的索契度假，他也经常要接见政府和地方官员，会见来访的外国贵宾，参加各种活动。他的工作强度之大，一般人是难以承受的。而这样的工作强度早在他到莫斯科工作，甚至在圣彼得堡当副市长时就开始了。由于长时间如此紧张地工作，他已经习惯了这种工作强度。他觉得自己有责任把国家治理好，而且他能从工作中找到快乐和幸福。

当然，他也很重视业余生活，不仅能挤出时间从事体育运动，还能挤出时间读书、看电影，有时还上剧院。

普京喜欢游泳，夏天在索契休假时他就在黑海游泳，冬天则在放入海水的游泳池内游泳，主要是蝶泳和蛙泳。2003年夏天，他在战斗蛙人的严密护卫下又掌握了一项新的水上运动：潜水。

普京还喜爱滑雪，他认为滑雪是一项动感强烈、充满刺激的体育运动，是一种积极的休息方式。通过滑雪，他可以获得极大的能量和愉悦的心情。一位苏联滑雪冠军曾经说过，普京很擅长滑雪，他可以以极高的速度从山上滑下来。普京也乐于尝试一切新运动，包括跳伞。他在间谍学校受过跳伞训练，但并不是很喜欢这项运动。

普京爱划船、驾船，他在莫斯科没有亲自驾过船，但在其他地方，他经常会坐到驾驶座上，当然旁边会有警卫保护，而且不能按他喜欢的那样以高速行驶。

2004年，普京在阿尔泰高山河流中划船，看到当地人在河里骑马捕鱼，便问他们："老乡，马不会感冒吧？"当时他戴着头盔，当地人没有认出他来，其中一个人回答说："马嘛，是不会感冒的，而您，小伙子，还是赶快离开吧。听说普京总统很快就要来啦！"船上的人都哈哈大笑，使说话的这位当地居民愣住了，不明白这有什么好笑的。

普京认为，体育运动不仅可以让自己保持健康的体魄，也是展示健康生活的一种好方式。曾经有记者问普京保持旺盛精力的秘诀，他直言不讳地回答说，这完全得益于体育锻炼。

多年来，普京还养成了读书看报的习惯，他把大部分业余时间都花在读书上面。据说他还曾为博英国首相一笑而恶补英语。当时，英国首相布莱尔首次访问俄罗斯，普京在小酒馆里招待他，两人像老朋友一样边吃边谈，一起去歌剧院看演出，在酒吧里推杯换盏，还直呼对方的昵称托尼和沃洛佳。普京谈吐幽默，用俄语跟布莱尔开玩笑说："在俄罗斯有这样一个笑话，俄罗斯男人在办公室聚在一起时，他们谈论的都是女人；当他们出了办公室与女人在一起时，他们谈论的都是工作。"遗憾的是，布莱尔听不懂这个笑话。为此，好长一段时间，普京几乎每天都向一位专职教师苦学一个小时的英语语法。当然，他知道学习英语还有更多的好处，他希望布莱尔成为美国与俄罗斯之间的重要调解人。

闲暇时，普京还喜欢欣赏古典音乐，尤其对柴可夫斯基、舒伯特、李斯特的作品情有独钟。他常常会泡上一杯茶，拿起书本静静地读着，耳边则流淌着舒缓、优美的音乐……

政治家也是人，也需要休息。2008年改任总理后，普京说自己像奴隶般劳作了8年，卸任后的第一件事就是好好补觉。而他也终于能够让自己拥有正常的，哪怕是为期两周的假期了。

第十五章　持续的普京时代

为了遵守宪法，普京在处于巅峰状态时离开了总统职位，并提名梅德韦杰夫做自己的接班人，经过人民选举之后产生新的俄罗斯总统。而他则能上能下，再次就任总理，仍然处于俄罗斯国家权力的中心，形成了政治上的"梅普组合"。

权力曲线的政治设计

在俄罗斯，很少有政治家会有普京这般的幸运和魅力，在和平时期享有仅仅在战争时期国家元首才能够获得的高民意支持率。连续多年来，普京都拥有70%以上的稳定民意支持率。

按照俄罗斯宪法，2008年他必须交出总统的权力。周围的支持者都建议他设法修改宪法，谋求三连任，但他却誓言不修宪，不打算寻求第三个总统任期，并向俄罗斯民众承诺将通过一种恰当的民主方式组织2008年的继任者选举。他努力向外界传达一个信息，他要维护俄罗斯转型以来的民主政治成果，起码形式上如此。

"给我20年，还世界一个奇迹般的俄罗斯。"这是普京执政之初发出的豪言壮语。他并不准备在卸任总统后便退出政坛，更不想退出权力核心,他声言还要继续为俄罗斯效力。因此,在辞去总统职务的情况下,如何保住左右俄罗斯政局的部分权力,就成了他在有限的几个月中必须解决的难题。

对此,普京和他的智囊们做出了一系列重大安排,大体上有两条路线:一是普京竞选杜马,成为统一俄罗斯党杜马党团的领导人。这样一来,普京将作为俄罗斯国家杜马中几乎是唯一的一个大党的领袖,可以对杜马施加绝对影响,以保证政治方略的持续性。二是在统一俄罗斯党在杜马获得绝对胜利的情况下出任总理,实际掌握国家大权。

2007年10月,普京在统一俄罗斯党的党代表大会上表示:有关让他在2008年总统任期届满后出任政府总理的建议是"现实的",但必须具备至少两个条件:一是统一俄罗斯党必须在国家杜马选举中获胜;二是俄罗斯必须选出一位正直、有能力、办事高效、具备现代思维并能与他合作的总统。

分析家认为,普京这一看似苛刻的先决条件,其实是一个绝妙的政治设计,是在为他卸任后的可能去向作铺垫。俄罗斯政治事态的发展似乎正按着普京的愿望和设定展开。

而俄罗斯民众也帮普京做出了选择。大部分俄罗斯人认为,普京在结束总统任期后应该推举国防部长谢尔盖·伊万诺夫为下届总统。伊万诺夫是苏联国家安全委员会(克格勃)第一总管理局资深情报军官,和普京是列宁格勒大学的同学,两人一同进克格勃,一同受训,后来又一起在民主德国的德累斯顿工作;1998年任联邦安全局副局长;1999年8月普京担任总理之后,伊万诺夫接任俄罗斯国家安全会议秘书这一要职;2001年3月28日起任国防部部长。伊万诺夫跟随普京多年,对普京的性格及其推行的政策都了如指掌,是他最亲密的战友。

但是,普京最终做出了另外的选择。

10月初,统一俄罗斯党在国家杜马选举中大获全胜;10日,统一俄罗斯党等四党联合提名,力挺第一副总理德米特里·梅德韦杰夫为下届总统候选人。俄罗斯政局的发展，正在出现符合普京出任总理的两个先决条件的态势。梅德韦杰夫称，如果他胜出，将请普京出任政府总理。

梅德韦杰夫与普京师出同门且"手足情深"，少年老成的他深谙为人、为官之道。在外界眼中，他个性内敛，说话轻柔，举止得体，着装富有品位，身上既具有学者的气质，又具有政治家的睿智。

在一次午餐会上，西方学者对普京提问时丝毫不留情面："为了2012年重返总统宝座，您是否将推出一个软弱的'接班人'？"普京的答复令人动容："我不希望下届总统是个软弱的总统。未来的总统应当是一个健康、有强烈工作愿望、能独立履行职责的人。总统不强，俄罗斯也难强。我在任职期间尽了最大的能力使俄罗斯摆脱疲弱状态，我不会亲手毁掉我努力促成的强国意识！"

俄罗斯的国家发展模式已基本确定，这为普京在2008年平稳交权，使他定下的大政方针得以延续创造了有利条件。俄罗斯走自己的路，成为多极世界中的单独一极，追求振兴和崛起的目标不会改变，而普京定下的治国理念也有助于实现这一夙愿。

一手提拔起来的心腹爱将

特立独行的普京，"既出乎意料，又在情理之中"地把自己看中的接班人推到了聚光灯下。实际上，梅德韦杰夫是普京一手提拔起来的心腹爱将。俄罗斯媒体认为，"忠诚"是梅氏最重要的品质，"他似乎时刻准备着以旺盛的精力去捍卫普京的利益"。

当年索布恰克决定竞选圣彼得堡市议员时，梅德韦杰夫自愿承担了索布恰克竞选班子的工作，散发传单，争取选民。而刚刚结束克格勃生涯，进入政坛帮助老师竞选的普京，正好被索布恰克任命为竞选小组主任，由此成了梅德韦杰夫的直接领导。普京虽然同样从圣彼得堡大学法学院毕业，但多年从事安全工作，法律知识荒疏。精通法律知识的梅德韦杰夫顺理成章地成了他的得力助手，两人珠联璧合，相得益彰。

1991年6月，在普京、梅德韦杰夫等人的帮助下，索布恰克成功当选圣彼得堡市市长。普京被索布恰克任命为市对外联络委员会主席，梅德韦杰夫则成为顾问，但他没有忘记父母的嘱咐，继续在大学执教。

1996年，索布恰克连任失败，梅德韦杰夫离开圣彼得堡市政府，专心于大学教学工作，很快被晋升为副教授。

1999年8月16日，时任俄罗斯联邦安全局局长的普京被叶利钦任命为政府总理。11月的一天上午，正在教室里给学生讲课的梅德韦杰夫，突然接到了普京的电话："季玛，我给你订了下午1点飞往莫斯科的机票。"当天傍晚，梅德韦杰夫就被任命为总理办公厅副主任。

梅德韦杰夫离开圣彼得堡大学到莫斯科就职后的第二天，大学校园的公告栏中出现了一张大字报，上面写道："我们失去了一位年轻、聪明而英俊的教师。有空常回来，我们爱你！"

12月31日，普京成为代总统，梅德韦杰夫随即由总理办公厅副主任升格为总统办公厅副主任。

2000年俄罗斯总统大选临近，普京让老战友梅德韦杰夫领导自己的竞选小组。梅德韦杰夫对于助选工作驾轻就熟，出色地完成任务，力助普京赢得了53%的选票。同年6月，普京任命梅德韦杰夫为总统办公厅主任，负责总统的日程安排。这些年来，在克里姆林宫的众多官员中，与普京关系最密切的就数梅德韦杰夫。

有人说，普京能有今天，梅德韦杰夫功不可没。此言不虚。多年来，不管是在政治斗争中，还是在生活上，梅德韦杰夫都是普京离不开的"左右手"。可以说，除了家人外，普京最熟悉的人就是梅德韦杰夫。众多官员中，唯独他只需轻轻叩一下门，就能直接进入普京的办公室。

梅德韦杰夫担任总统办公厅主任后，负责总统国事活动的所有环节，但他仍然刻意保持低调，个性含蓄，不喜张扬。对事物冷静的判断能够帮助他做出深思熟虑的决定。他还获得了一个雅号——克里姆林宫的大内总管。加上他不喜交游，这个称号恰好突出了他的神秘色彩。

圣彼得堡市新闻界都知道，梅德韦杰夫是索布恰克领导班子中最不显山露水的一个。当时市委员会有一本委员会官员电话簿，里面唯独没有梅德韦杰夫的联系电话。知情人说，梅德韦杰夫当时主要负责吸引外商投资工作，他认为没有必要与当地公众打交道，所以"隐姓埋名"。

普京担任总统期间，梅德韦杰夫积极支持普京推行国家机构改革，并且在改革中身先士卒，想出了不少奇妙高招，深受普京器重。

2008年3月2日，俄罗斯第五次总统选举平静地拉开了帷幕，又平静地尘埃落定。

3月7日，俄罗斯中央选举委员会正式公布了总统选举的结果：德米特里·梅德韦杰夫的得票率为70.28%（5253.7万票），当选总统。

5月7日，梅德韦杰夫在克里姆林宫宣誓就任俄罗斯新一届总统，成为1917年以来这个国家历史上最年轻的元首。温文儒雅且有着"憨豆"般笑容的梅德韦杰夫，仅用了短短8年时间就登上了俄罗斯总统的宝座，仕途可谓一帆风顺。

一个普京两张面孔

梅德韦杰夫当选总统后，普京在他的提名下顺理成章地出任总理，展现了他能上能下的非凡风度。

在俄罗斯宪法中，除了规定总统可以任命或者解除总理的职务外，并没有就两者的职权做出详细划分。两者的分工问题，主要由《总统令》和《联邦政府组织法》协调。《联邦政府组织法》规定，总统要领导涉及国防、安全、内务、外交、预防和消除紧急状态危害等事务的联邦权力机关的活动，作为俄罗斯武装力量最高统帅和俄罗斯安全会议主席行使其权力。总理则负责一系列经济和社会事务。

新总统梅德韦杰夫也干得很像那么回事，自上任起，他就为国家内政外交的大政方针而忙碌奔波，包括就军队事务发表谈话。

在公开场合，梅德韦杰夫以国家元首的姿态出现，而普京则率领政府官员毕恭毕敬地等候在一边。不过，普京在电视上向梅德韦杰夫述职时，总是那么不卑不亢。梅德韦杰夫发言的时候则慢条斯理、字正腔圆，缺少了那么一点张扬。这也许是他们两人不同的个性使然。

根据俄罗斯宪法，总统负责对外政策，无论是出席峰会、会晤外国元首，还是在对外政策领域发表纲领性讲话，都是总统的权力。但身为总理的普京并未离开外交舞台，事实上，在这个领域，他所发挥的作用比历任总理都要大得多。

就任总理后，普京很快访问了法国和意大利，并在莫斯科会见了包括日本首相福田康夫在内的一些重要来宾。访问法国时，萨科齐总统一时疏忽，仍习惯性地称普京为"总统"，普京对此一笑置之。

在外交上，普京依然是俄罗斯的关键人物。俄罗斯《独立报》认为，普京不仅在对外政策领域保留了自己的决定性作用，还开始挑选相应的官员组阁。梅德韦杰夫担任总统后，前所未有地在总理办公厅增设了一个职位——负责外交事务的副主任，由曾任副外长又当过8年驻美大使的尤里·乌沙科夫担任。乌沙科夫是位经验丰富的外交官，参加过普京总统任职期间的历次俄美双边峰会，甚至被认为是普京与美国总统布什的主要联络员。

普京还4次拜访德国，有人认为这是因为他曾长期在德国工作，有着浓厚的德国情结，但实际上他是为了解决已存在多年的转账卢布折算问题，把俄罗斯欠德国的债务从90亿美元减到了5亿欧元。

基于以上种种，从某种程度上说，在梅德韦杰夫任内，俄罗斯依然处于普京时代，而梅德韦杰夫本人也是一个新的普京。有西方评论家说，这是"一个普京，两张面孔"。对此，普京强调说："我可以完全负责任地说，梅德韦杰夫在生活中最优先考虑的事情就是国家和它的公民的利益。将管理国家、俄罗斯命运的主要杠杆交到这样的人手中，是无愧的和没有危险的。"

21世纪初期，梅德韦杰夫与普京分别在俄罗斯两个最高的权力支点——总统和总理的位置上，联手掌控俄罗斯的局势，这种组合形式在俄罗斯最高权力运作史上极少出现，人们称其为"梅普组合"。

第十六章　站在总统身后的强者

　　就任总理不久，普京便遇到了全球金融危机等困难和挑战，经历了俄军在格鲁吉亚的战争，他与总统梅德韦杰夫的关系也经常遭到西方国家的恶意挑拨。但是，普京不喜张扬，在处理内政方面默默付出，勤恳实干；在外交方面理性务实，配合总统推动中俄关系等，效果喜人。

直面全球金融危机

　　"梅普组合"形成后，政府运作良好，两人配合默契，得到了很多人的认可。然而，2008年席卷全球的金融风暴，使"金砖四国"之一的俄罗斯出现了许多严重问题，也使"梅普组合"面临着考验。其时，大西洋彼岸刮来的传染病让昔日傲慢的石油大国失业人员猛增，商品价格飙升，卢布汇率下泻，国家工业有解体的危险。俄媒体惊呼国家一夜回到了1998年。在这场波及全球的国际金融危机中，作为俄罗斯总理的普京首当其冲。

　　2009年1月31日，俄罗斯多个城市爆发游行示威，抗议政府的反危机措施。反对派领导人将矛头指向普京，指责普京政府浪费公共资金，宣称普京是俄罗斯应对全球金融危机的最大障碍，认为普京应付危机不力，要求其引咎辞职。

反对派称普京主要有两大"罪状"：一是在2008年出兵格鲁吉亚，令投资者担忧俄罗斯市场的稳定性，大举抛售离场，加速了卢布贬值；二是对处理流动性危机似乎显得全无准备，为避免俄罗斯经济出现近10年来首次衰退而采取的政策也以失败告终。

总统梅德韦杰夫也多次公开批评政府的救市方案落实缓慢，说不会对普京政府出现的错误视而不见。但他对大家解释说："这不是什么问题，而是一个正常的过程；不是出于某个人的政治野心，而是为了国家的真正利益。这是我的初衷，也是总理的初衷。"

2009年11月20日，普京公开表示俄罗斯在这场金融危机中遭到了狙击，并宣布将用2000亿美元外汇储备救助需要帮助的大企业，解决失业者的福利问题。

梅德韦杰夫也在积极做好自己分内的工作：一是为发放500亿美元救援资金签署一系列法令；二是不断发表讲话，稳定民心；三是代表俄罗斯在国际上争取支持。他和普京在一些实质性问题上的态度基本一致，比如在国家发展模式和战略目标上，两人并没有多大的分歧。

对大多数俄罗斯人来说，总统和总理仍然是希望的象征。莫斯科市民加林娜在接受采访时说："（世界金融危机）基本上对我没有影响。退休金正常，生活正常，以前怎么过，现在还是一样。（苏联）解体的那段时间才是危机，但现在我还没受到危机影响。说到将来，我希望会变得更好，我寄希望于我们的政府。"

在抗击金融风暴的过程中，人们对政府的悲观情绪有所增加，但梅德韦杰夫和普京的支持率仍然很高。根据2010年1月22日公布的调查显示，普京的个人支持率仍然高达83%。事实证明，"梅普组合"经受住了国际金融危机的考验，两人配合默契，没有相互推卸责任，也没有借此危机相互拆台，这是很难能可贵的。

当然，在这次国际金融危机中，俄罗斯经济结构的缺陷也更加暴露出来，令普京有些无奈。

首先，俄罗斯产业结构单一，过于依赖能源、军火出口，受国际原油、原材料价格和国际资本影响较大。其次，本国的加工制造业滞后，供给层面容易出现短缺，经济发展没有后劲。另外，腐败、居民收入差距过大及人口数量减少等因素也制约着经济的发展。以远东地区为例，普京非常希望借助毗邻中、日、韩的优势，通过建立经济特区的形式发展起来，但地广人稀造成的领土担忧却滋生了那里的排外意识，严重制约了计划的实施。

即使是乐观估计，到2025年俄罗斯人口数量也将降至1.36亿左右。俄罗斯虽然地广人稀，但资源丰富，开发潜力巨大，东西方企业都很有兴趣参与俄罗斯的经济建设，只是普京政府对外资的流入极为警惕，又严格限制外国人在俄罗斯的经商活动，这就使得俄罗斯的经济明显缺乏活力。

惩治撒"美元雨"的富豪

在普京政府应对全球金融危机的反危机政策受到民众指责之时，2009年5月，俄罗斯亿万富豪捷尔曼·伊斯梅洛夫把大笔金钱撒到国外的做法，让普京大为光火。

这一年，伊斯梅洛夫在土耳其临近地中海的安塔利亚①投资15亿美元，修建了以他父亲的名字命名的豪华酒店——马尔丹宫殿。

这座拥有560个房间的酒店极尽奢华，套房浴室配有镀金边框的镜

---

① 安塔利亚：土耳其南岸港市，安塔利亚省省会，是土耳其南海岸最大的城市。

子，私人沙滩上则铺有专门从埃及进口的总计9000吨白沙。酒店外配有一个面积1.6万平方米的人工水池，可供1000人同时游泳，坐小船也需要半小时才能抵达另一边；水池中还隐藏着一个穹顶由绿草铺设的地下水族馆。

同年5月23日，伊斯梅洛夫豪掷数千万美元举办开业庆典，请来了名流帕里斯·希尔顿、莎朗·斯通和理查·基尔等，另外还请了歌手玛丽亚·凯丽、汤姆·琼斯等人，据称每人出场费近百万美元。

除了美酒香槟外，伊斯梅洛夫还专门租用私人飞机空运110公斤珍贵的鱼子酱到典礼现场，供嘉宾享用。庆典高潮时，伊斯梅洛夫和来宾一起跳舞，组织方在现场抛洒百元美钞，让宾客都"淋"到的"美钞雨"达6100万美元。

时年52岁的伊斯梅洛夫在美国《福布斯》杂志俄罗斯富豪榜中排名第61位。最初，伊斯梅洛夫只是一名小贸易商，凭借从政府廉价租地、高价转租的中介手法，逐渐积累起财富。

从"蚂蚁"们身上吸取了大量财富之后，伊斯梅洛夫公开说自己"看不起俄罗斯人，守着这么好的资源还把国家弄得这么穷"。同时，他还将资产逐步转移到土耳其，并递交了加入土耳其国籍的申请。

土耳其《法塔报》问他为什么不拿这笔投资来帮助处于金融危机中的俄罗斯，他说："当我在莫斯科举步维艰的时候，当我连自己的家人都养活不起的时候，谁也没有来帮我。现在我有了一切，钱是我自己挣的，我想花到哪就花到哪。"

伊斯梅洛夫的言行让普京十分震怒。马尔丹宫殿开业几天后，普京突然在一次内阁会议上质问起切尔基佐沃大市场走私问题的处理情况，随后下令查封。

切尔基佐夫大市场建立于20世纪90年代初，是俄罗斯和独联体国家服装、鞋类等生活用品的批发集散地，由伊斯梅洛夫旗下的阿斯特集团控制，是伊斯梅洛夫的财富来源之一。以前，俄罗斯政府以没有合法通关手续为由没收过那里的一批商品，但一直没有对市场采取后续行动。

在查封大市场的同时，普京突然来到铝业大亨奥列格·杰里帕斯卡旗下位于圣彼得堡郊外的一家工厂，怒斥这位俄罗斯第二大富翁是"蟑螂"，并严令他的工厂立即开工，解决工人的工资问题。

6月23日，普京又出现在俄罗斯最大的零售集团X5旗下的连锁超市，勒令超市降价让利于困苦的市民。"当前的危机是考验这些富人的良机，到了偿还道德债务的时候了。"梅德韦杰夫也在电视直播中发出警告。

在俄罗斯政府强行关闭切尔基佐沃大市场之后，伊斯梅洛夫的亲兄弟、莫斯科市北区区长法济里·伊斯梅洛夫"主动"提交了辞职报告。普京公开宣布，俄政府在加大打击走私力度的同时，将加大对本国轻工业企业的投资。

针对切尔基佐夫市场，普京还有一系列动作，俄罗斯检察院调查委员会宣布对没收商品展开刑事调查，3名海关官员因涉嫌为他人提供违法入关的便利而遭到逮捕。

发现自己可能成为调查目标后，伊斯梅洛夫似乎担忧起来。"我拥有这个市场，但并不拥有这个市场上交易的商品，"他说，"我只是租出去商铺，我不认为总理普京已经下令对我展开调查。"

让伊斯梅洛夫烦恼的或许不止这一点。尽管他正将财富转移到土耳其，但他的巨额投资并没有让他在当地受到多少欢迎。马尔丹宫殿所在的安塔利亚市的市长，已下令对酒店建设展开调查，理由是酒店设计施工可能存在违规行为。

在那场令普京内心不快的"美元雨"庆典上，莫斯科市长卢日科夫也是座上贵宾。通过切尔基佐沃大市场，伊斯梅洛夫每年为莫斯科市政府创造将近60%的预算外资金，因此，尽管切尔基佐沃大市场连年传出要被查封的消息，卢日科夫却从来不予置评，切尔基佐沃大市场也一直屹立不倒。不难看出，卢日科夫充当了"保护伞"的角色。2010年9月，梅德韦杰夫将卢日科夫罢官。

普京查封切尔基佐沃大市场这一举动，还有力打击了"灰色清关"这一现象。

"灰色清关"是一个带有历史特色的俄罗斯专有名词。20世纪90年代初，俄罗斯经济萧条，日用品严重匮乏，一些航空货运公司专门做起了包机包税生意。这些所谓的"清关公司"为货主代办进口业务，使他们的商品避开正常的通关手续，以低于法定的税率进入俄罗斯市场。这些"清关公司"通过贿赂海关官员等形式将货物通关，从中谋取利益，因此，他们通常不能提供正常通关的税收票据。

普京任总统时就一直致力于铲除金融工业寡头，整顿寡头经济。这一次行动，无疑是打击寡头的持续性政治行为。有专家把普京整顿寡头的过程总结为：打击大寡头，依靠小寡头。靠"灰色清关"发家的高加索寡头，将手中的大量资金拿到海外投资，而没有对危机中的俄罗斯经济出手相救。因此，普京对此类无益于经济发展的寡头绝不姑息。关闭切尔基佐沃大市场既能"敲打"经济与政治结合的两大寡头，又能缓和民众的怨气，显然是"合算"的选择。

黑海之梦

为了巩固自己作为一个强硬领导人的形象，普京除了努力发展俄罗斯的经济外，还一直致力于实现重新获得黑海通道的梦想。

苏联解体之后，俄罗斯在地缘政治上的最大损失之一就是失去了通往黑海的出海口，那是从彼得大帝开始，俄罗斯依靠几百年的努力和心血得来的。

然而，乌克兰的独立使俄罗斯失去了克里米亚半岛，黑海舰队也由此丧失了立足的根本。乌克兰在美国的支持下，坚决要求俄罗斯舰队离开黑海，毫无商谈的余地，这也意味着俄罗斯对中亚地区的影响力遭受重挫。

乌克兰"橙色革命"之后，亲西方的总统尤先科上台执政，俄罗斯只好先把重点放在格鲁吉亚。格鲁吉亚拥有较长的黑海海岸线，有可能建立海军舰队新基地。

格鲁吉亚境内有南奥塞梯自治州和阿布哈兹自治共和国①，它们都有脱离格鲁吉亚独立的要求，并得到了俄罗斯的扶持与维护。俄罗斯在南奥塞梯还驻有维和部队。

2008年8月7日深夜至8日凌晨，格鲁吉亚军队分别从空中和地面向南奥塞梯发起了大规模的军事进攻。针对格鲁吉亚的行为，俄罗斯以保护南奥塞梯境内的俄罗斯公民为由，迅速出动战机和坦克予以回击。俄罗斯驻北高加索地区第58集团军增援部队于当天挺进南奥塞梯首府茨欣瓦利的要冲，与格鲁吉亚军队发生了激烈交火。随后，格军停止了向俄维和部队和茨欣瓦利的攻击。

格鲁吉亚背后有美国的支持，处理这一地域的争端可能会引起诸多麻烦。但俄罗斯出兵后，美国并没有进行实质性的干涉。8月26日，俄罗斯总统梅德韦杰夫宣布，承认格鲁吉亚南奥塞梯自治州和阿布哈兹自治共和国独立。这一决策，既是为国家的长远战略考虑，也可以说是俄罗斯强硬对抗西方的立场，是对2008年2月科索沃脱离塞尔维亚独立的报复。

一年多后，俄罗斯黑海舰队的落脚问题也有了转机。

2010年2月25日，乌克兰新当选总统亚努科维奇在最高议会宣誓

---

① 阿布哈兹自治共和国：位于黑海和大高加索山之间，地处黑海东岸，是一片狭长的低地。阿布哈兹问题是格鲁吉亚和俄罗斯的主要纠纷之一，也是两国之间一系列紧张局势的源头之一。

就职，成为乌克兰自1991年独立以来的第四任总统。他在就职演讲中表示，未来的乌克兰政府既不会倒向西方，也不会倒向俄罗斯。

亚努科维奇是老牌的亲俄派，他反对前任总统尤先科亲欧疏俄的政策，主张在欧洲与俄罗斯之间寻求更加平衡的外交政策。亚努科维奇强调俄罗斯在乌克兰外交政策中的重要性，因为乌克兰在经济上严重依赖俄罗斯，而且很多乌克兰人在俄罗斯有亲属，希望改善与俄罗斯的关系。亚努科维奇主张放慢加入北约的脚步，着重发展与欧盟的关系，降低贸易壁垒，发展免签旅游项目，但并不急于加入欧盟。

2010年4月21日，梅德韦杰夫对乌克兰进行了为期一天的工作访问，这是自亚努科维奇成为乌克兰总统以来，俄罗斯总统首次访问乌克兰。

当天上午，梅德韦杰夫与亚努科维奇在乌克兰东北部城市哈尔科夫①举行了会谈。梅德韦杰夫在会谈后举行的记者会上称："俄乌双方签署的新协议是史无先例的。"该协议规定，将俄罗斯黑海舰队驻扎在克里米亚半岛的期限延长25年，这意味着俄黑海舰队驻扎在克里米亚半岛的期限将延长到2042年，且期满后如双方无异议，俄罗斯有权进一步要求延期5年。协议还规定，俄罗斯同意在原合同价格的基础上降价约30%向乌克兰出售天然气。俄方天然气降价后，使乌克兰经济未来10年多出400亿美元发展资金。

6月28日，普京会见到访的乌克兰总理尼古拉·阿扎罗夫，讨论了俄乌各领域的合作问题，涉及石油、天然气、电力、核能、农业及航天航空领域。两国的贸易额将迅速恢复，还有可能联合建立航空制造企业。

在黑海海岸的另一边，8月8日，梅德韦杰夫首次访问阿布哈兹，表示俄罗斯将与阿布哈兹在经济、安全、社会等各领域发展关系。

---

① 哈尔科夫：位于乌克兰东北部，邻近俄罗斯，是乌克兰面积最大的城市。

回击西方的挑拨与挑衅

对于普京这样的挑战者，西方国家已经很多年没有遇见过了，但普京的政治性格在一定程度上也是西方国家逼出来的。在格鲁吉亚和乌克兰问题上，普京领导的俄罗斯似乎要与西方力量的"东扩"作殊死斗争，这使他成了西方国家又恨又无奈的对手。

一直以来，美国极力维持并发展"一国独霸""单极世界"的格局，为了实现这个目标，美国和它的部分盟国互相配合，在全面围堵、遏制中国的同时，极力打压俄罗斯的安全空间。

中俄之间已经有了法定的边界，两国本来就有永远做好邻居、好伙伴的根本共识，加上两国共同以建设多极世界为宗旨，在维护世界和平方面也就有了共同的责任及更多的战略合作。中俄两国多次声明，不结成针对第三方的军事同盟，但是，在涉及某些与地区稳定有关的具体事务时，会根据双方的共同利益，按照人类正义的原则，明确地站在一起。

近年来，美国等西方国家利用各种宣传方式，别有用心地编造中国人口威胁俄罗斯远东地区的谣言。美国媒体大肆喧嚷"中国正在密谋收复被俄罗斯占领的580万平方公里的领土"。面对这种挑拨离间，普京曾经讥讽西方媒体说："不要总拿中国移民吓唬我。"

2010年6月末至7月上旬，俄罗斯在远东地区进行了一次例行的军事演习，命名为"东方－2010"，共动用了2万名海陆空官兵、70架飞机、30艘舰艇以及2500件武器和设备，规模空前。西方国家公开宣扬俄罗斯的这次军演是防备中国，但日本的口头抗议和美国的军事应对，恰恰暴露出美、日两国实际上认为俄罗斯的武装演练是针对它们的。

当时正值朝鲜半岛局势紧张时期，美国与韩国的联合军演频频进行，俄罗斯这次演习显示了自己在远东的军事力量，令美国有所顾忌。

反应最激烈的要算日本，因为俄罗斯在远东地区仅与日本有领土争端。7月6日，俄军不顾日本的抗议，在双方有争议的南千岛群岛（日本称"北方四岛"）中的择捉岛进行了强行登陆军事演习。俄军还投入约1500人的兵力和200辆军车，在择捉岛进行了包围并歼灭"非法武装势力"的作战演习。

俄军的"亮剑"，引起了美国海军情报部门的高度关注。俄罗斯内部有消息称，在俄罗斯太平洋舰队演习邻近区域，发现一些国家试图通过水下、水上和空中搜集太平洋舰队的演习情报。其中，日本自卫队"猎户座"巡逻机还围绕演习地区进行过盘旋。

在朝鲜半岛局势极度紧张的情况下，俄罗斯此次军演只邀请了中国和乌克兰前来观摩。美国、日本、韩国虽然主动要求参加观摩，但却遭到了拒绝。

美国不仅极力挑拨中俄关系，还不顾国际关系中的起码准则，通过西方媒体对俄罗斯的内政妄加评论，企图挑拨梅德韦杰夫与普京的关系。2010年12月1日，美国有线电视新闻网（CNN）王牌栏目《拉里·金直播》播出了对普京的采访。普京在接受CNN采访时，批评了维基解密网对他与梅德韦杰夫关系的评价。维基解密网是西方重要的网络媒体，一贯以客观、中立自居。该网站公布了一批美国外交人员的公函，其中提到俄罗斯总统梅德韦杰夫和总理普京，把他们比作漫画故事中的角色，把普京说成是"蝙蝠侠"，而梅德韦杰夫则是"蝙蝠侠"的助手罗宾。

对此，普京回应说："问题的实质在于，这是我们的相互协作问题，它是国家内政的重要因素。但是，坦白地说，我们从来没有料到，这些评价会是如此傲慢、粗鲁和不道德。"他说自己还没有那样自大妄为，他和梅德韦杰夫总统一样，都要做出妥协和让步，因此类似说法与实际情况不符。

普京还为俄罗斯在民主上取得的进步进行辩护，批评美国干涉俄罗斯的内政。他驳斥了美国国务院文件中对俄罗斯的批评，说美国在质疑别国的制度之前应该先认真研究自己的民主制度。他认为，美国国防部部长罗伯特·盖茨对俄罗斯民主的评价是严重错误的。他指出，一些美国总统得到的全民选票少于对手，只是因为赢得了选举团的多数票才得以上台执政。普京说："当我们与美国朋友交谈并告诉他们美国存在制度问题时，他们会说'别干预我们的事务'。我也想对美国朋友提出建议：不要干预俄罗斯人民的最高选择。"

在这次采访中，普京还谈到了核裁军等涉及俄美关系的话题。

曾有美国官员称，俄罗斯几个月前将战术核武器转移到了距北约国家边境仅几英里的地方。普京反驳说："我们没有把导弹前移到你们的领土附近。"他指责西方国家正"计划在我们的边境、我们的领土附近部署导弹"，以防止所谓的"伊朗核活动的威胁"。他表示，把导弹部署在俄罗斯边境附近的可能性"让我们感到担心"，如果出现这种情况，"我们不得不采取一些针对性的行动"。

普京说，一旦俄罗斯的安全面临新的威胁，莫斯科将不得不通过不同的途径来确保自己的安全；如果美国不批准俄美两国总统于2010年4月在布拉格签署的新版核裁军条约《新削减和限制进攻性战略武器条约》，那么俄罗斯将被迫开始增加核武器。

普京还谈到了2010年早些时候俄美两国互换间谍的事情。2010年7月，通过互相交换，有10名被美国驱逐出境的俄罗斯特工回到了自己的国家，其中多名特工已经在美国工作多年。普京说，这10名特工没有对美国的利益造成任何损害。

当然，普京也对美国总统奥巴马缓和俄美紧张关系的努力做出了肯定评价，说俄罗斯正在有关伊朗和朝鲜核项目的许多关键问题上谋求与美国的合作。

坚持以渐进方式推进改革

在俄罗斯一些经济学家和政治新锐派眼中，与梅德韦杰夫相比，普京可能偏于保守。因为从2000年至2008年普京担任总统期间，俄罗斯鲜有明确的大幅度改革措施出台。

然而，细心的分析家认为，普京执政后的改革具有浓厚的俄罗斯特色。有着浓厚东方文化色彩的俄罗斯是幸运的，因为有了普京，才避免了拉丁美洲和西方国家现代化初期的寡头资本主义陷阱，避免了像某些东方国家在民主转型初期的政治腐败。想想韩国从专制到民主的转型，想想西方国家从封建主义到资本主义（市场经济）的转型，初期出现的混乱状况，无不在改革之初面临许多亟待治理的问题——社会道德、法律、经济失范问题等。比较而言，俄罗斯是政治、经济双重转型国家，却能平稳而健康地发展，这是一个了不起的成就。粗略比较一下，我们便会发现普京的过人和伟大之处。

经济上，俄罗斯联邦建立之初，经济转型的主要手段是采取疾风暴雨式的大规模私有化，结果造成经济严重下滑、贫富差距加大等后果，并在1998年出现了金融危机，沉重打击了俄罗斯经济。普京吸取第一轮私有化的教训，在建立健全法制的基础上循序渐进地推进私有化进程，从过去单一的出售变为出售、股份制改造、租赁等多元化方式。自2000年以后，国家通过出售、转让股份等形式，每年都获得数百亿卢布的财政收入，同时也盘活了国有资产，提高了大型国企的竞争力。

普京曾撰文倡议建立由苏联各加盟共和国组成"欧亚联盟"。2011年10月初，匈牙利一位学者在一次宴席上问普京："欧亚联盟现实吗？"普京尝了口葱煎金枪鱼，不慌不忙地说："当然现实了。欧盟是从煤钢联营起步的，欧亚地区至今仍保留着统一的能源系统和运输系统。现在已有海关联盟，明年启动统一经济空间。不论乌克兰是否参加，欧亚联盟都要搞。但是，乌克兰加入肯定对它有利——仅加入海关联盟，每年即可增加90亿至100亿美元产值。世界进入信息社会，苏联地区的政治制度变了。政治制度应该渐进改良，而一体化有利于实现这种改变。我们将根据世贸组织原则安排经济一体化。欧亚联盟的一体化没有政治成分，完全是经济联合。"他还揶揄苏联地区亲西方的领导人："别忽悠人民，以为傍上欧盟，日子就会过得跟巴黎和柏林一样富裕。"

在这一议题上，西方对于重建苏联的批评让普京很不舒服，他反击道："北美、欧洲和东南亚都有一体化机构，别弄得哪儿搞一体化都行，苏联地区搞一体化就是恢复帝国，就是倒行逆施。"

俄罗斯的经济在改革前虽然发展缓慢，但始终比较平稳，保持着持续增长的势头。同时，改革领域也不断扩大。从2008年上半年开始，涉及农业、医疗、教育、住房四大领域的俄罗斯国家优先项目落实工作全面铺开。普京还提出了远期发展目标，力争实现经济结构从依赖自然资源出口的原料型向以高科技行业为主导的创新型转变。

对于俄罗斯拥有辽阔的土地却要大量进口粮食的现状，普京认为，没有农业的复兴和振兴，俄罗斯经济的发展是不可能的。为此，他加大了农业改革力度：一是土地改革，相继出台《土地法》《农用土地流通法》，为农业领域向市场经济过渡打开了突破口，调动了农民对种植、养殖投入的积极性，也为社会资金向农业领域投入奠定了基础；二是政府加大对农业的投入，积极扶植私人农场，一批种植、养殖、加工和销售一体的大型农业企业集团成为农业增长的"火车头"；三是建立和改善粮食的运输、加工、出口设施，为粮食生产及出口提供了保障。

政治上，面对俄罗斯政治动荡，地方分离主义和民族分裂主义甚嚣尘上的局面，普京在首任总统时便积极推进以加强中央权威为宗旨的政治体制改革，改变联邦委员会的组成原则、设立联邦区、法律上规定总统有权撤换地方行政长官等，削弱了地方势力集团的权力；严厉打击车臣恐怖主义分子，遏制了民族分裂；出台《俄罗斯联邦政党法》，规范政党活动，大力扶植政权党——统一俄罗斯党，提高其在杜马中的地位；打击寡头势力，削弱寡头对政权的影响；等等。

普京在非常时期采用了非常手段：约束资本寡头（在政治上剥离资本寡头），使俄罗斯避免陷入由寡头利益集团垄断的寡头资本主义式民主政治陷阱；州级主官任命制，虽然有悖于地方自治原则，但在腐败和寡头丛生、国内民族矛盾尖锐的情况下，这无疑是反腐败、反寡头，保证政令统一的必要手段。

但即使获得了民众的拥护，普京仍然遵循和尊重总统只能连任两届的民主原则，没有谋求三连任。他具有常人所不具备的正义感和使命感，对国家的未来承当完全责任，而不是仅仅享用权力。

2011年11月，在莫斯科与"瓦尔代"国际辩论俱乐部成员举行的见面会上，普京宣布，俄罗斯现有的管理体制还没有失去生命力，但要对这一管理体系实行渐进式的改革。

"瓦尔代"国际辩论俱乐部成立于2004年，其成员包括来自俄罗斯、美国、英国、德国、法国、瑞士、意大利、斯洛伐克、加拿大、日本、中国、印度、以色列和伊朗等国的专家。专家们在这次会议上试图对俄罗斯的发展模式进行更为细化的概括性分析。哈佛大学的基莫吉·科尔顿阐述了自己的想法，认为俄罗斯现有的政治管理模式已经失去了生命力，并预估了未来俄罗斯有可能的各种发展方向，其中包括惯性发展方式。

但普京对这样的评价并不认同："在（20世纪）90年代初期，俄罗斯爆发了国内战争（在高加索的军事行动），经济和社会领域完全坍塌了。是的，那个时代奠定了国家未来发展的基础，但国家却处于非常复杂的形势之中。目前的模式终止了国内战争，恢复了宪法秩序，为经济增长和社会稳定提供了保障。更为重要的是，提高了人民的生活水平。在10年当中，公民的收入水平提高了2.4倍。"

同时，普京强调，俄罗斯政府已经制定了将经济总量提高两倍的任务，并在实质上已经实现了这一目标。国家的内外安全得到了保障。就有关政治体制的改革问题，普京说，根据经济发展的要求，这是不可避免的，但改革要通过平稳的方式并在执政精英和公民之间进行协商的情况下进行。

普京特别提示说，俄罗斯已经通过了《俄罗斯2020年前经济社会长期发展战略》，这一战略确定了在社会经济和政治领域的发展方向。普京还表示，那些一体化组织，比如由俄罗斯、白俄罗斯和哈萨克斯坦组成的海关联盟，都将对这一进程起到积极的作用。

有学者问道："俄罗斯为什么现在需要权力非集中化？"

普京回答说："当初权力集中化是为了凝聚全国，制止主权散失、美元当家、海关林立等现象。实施权力下放和分散，已有5年。联邦部分权力要下放到联邦主体，联邦主体部分权力下放到地方自治机构，重新确定预算分成。但要万分小心，比如税制稍改，就会引起连锁反应。要加强公民对权力形成过程的影响和监督，具体方式要适应本国传统和文明。"

有人还提出了这样的问题，如果在总统选举中获得胜利，那么"新"普京和"老"普京会有什么样的区别。普京表示，基本的价值观是不会改变的，"有一些基础性的东西是不容更改的，因为这是进行国家首脑的选举。请允许我以崇高的姿态来说明这一问题：对祖国的热爱、为了公民的富足而追求最大化的结果，在经济发展和内外安全的基础上实现他们的富足。"

普京还说："世界在变化，我们也应该应对今天和未来的挑战。这些也迫使我们寻找解决问题的新方法。主要的问题在于，国家的变革要通过渐进的方式来进行。"

第十七章　2012 王者归来

2012年的总统大选,是"梅普争辉"还是梅普"二人转",成为人们密切关注的问题,而2011年12月的杜马选举结果使悬念顿解。面临未来民意的考验,普京抖擞精神,耐心工作,用新的政绩迎接历史的选择,表现出了超人的气度。

硬汉威猛不减当年

2008年到2010年,普京由总统变成总理,为国家的大事小事而操劳。在视察、科考以及休假期间,他多次展现自己的体能和技巧,这既给俄罗斯国民带来了一种精神振奋,也显示出他体能过人,有继续执掌国政、渐进改革的精力。

1. 勇射猛虎

2008年8月31日,普京和一些野生动物专家深入远东原始森林里的自然保护区,观察一头被科学家捕获的用于研究的5岁东北虎(学名西伯利亚虎)。突然,老虎挣脱束缚,扑向离它5米远、正在拍摄的俄罗斯国家电视台记者。普京见状,立刻拿起手中的麻醉枪给了老虎一枪，射中了这只长达 3 米的西伯利亚虎。随后，他给这头老虎戴上了具有卫星跟踪功能的项圈，并与科学家们一起测量从尾到鼻的老虎身长。

在这次事件中，普京展示了自己精准的枪法。当他感受到威胁时，便会毫不犹豫地开枪射击，并且一击即中。在某些人看来，也许开枪之意不在虎，西方媒体纷纷发表评论说普京射虎意味着一种警告。

当时正是俄罗斯与格鲁吉亚发生冲突的时期，俄罗斯总统梅德韦杰夫承认南奥塞梯和阿布哈兹独立后，俄罗斯与美国、北约的关系持续紧张，但俄罗斯的强硬立场始终没有改变。美国总统布什发表声明，谴责俄罗斯承认南奥塞梯和阿布哈兹独立，并要求俄方重新考虑这一不负责任的决定。梅德韦杰夫则明确表示，俄方不惧怕新的冷战，"所有人都应该明白，如果有谁主动出击，就会遭到反击"。随后，双方分别在黑海以及地中海部署舰队，形势相当紧张。

不管怎样，普京勇射猛虎的表现得到了俄罗斯媒体的一致称赞，也使他的硬汉形象更加鲜明。

常以硬汉形象示人的普京，不时也会展现出温情的一面。2008 年 10 月 7 日，正值普京 56 岁生日，有人送给他一只两个半月大的小虎崽。对此，普京喜不自胜，表示这是自己收到的最不寻常的生日贺礼。他在电视节目中拥抱着这只虎崽，决定先在家里养着它，等它大些之后再送到动物园。

2. 潜水 1400 米

2009 年 8 月 1 日，普京乘微型潜艇考察了贝加尔湖。他身穿蓝色保温服，潜至世界最深淡水湖贝加尔湖水面下大约 1400 米处，探查新能源"可燃冰"。

"可燃冰"即天然气水合物，是 21 世纪的替代能源。据科学家估计，贝加尔湖底蕴藏着大量这种水合物，含量超过 1 万亿立方米天然气。

普京在水下借助无线电系统告诉岸上的记者们，他惊讶于湖水不清澈，他说："从生态角度考察，湖水干净，而事实上我可以称它为浮游生物汤。"

"我以前从未见过任何类似情形。"普京在水下度过4个多小时后浮上水面，"这种感受非常特别，这次潜水过程相当完美。"据路透社记者形容，56岁的普京当时看似面色苍白，有点晕。

普京上岸后参加了一场环境保护会议，他在会上说，俄罗斯缺乏能促使企业采用环保技术的机制，"我们需要引入、发展这种机制。另外，令污染环境者承担责任的措施也应发挥作用"。

鉴于普京已完成射虎戏鲸、驾轰炸机上天、乘微型潜艇深潜等富有挑战性的活动，一名记者问他是否打算遨游太空，普京回答说："不，地球上的事情够我忙的了。"

3. 游泳、垂钓、漂流与骑马"裸奔"

2009年8月3日，普京结束对伊尔库茨克的视察后，在图瓦共和国度过了一个难得的休假日。休假当天，他在赫姆奇科河游泳、垂钓和漂流，还赤裸上身骑马。

在俄罗斯媒体公布的照片中，年近57岁的普京在蓝天白云下大秀肌肉和运动技能。他赤膊骑马，驰骋在一片坑坑洼洼的山地上，强化了其硬汉形象。他穿着绿色工装裤，戴着反光镜面太阳镜，下马后亲自喂马的场景，则展现了他和蔼可亲的一面。

英国《泰晤士报》的评论员说："在所有与如今过分自大的俄罗斯有关的险恶姿态中，从申明北极主权到重新宣布开始战略轰炸机的巡逻，没有什么比俄罗斯总理普京充分炫耀他那近乎完美的胸大肌，更让世界感到心烦意乱的了。"

4. 持弩射鲸

2010年8月25日，普京再次向世人展现了他的硬汉形象。这一天，赴远东夏休的普京跟随科考队来到堪察加半岛附近的奥尔加湾参加科学考察。在波涛起伏的海面上，他乘坐橡皮艇，身带射击飞镖，玩起了追鲸游戏。他射了4次之后，其中一支飞镖射中了一头灰色的鲸。这种飞镖对鲸不会造成太大的伤害，射击的目的也是为了获得鲸的皮肤样本进行研究。

射中鲸之后，普京非常兴奋，对着记者的镜头大喊："我失败了3次，第4次射中了它。这种感觉太棒了。"

上岸之后，有记者问他这么做是不是有点危险，他的回答似乎很哲学："总体来说，活着本身就有危险。"被问到为何要下海冒险时，他的回答则很简单："我喜欢这么做，我喜欢大自然。"

当然，明眼人都知道，普京一次次地向世人展示肌肉还有一层更深刻的含义：无论是现在还是不久的将来，他在克里姆林宫仍大权在握，勇猛不减当年，他有信心主宰俄罗斯的命运。

5. 亲驾飞机救火

善于通过媒体展现良好形象的普京，经常会在媒体上发起政治公关运动，并由此赢得了民众的信任和喜爱。一场森林大火本是俄罗斯的一场灾难，却被普京不失时机地用来进行政治公关。

2010年7月，俄罗斯持续的高温和干旱天气，引发了百年不遇的森林和泥炭地大火。从7月中旬开始，森林大火多处蔓延，俄罗斯境内有7个地区宣布进入紧急状态，更令人焦虑的是，俄罗斯密林中的两个核基地遭到了大火的威胁。

其中一个是位于莫斯科东南部不远的核试验中心萨罗夫市。萨罗夫市是著名的"原子城"，是俄罗斯第一颗原子弹诞生地。由于萨罗夫市没有水库，相关部门向该地区调运了两列火车，运送了180吨水和3000米长的消防水龙带，最终成功扑灭了威胁核基地的大火。

另一个是斯涅任斯克市，距莫斯科大约1500公里。这个核中心全名叫"全俄应用物理科学研究中心",成立于1955年,是俄罗斯现有的两个世界级核武中心之一,主要任务是解决战略及战术核弹头与核装药的研制和试验中的科学技术问题,以及和平利用核能和热核能源等。该中心附近的森林失火面积已达到10公顷。该州紧急情况局代理局长尤里·布连科派出400多人、66台消防设备和2架米-8直升机灭火。8月10日,斯涅任斯克市的森林大火被扑灭,对核中心的安全已不构成威胁。

这场俄罗斯现代历史上最严重的火灾,使总统梅德韦杰夫不得不提前结束夏季休假,从索契返回首都莫斯科,召集国家安全会议成员紧急开会商讨应对之策。梅德韦杰夫对海军司令弗拉基米尔·维索茨基、副司令亚历山大·塔塔里诺夫提出正式警告,因为他们"未能尽到职责",使科洛姆纳海军后勤基地遭大火焚毁。

梅德韦杰夫还解除了国防部一批违纪军官的职务,因为他们未能有效防范基地火灾事件的发生。这些解职军官包括海军后勤部门负责人谢尔盖·谢尔盖耶夫、海军航空兵负责人尼古拉·库克廖夫、海军航空兵副主管拉斯卡佐夫等。"如果其他地方或部门再次出现类似情况,我将采取相同行动,不留情面。"梅德韦杰夫尖锐地指出,他已经要求武装部队协助平民脱险,"不幸的是,在许多情况下,国防部没有能力保护自己。"

在救火最紧张的阶段,普京于8月10日亲自驾驶俄产水陆两用飞机参与灭火工作。

当天普京正在梁赞州视察,他与紧急情况部部长绍伊古和梁赞州州长奥列格·科瓦廖夫登上一架别-200水陆两栖飞机。普京最初坐在机舱内一部热成像监视器前,飞机起飞后不久,他突然进入驾驶舱,坐到副驾驶的位置上,与驾驶员一起操纵飞机,两次在当地奥卡河取水灭火,每次用时11秒将水箱灌满。

普京按下放水按钮后问驾驶员:"行吗?"

驾驶员回答:"直接命中。"

他们用大约 24 吨水将两处林火完全扑灭，灭火过程持续大约半个小时。

飞行过程中，普京还发现一处威胁两座村庄的新火点。州长科瓦廖夫立即下令救灾部门扑灭了该处火点。

这场大火造成了严重的人员伤亡和物资损失。截至 8 月 11 日，死亡人数已超过 50 人，2000 多人无家可归。联合国秘书长潘基文特地发电致哀，并重申联合国愿随时向俄罗斯提供帮助。另外，俄农业损失巨大，谷物产量减产 40%，大约 6000 万吨。为此，普京宣布了谷物出口禁令。另外，一些企业因为气温过高暂停了部分生产线，包括汽车制造商伏尔加和嘎斯。汇丰银行分析师亚历山大·莫罗佐夫认为，大火和干旱可能使俄罗斯 2010 年国内生产总值降低 1%，继而影响经济复苏。

在这次救火中，俄罗斯政府的表现不尽如人意，地方官员在救火问题上反应迟钝，在一定程度上延缓了火灾扑救的速度。俄罗斯在处理自然灾害上比较陈旧的机制有待改进。尽管普京和梅德韦杰夫在后续的灭火中表现出了强烈的国家意志，但是，在灭火过程中也暴露出俄罗斯存在设备、制度和人力上的不利因素。

普京此次亲自驾机参与灭火，固然也有英雄情结的驱动，但作为一国总理，他在莫斯科几乎变成雾都之际，躬亲灭火，很可能是要为俄罗斯官员做一次示范。

在驾驶飞机亲自救火的前几天，普京还亲自回应了网民对政府救灾不力的指责。他的这一举动不仅是为了救灾，也是为了挽回大火给政府声誉带来的政治伤害。卡内基国际和平基金会莫斯科中心《正反》杂志编辑玛利亚·利普曼对此事的评价比较中性，她说："普京是个实干家，是个会靠近群众，了解群众，向群众作出承诺并激发信心的人。他很善于打破群众愤怒和受挫的情绪。"她认为，普京的支持率不但不会下降，还有可能因为他对火灾"行动者"式的反应而上升。

梅普"二人转"

阳刚气十足的"硬汉"普京，以上天入海、射虎救人、驾机灭火等，向世人展示了一个无所不能的英雄形象。当然，他向世人展现的个人形象和魅力，只是他获得俄罗斯民众支持的一个外在条件，其强硬的执政风格、铁腕的政治手段、重振俄罗斯雄风的政治抱负，才是他拥有民心的基础。

在2011年12月的国家杜马选举之前，俄罗斯政坛是"梅普争辉"还是梅普"二人转"还存有悬念，到国家杜马选举结果出来，悬念顿解，似乎有了答案。

1. 借道修宪

普京于2000年入主克里姆林宫的时候，没有人会想到这个略带腼腆的前特工，会在接下来的十几年里让俄罗斯深深烙上他的印记。普京当时也对此感到意外："我从来没尝试争取过这类职位。很多职业政治家在这个位置上待过十几年，他们的血液里都是事业、升迁。我从来没有过这种目标。我是在出现问题的时刻，到了出现问题的地方，而这些问题必须得到解决。"

在经历了叶利钦时代的混乱局面之后，普京成功地让俄罗斯民众感觉到，俄罗斯又有了一位愿意为国家利益做出一切努力的政治强人。

连任两届总统后，普京将梅德韦杰夫推到了前台，"梅普组合"不出意外地顺利完成了权力交接。观察人士指出，权力如此交接，让人想起了当年的叶利钦，是他一手把无名小卒普京带进了俄罗斯政坛，并且叶利钦的支持也成为普京当时最重要的政治资本。

梅德韦杰夫登上总统高位后，投桃报李，送给普京的"第一份大礼"就是修宪。他向世人宣告："如果总统和议员拥有足够的权威，有足够的时间实施自己的计划并将工作成果展现给人民，那么，俄罗斯迈向自由和民主的过程将更为顺利。"梅德韦杰夫说出这样的话，显然不是为了他自己。

2009年11月，俄罗斯国家杜马高票通过了总统任期由4年延长至6年的宪法修正案。俄罗斯国家杜马主席鲍里斯·格雷兹洛夫说："现任总统与总理都将工作到任期结束。"这表明，现任总统梅德韦杰夫和总理普京的任期仍然是4年，而2012年当选的总统任期为6年。

这次修宪很容易让人们联想到普京的那句豪言壮语："给我20年，还世界一个强大的俄罗斯。"普京已经出任两届俄罗斯总统，如果他在2012年再次当选，并连任两届，修宪后的总统两届任期是12年，这样算来，他可以在总统的位置上一直坐到2024年。在苏联及俄罗斯近代史上，只有斯大林执政这么长的时间。

也许这就是普京所说的"给我20年时间"。这是一个多么巧妙的设计！

2. 总统组建的"黄金100人才库"

2010年2月中旬，俄总统官方网站突然公布了一个"黄金100人才库"名单，入选者都是具有极大潜能的管理人才。据说，这个人才库最终会网罗1500名人才，让他们出任俄联邦政府的关键职务。

"黄金100人才库"的选拔，带有几分神秘色彩，共有1211名候选人被推荐进入"大名单"。该名单由172位最知名、最权威的人士拟定，这些人的身份严格保密，以免遭受压力和游说。

按照要求，"黄金100人才库"的入选者，年龄要求在25～50岁之间，必须拥有高学历、优秀的管理才能、良好的口碑和战略思维能力。同时不带任何党派色彩。

"黄金100人才库"中的两位人才已获重用——时年50岁的加里·明赫出任总统驻国家杜马全权代表,时年34岁的安德烈·图尔恰克则被任命为普斯科夫州州长。这个人才库实际上是梅德韦杰夫为挑选部长和州长而准备的,很多人将在政府改组中被安排到新的岗位上。

与此同时,梅德韦杰夫还在准备另组一个多达5000名候选人的人才库,以便将来为俄联邦政府输送贤能。而一个由1.6万名候选人组成的人才库也在准备之中,他们将担任地方政府的职务。

3."梅普组合"与"王车易位"

"梅普组合"自诞生之日起就在俄罗斯内外引起了广泛议论,接连不断地传出梅普之间出现分歧的猜测。与此同时,刚刚形成组合之势的"梅普"立即就面对来自俄罗斯内外的疑问:俄罗斯政局下一步将是什么样的?2012年谁将会是新总统?是梅德韦杰夫连任,还是普京"王者归来"?

2011年11月,普京与瓦尔代国际辩论俱乐部代表一起举行了一次晚宴。在回答来自美国的俄罗斯问题专家提出的相关问题时,普京明确表示,他和梅德韦杰夫当前的主要任务是专心治国,日后再讨论总统竞选问题。但他接着话锋一转,又列举了美国总统罗斯福曾经当了4届总统的例子。

普京的话立刻引发了全世界的高度关注。面对梅普两人种种若明若暗的表态,关注俄罗斯政局的人士更加严密地观察梅普组合的一举一动。随着2011年12月的俄罗斯国家杜马选举及一些关键的人事决定浮出水面,议会和总统大选的结果已经可以预见。

这时又有人猜测,梅德韦杰夫担任总统,实际上是为普京占着位子,因为此前俄罗斯宪法不允许普京连任总统,普京从总统位子退下来以后,转而出任总理,现在又准备来个回马枪,再度出任总统。凭借这招"王车易位",普京再次显示了自己作为政治权谋大师的手段。眼前的一切让人们不禁怀疑,普京早在2008年就计划好了一切,而梅德韦杰夫则出色地完成了任务。

当然,"梅普组合"在高度统一思想的同时,梅德韦杰夫也有自己独特的政治思想,这种政治思想并不以排斥"普京计划"为前提。他最独特的治国思想表现在两个方面:一是上台伊始就发誓要与俄罗斯的高度腐败做斗争,为此,他从组织上、法律上和舆论上实施行动,旨在有所建树,其力度比普京时期要大得多。二是提出了"俄罗斯现代化"的思想。他多次强调俄罗斯现代化思想,而且越来越使其系统化并上升到战略的高度。

事实证明,"梅普组合"或许存在分歧,但配合仍比较默契,一同度过了多次危机。现在,俄罗斯已经走出了危机状态,为"梅普组合"复兴俄罗斯提供了新的战略起点。

鉴于俄罗斯的媒体和政党目前仍处于克里姆林宫的掌控之下,时年59岁的普京若出来竞选,几乎可以肯定是百分之百胜出。而且普京已经表示,如果自己在竞选中胜出,希望梅德韦杰夫能出任下一任总理。"梅普组合"将再次进行权力交接。由此看来,梅德韦杰夫的人才库正是为自己日后组阁所准备的。

普京认为,世界上不存在完美的模式,俄罗斯的发展模式应由人民决定。现在的制度并不完善,应让更多的新人进入政府,让人民更能影响政权。"梅德韦杰夫总统和我提出了'2020战略'与现代化计划,这些文件已化为人民的意识。梅德韦杰夫领导的政府将推行相当积极的改革。"

普京曾经给俄罗斯人极大的民族自豪感和自信心,让俄罗斯重返世界政治的中心,这一点俄罗斯人永远也不会忘记。8年辛苦经营俄罗斯的根基,使普京征服了俄罗斯政治精英的心。如果俄罗斯人民仍然需要一位强人,那么普京"王者归来"已成定局。

泪洒马涅日广场

2011年12月,普京在宣布参加2012年总统大选后首次明确表示,在他认为自己的工作已全部完成之前,他希望可以一直掌权。他说:"当我做某件事时,我希望能够有一个合乎逻辑的结论,至少也要达成最大效果,这与任期次数或掌权年限无关。"他还以美国前总统富兰克林·罗斯福为例,说:"在美国处于大萧条和'二战'的最艰难时期,罗斯福3次连任总统,因为那能让他的工作更有效率。当一个国家正经历艰难时期,其从经济危机中摆脱出来回到正常轨迹的过程中,稳定非常重要,包括政治稳定。"

这也是普京在向俄罗斯民众呼吁给予他足够的时间和信任,让他完成自己的诺言——给我20年,还你一个强大的俄罗斯。很多人一时难以看透普京的心思,认为这只能说明他迷恋权力,但普京却把这一诺言当成自己的"历史使命"。

12月15日中午12时整,普京面带微笑走入第一频道直播室,参加"与普京对话-继续"节目的现场直播。他没有任何客套,直接开始了他自2000年以来每年都不间断的与俄罗斯人民面对面的交流。

主持人单刀直入,直奔主题:"我想,弗拉基米尔·弗拉基米洛维奇,如果我们的提问从引发社会广泛关注的杜马选举开始的话,那将是正确的。到今天为止,您从未评论过这些天发生的事。您如何看待这些,您认为发生在博洛特纳亚广场上的民众示威活动的原因何在?"

"人们述说自己对社会经济、政治发展的观点,这是很正常的事情。到目前为止,所有人都在法律允许内行动,我希望未来也是这样。在电视屏幕上,我看到那里的青年人居多,青年人的积极参与让我感到高兴。如果这是'普京体制'的成果,那很好。我没看到什么出格的事情。我想再重复一遍,关键是所有人、所有政治力量必须在法律框架内行事。"普京说,"我想对那些准备参加总统大选投票,特别是准备投我票的人说,不要觉得'我'投不投票都能胜利,所以就急着去买土豆、去别墅休息。除了你们,谁也做不了任何事情。只有你们才能确定谁将处理国家外交事务、谁将代表我们国家出现在国际舞台上、谁将确保国家的内部和外部安全、谁将负责解决国内社会问题、谁将发展本国经济。只有你们,除了你们没别人!"

普京还表示:"如果我感觉不到民众对我的支持,我就会离开国家领导层。这种支持在民主社会中不是体现在网络上,也不是体现在广场上,而只能体现在选举的投票结果上。如果我看到这种支持已经消失,我不会在我的办公室里多待一天。如果这种支持不再有,那么就算有权力,什么事也做不了。"

在毫无悬念的总统大选期间,普京亲自写出了"竞选纲领",首次清晰、全面地向俄罗斯民众阐述了何为"普京计划"。许多人认为,这是普京作为俄罗斯"民族领袖",为俄罗斯人民勾勒出的"未来蓝图"和"美好愿景"。

普京还在俄主流报刊上连续发表了7篇文章:《俄罗斯在努力——应对我们必须面对的挑战》《俄罗斯:民族问题》《我们的经济任务》《民主与国家的本质》《俄罗斯的社会政策:建设公正社会》《强大是俄罗斯国家安全的保证》和《俄罗斯与变革中的世界》,回顾了10余年来俄罗斯的发展成果,详细阐述了国家未来的发展任务,内容涉及内政外交的方方面面。

根据俄罗斯宪法,这次当选的国家总统将首次任职6年。角逐俄罗斯总统宝座的除了普京,还有自由民主党领袖日里诺夫斯基、公正俄罗斯党领袖米罗诺夫、俄罗斯共产党领袖久加诺夫和唯一的独立候选人商人普罗霍罗夫。

这次大选看起来有点硝烟弥漫的味道：众多的抗议集会、候选人们在媒体上的极力造势，普京的支持率较之以往下降很多，美国等西方国家也趁机渗透。但没有谁能比普京表现得更淡定，没有谁能比他看上去更自信，除了他，俄罗斯别无选择。

2012年3月4日晚，据俄罗斯中央选举委员会数据显示，普京的得票率已升至64.65%，"王者归来"终成定局。超过10万的支持者在克里姆林宫旁的马涅日广场集会，庆祝大选获胜。普京和梅德韦杰夫一起出席了集会。讲话时，一向以硬汉形象示人的普京洒下了热泪。俄罗斯议会选举以来的风风雨雨已经过去，俄罗斯国内一片欢腾。

一位年过花甲，有着30年以上教龄的中学教师，脖子上挎着一个装满自制且免费的俄式煎饼的篮子，在"挺普"人群中高喊："是的，我的生活比20年前稳定。"另一位同样年纪的老人说："对于一个曾经在世界上呼风唤雨的国家来说，最具有鼓动性的手段就是告诉这个国家的民众，在自己的带领下，这个国家会重新找到以往的威信和尊严。普京就是这么干的。"

俄罗斯人民迫切需要一个有能力也有雄心带领他们去探索未来道路的领袖。普京归来不是简单的历史重复，他将为俄罗斯历史翻开新的一页。接下来的俄罗斯将继续掌控在他手中，6年或者12年。那么，归来的普京是怎样谋划俄罗斯未来的呢？

第一，政治改革"稳"字当头，坚持走俄式发展道路。

普京认为，俄罗斯应将市场经济和民主制普遍原则与俄罗斯的现实情况有机结合起来，从本国历史和地缘政治因素出发，自主决定如何发展民主、保障自由及其推进进程。他号召民众汲取历史教训，视稳定为宝贵财富，反对激进式改革，通过走具有本国特色的发展道路来实现国家复兴。

在普京看来，要维护俄罗斯统一、稳定和发展，需要有一个强大有力、具有权威的中央政府。因此，俄罗斯政治体制将实行最具特色和最为关键的"超级总统制"。总统在国家政治生活中的地位将得到进一步巩固，只有这样，才能保证政治改革的稳健、有序推进，真正实现改革的目标和任务。与此同时，理顺权力分配体系、推进民主和开放是政治改革的基本方向。根据2012年6月生效的新《地方行政长官选举法》，俄罗斯将采取以下措施：一是重新实行地方长官直选制，但总统保留监督、管理和撤换地方行政长官的权力；二是打造廉洁高效的政府；三是鼓励良性竞争，完善开放的政治环境，扩大公民参政渠道，使民众有意愿关心并参与治国。

第二，经济改革以转变增长模式为主导。

国际市场油气价格处于高位，为俄罗斯获得稳定的外汇收入提供了保证。俄罗斯实现了长达10年的快速增长，GDP年均增长为6.9%，GDP总量累计增加了62.6%，跃居世界主要新兴经济体之列。但在此期间，俄罗斯经济存在的问题也暴露无遗，其中最主要的就是经济结构不合理，经济增长对资源出口依赖度过高。

普京认为，必须改变俄罗斯资源出口型国家的地位，向建设现代技术基础上的多元化新经济型国家发展。具体措施包括建立符合国际标准、有竞争力的新工业体系和基础设施，选择工业优先方向，促进经济的创新循环；扩大国内市场规模，改善经营环境，吸引私人资本尤其是直接投资；提高劳动生产率，创造高薪工作岗位；灵活运用税收调节机制……与此同时，减少国家在经济中的存在，继续推进一些关键性资产的私有化。具体目标包括2015年前把投资规模扩大到GDP的25%，2018年前将高科技、高附加值产品产值在GDP中的比重提高1.3倍，劳动生产率提高1.5倍，民众实际工资提高1.4~1.5倍。经济增速重新回到几年前，达到6%~7%；未来5年要使俄罗斯跻身世界经济前五强，到2020年高技术和知识型部门在国内生产总值中所占比例应增加到50%，高技术产品出口增加一倍。2018年将俄罗斯在世界银行商业运行环境榜单上的排名由第120位提高到第20位。

第三，社会领域改革首要解决民生难题。

普京多次强调，要力争"使每个俄罗斯公民都能体面而有尊严地生活"。改善民生、推进社会领域改革与发展，是他一贯的政策重点，也将是新普京时代政府施政的重中之重。其措施主要有以下几个方面：一是促进人口增长。实施人口增长战略，通过加大对多子女家庭的补贴扶持力度，每年吸引30万劳动移民等措施，使人口数量由1.43亿增加至1.54亿（2050年前）。二是加大财政投入力度，解决教育、医疗、住房、养老、环境等方面的诸多问题。他承诺提高教师和医务工作者的工资，使其达到所在地区平均工资的两倍；到2014年年底，俄罗斯居民平均工资将增加50%，达到每月3万~3.2万卢布；到2020年彻底解决贫困问题，到2030年彻底解决住房问题。

第四，外交以务实、进取、多元化为原则，一切以国家利益为中心。

新普京时代，政府将坚持从自身利益和目标出发，继续推行独立自主的外交政策，确保国家利益不受挑战和侵犯，捍卫自身的大国地位。在外交政策方面，普京最引人注目的动向是有关"欧亚联盟"的倡议。他强调欧亚联盟旨在建立类似欧盟的超国家实体，协调成员国的经济和货币政策。

同时，未来10年俄罗斯将加强军队和国防建设，全面更新武器装备，这项工作实际上已经启动。值得一提的是，在重申核力量对国家安全重要性的同时，普京特别强调了发展非核武器在未来战争中的制胜力量。

第十八章　俄罗斯美好未来的守护者

"俄罗斯民族，可使人神魂颠倒，也可让人大失所望；它最能激发起对其热烈的爱，也最能激起对其强烈的恨。"无疑，普京的才能、成就及人格魅力，激发了俄罗斯人民对他的最强烈的爱，并把他当作俄罗斯美好未来的守护者。展望俄罗斯的未来，普京给自己定下了"历史使命"。

不当世界霸主

作为一个世界大国，俄罗斯是全球稳定不可或缺的因素。普京重新当上总统对美国来说可能是一个噩耗，因为他领导的俄罗斯将成为改变美国主导的世界秩序的重要力量。

俄罗斯第一频道电视台总经理康斯坦丁·恩斯特曾经问普京如何看待西方将他视为"鹰派人物"。普京回答说："鹰，首先是一种很好的鸟。"恩斯特接着问："但您肯定不是鸽子？"普京回答说："我是一个人。"

普京表示，他反对各种陈词滥调。俄罗斯将始终如一地捍卫自己在国外的利益，但不会当"世界警察"。不过，这并不意味着俄罗斯不重视自身在国际上的影响力,不重视国防和军备建设。普京给自己确定的历史使命是将俄罗斯重新推回世界政治中心,俄罗斯绝不甘于做二三流国家。美国智库詹姆斯敦基金会发表文章称,普京已经抛出了自己构想的俄罗斯未来军事力量"蓝图"。这个雄心勃勃的计划让很多俄罗斯人又产生了苏联时代那种"军事强国"的自豪感。

然而,北约经过两轮东扩,其前沿已经抵近俄罗斯的"家门口";"新欧洲"国家与俄罗斯关系普遍不和,乌克兰、格鲁吉亚和俄罗斯争吵不休;环里海能源博弈日趋激烈,俄罗斯对该地区能源资源和外运网络实施的"双控制"计划面临欧美的严峻挑战;阿富汗局势不断恶化、伊朗核危机持续发酵、周边地区宗教极端势力蠢蠢欲动,也对俄罗斯构成了安全威胁。面对种种不利因素,普京强硬中不失风度,铁血中不乏柔情,坚韧与执着并重,机智与幽默皆有。这样的普京,不仅让苏联解体后处在饥饿与动荡中的俄罗斯人逐渐享受到了和平、安宁与稳定,享受到了改革带来的红利,还为俄罗斯人在国际上赢得了尊严和地位。"普京计划"的重点之一就是要让俄罗斯重新坐到世界"军事强国"的位置上。

三任总统后,普京向国人郑重承诺,要在未来10年内,增加400枚陆基发射洲际弹道导弹和潜射弹道导弹,以及8艘弹道导弹核潜艇。大规模军事现代化需要23万亿卢布,也就是在10年时间里投入超过7500亿美元,而且俄罗斯还将采购20艘多用途潜艇、50艘水面战舰、100架军用航天飞行器、包括T-50隐形战机在内的600架作战飞机、1000多架直升机、28套S-400导弹拦截系统。

俄罗斯新的战略武器投射系统将会部署包括SS-27"白杨"洲际弹道导弹多弹头版——RS-24,该导弹将取代3种较陈旧的导弹系统。在2011年俄罗斯新锐武器排行榜中,RS-24力压T-50隐形战斗机占据首位。RS-24上还集成了"圆锤"潜射洲际弹道导弹所配备的助推组件和分离模块。尽管有关该导弹的技术参数仍在保密之中,但专家们认为，RS-24 的射程可达 1.2 万公里。俄军将逐步采用最新型的 RS-24 战略导弹代替"白杨"-M 导弹。到 2020 年，这两种导弹将构成俄罗斯陆基核威慑体系的基石。

与此同时，"圆锤"潜射洲际弹道导弹的性能在 2020 年左右可以得到完全加强，这些标准统一的陆基、海基固体燃料导弹系统将取代苏联时期遗留的液体燃料导弹，成为俄罗斯国家核威慑力量的支柱。

当然，俄军软实力也被列为优先发展提高的对象，涉及的装备包括指挥、控制和通信系统，无人机和单兵防护装备。这是实现军队现代化、高科技化的必备条件。

此外，还有 38 个营的"勇士"防空导弹系统和 10 个旅的"伊斯坎德尔"-M 导弹系统（射程达 500 公里，具备搭载核弹头的能力），以及 2300 辆现代化的新型主战坦克和 2000 多门新型自行火炮等武器装备。

普京说，俄罗斯只有两个"盟友"——陆军和海军。在谈到俄罗斯军备建设时，他曾强调："就是把克里姆林宫卖了，俄罗斯也要加强海军建设。"但是，苏联解体后，原有的重工业系统支离破碎，最大的海军造船厂——黑海造船厂被留在了乌克兰；虽然生产船舶动力装置的库兹涅佐夫设计局（现为萨马拉"劳动"科研生产联合体）在俄罗斯，但生产电子设备的工厂则有很多留在了波罗的海三国和白俄罗斯。"几十年来国家安全环境从未如此严峻"，"维护国家安全的任务艰巨复杂"，这些判断成为普京加强武装力量建设的直接推动力。因此，从 2000 年开始，俄罗斯在整个军队的建设中，把海军的建设摆在了一个十分重要的地位。

俄海军现役航母仅有"库兹涅佐夫海军元帅"号，大洋上很少见到俄罗斯航母和其他战舰的影子。按照"普京计划"，俄罗斯海军至少要再建造 2 艘新航母，部署在太平洋。普京认为，让俄罗斯海军重返大洋是当务之急，"海军将拥有数艘航母。虽然我们不需要像美国那样拥有 12 艘航母，但面对新的潜在威胁，几艘还是需要的"。他还将战略核潜艇作为核反击的中坚力量，拓展俄罗斯战略空间并增强威慑力。俄军战略核潜艇主要有"北风之神"级核潜艇 3 艘和"德尔塔"级核潜艇 4 艘。战术导弹核潜艇有"奥斯卡"级核潜艇 5 艘、"阿库拉"级（改进型）核潜艇 2 艘和"阿库拉"级核潜艇 5 艘。另外，先进的"北风之神"级弹道导弹核潜艇也加入现役。随着新一代核潜艇的服役，俄海军将增强战略核潜艇的巡逻力度，至少保持一艘战略核潜艇执行全球大洋巡逻。

俄海军的反航母作战核心是图－95 侦察机/图－142 海上巡逻机，其基于图－95 战略轰炸机，配备大型海面搜索雷达，在大洋上定位美国航母编队并为远程反舰导弹提供中继制导；图－22M3"逆火"中程轰炸机、O 级"奥斯卡"巡航导弹核潜艇、"基洛夫"级核动力巡洋舰和"光荣"级导弹巡洋舰则担任导弹发射平台功能；侦察编队和打击编队在岸基苏－27 战斗机的掩护下，可向敌方航母编队发起进攻。

俄罗斯海军拥有太平洋舰队、北方舰队、波罗的海舰队、黑海舰队和里海独立区舰队，整体实力在当今世界算不上一流，但发展潜力巨大，尤其是相关技术储备和经验，已成为世界海军发展史库中的珍宝。"普京计划"着眼于打赢"第六代战争"的俄罗斯海军，制定了合理的装备发展策略，明确了装备研发重点，对现有装备进行了大面积的改进和延寿工作，并准备"将国防工业复合体变为俄罗斯全部工业化、科学化和技术现代化'火车头'"，加紧研制和建造具有超前性的作战舰艇和保障船只，设计并生产装备精确突击武器和反潜武器、有效的自卫兵器、多用途航空兵器、能纳入舰艇本身和舰群自动化指挥统一网络的多用途水面舰艇。目标是到 2020 年左右，拥有一支包括 300～320 艘现代化作战舰艇的海军。

在海军体制上，着眼于信息的快速、顺畅和有序的流动，调整重点是优化各舰队的各级指挥机构、撤销重复设置的管理机构和后勤部队。

俄海军将北方舰队潜艇区舰队的指挥机关改编为舰队大队指挥机关，将波罗的海舰队航空兵和防空兵集团合并为一个集团，从而使海军军事指挥机关的结构更加符合战斗需要。

核力量和"两个盟友"让普京有了底气，俄罗斯在事关主权和国家利益的问题上，不再韬光养晦，他曾说，俄罗斯国土虽大，但没有一寸是多余的。领土争端没有谈判，只有战争。面对日本对南千岛群岛的要求，他只有一句话："有本事来抢。"

2013年12月19日，普京召开年度总统新闻发布会，他在会上表示，俄罗斯有权在自己的土地上部署"伊斯坎德尔"导弹来保卫自己的领土安全。尽管他一再表示俄罗斯不谋求世界霸主地位，但为了国家的利益，他和西方将继续"硬碰硬"。

乌克兰局中局

一直以来，善于暗战的普京都在明里暗里跟美国较量。随着俄罗斯经济的恢复，这种斗争也越来越激烈，并最终在乌克兰入欧问题上摊牌。

2014年2月18日，乌克兰首都基辅的街头爆发了一场巷战，这场流血冲突吸引了全世界的目光。很快，乌克兰的骚乱引发了另一场危机。

3月1日，普京在基辅政变7天后首次评估乌克兰局势，要求议会上院授权在乌克兰境内用兵，直到乌克兰社会政治局势正常化。基辅方面因此指责俄罗斯侵略，在乌克兰议会政变中被解除总统职务的亚努科维奇则支持俄方在克里米亚的行动。同一天，乌克兰东部地区开始举行大规模抗议活动，反对基辅当局，希望普京进一步行动，调派俄军入乌。当天晚上，普京与美国总统奥巴马通话时强调，在乌克兰东部和克里米亚的暴力行动若进一步蔓延，俄罗斯有权保护自身利益和生活在那里的俄语居民。

这是苏联解体后俄罗斯首次决定动用军队稳定邻国局势。此次与2008年8月出兵格鲁吉亚的根本区别在于，俄方出兵格鲁吉亚是为了保护自己的盟友不遭"侵略"，现在被迫干涉乌克兰局势，则是在按照保护俄罗斯国家利益、海外公民和同胞生命的原则行事。俄罗斯《观点报》以"王者归来"评论普京出兵乌克兰，声称3月1日这一天已被载入史册，标志着后苏联时代和单极世界的终结。

1. 战争与和平

乌克兰的地理位置决定了它是地缘经济、政治关系的枢纽。它位于欧盟与独联体特别是与俄罗斯地缘政治的交叉点，是俄罗斯的重要盟友和屏障。而欧盟的一体化、北约的军事战略与独联体、俄罗斯的国家战略相冲突，这也决定了乌克兰经济与政治的走向不可能完全按自己的意志行事。

乌克兰这次危机的导火线，是因为它暂停签署《乌欧联系国协议》。由于冲突激化，乌克兰军方以反恐为由介入，引起了国际社会的不同表态，也引发了乌克兰背后国际势力的直接介入。俄、美及欧盟两大阵营纷纷采取措施，将乌克兰变成了大国对垒的一个竞技场。强势阵营角逐的公开化，迫使乌克兰走向内战边缘。是战争还是和平，成为各大阵营决策者的必选题。

由"亲欧"政权掌控乌克兰，对俄罗斯的发展战略来说，犹如一把利刃抵在胸前。乌克兰作为独联体成员，若加入欧盟，将使欧盟突破独联体的防线，冲击俄罗斯成为世界第五大经济体的梦想；同时，北约的军事部署也将对俄罗斯形成包围。在这种情况下，普京感受到了前所未有的威胁，他不得不针锋相对，出动军队保护国家利益。他下令中西部军区进入战争测试，并陈兵 15 万于俄乌边境，摆出"兵临城下"的强硬姿态。

箭在弦上，一触即发。然而，乌克兰的局势自一开始就一波三折，每当大众感觉局势紧张，马上要爆发战争时，偏偏峰回路转，犹如湖面一般平静，而沉寂一段时间后又再次紧张起来，因为各大阵营的决策者都有所顾忌，需要反复权衡。不过，处理这类麻烦，普京是一个快手。

3 月 18 日，普京和克里米亚议会议长弗拉基米尔·康斯坦丁诺夫、克里米亚总理谢尔盖·阿克肖诺夫和塞瓦斯托波尔市议会主席阿列克谢·恰雷，共同签署了有关克里米亚共和国和塞瓦斯托波尔市加入俄罗斯联邦的条约。克里米亚——乌克兰境内唯一一个自治共和国正式脱离乌克兰的版图，重投俄罗斯的怀抱。

签署条约之前，普京向议会上下两院发表电视演讲，就克里米亚问题阐述俄方立场。他说："这（收回克里米亚）是俄罗斯的政治决定。它的根据只能是，民众的意志，因为，民众，只有民众才是政治的源泉！"他直言不讳地批判美国和欧洲，"一次次地欺骗我们，背着我们作出决议，把既成事实摆在我们面前。例如北约东扩，在我们家门口部署军事设施，还不停地对我们说，'这和你们没有关系'。"显然，普京无法容忍西方一直漠视俄罗斯作为大国的地位和利益，不把俄罗斯当成平等的伙伴。

普京这次长约 45 分钟的演说被掌声打断至少 30 次。与会者眼含泪水，不时起立欢呼；不少人还佩戴了象征"二战"胜利的丝带，称 3 月 18 日可以与 1945 年 5 月 9 日苏军击败纳粹德国相提并论。

俄罗斯与克里米亚"闪电"签约，令西方一片惊愕。普京的演讲被惊叹为充满了血性和自信。3 天后，俄罗斯《导报》刊发题为"普京总统的克里米亚自白"的文章称，普京曾试图争取美英的好感，但却屡遭背叛，受尽屈辱。他认定西方伙伴背叛了他，并且永远不会原谅他们，这种想法只会越来越强烈。连美国前国防部长罗伯特·盖茨也表示,普京长期以来对西方都有积怨,他相信自己正担负着俄罗斯的历史使命,志在复兴俄罗斯的全球影响力。

2. 制裁普京"核心圈"

乌克兰局势让美俄两个大国"斗气"斗了好几个月。除了打口水战之外,美国与欧盟都提出采用制裁方式逼迫普京退却,他们将最接近普京的人员纳入制裁名单,企盼"提升(俄)领导层推行攻势和挑衅行为而面临的个人风险,进而震慑俄方的冒险主义,促进外交解决方案"。

2014年7月以后,美国对俄罗斯宣布了数次制裁,对几十名俄罗斯公民实施制裁。欧盟也公布了"破坏乌克兰主权"制裁清单上的几十人的具体信息,制裁名单中包括俄罗斯副总理德米特里·科扎克等政府高官、与俄罗斯高层关系密切的商界人士以及一家俄罗斯银行。西方媒体报道说,受制裁的富商大多是普京的亲信,制裁名单暴露了普京的"核心圈"。

其中,格纳迪·季姆琴科是受西方制裁的地位最高的俄罗斯商人,在俄富豪排行榜上名列第12位(2019年福布斯全球亿万富豪榜第49位)。他是全球第四大原油交易商贡尔沃公司的联合创始人,拥有俄罗斯领先的石油化学公司"西伯利亚-乌拉尔油气化工股份公司"的股份。据有关资料统计,贡尔沃公司2012年营业收入达到930亿美元,净赚4.33亿美元,每日原油贸易量约250万桶,相当于全球3%的原油供应量,这几乎是法国一天的消费量。美国财政部声称,季姆琴科的活动直接与普京相关,普京在贡尔沃公司有投资,并可能直接掌握该公司的资金。

制裁名单上还有普京的柔道小伙伴阿尔卡季·罗滕贝格和鲍里斯·罗滕贝格。罗滕贝格兄弟是普京从小一起玩跆拳道的"小伙伴",他们的柔道启蒙老师是俄罗斯著名柔道大师拉赫林。2013年,阿尔卡季当选世界柔道协会执行委员。美国认为，阿尔卡季是普京少有的密友之一，是普京经济上的最大支持者之一，或者说是普京的商界代理人。罗滕贝格兄弟获得的与索契冬奥会有关的项目合同金额高达70亿美元，两人在过去两年间的个人资产增加了25亿美元。

罗滕贝格兄弟的大部分财产都是通过与国有天然气垄断企业——俄罗斯天然气公司做生意赚来的。阿尔卡季原来在家乡和弟弟鲍里斯一起做点小生意，后来联合开了一家建筑公司。从2008年开始，俄罗斯天然气公司开始向罗滕贝格兄弟销售其子公司，尤其是安装和提供管道的公司；接着又在罗滕贝格兄弟掌管公司期间向其公司大量下订单。美国方面认为，罗滕贝格兄弟背后的靠山是普京，理应列入被制裁之列。

此外，普京的"湖边搭档"弗拉基米尔·亚库宁和"私人银行家"尤瑞·卡瓦尔钦科等人也在制裁名单上。亚库宁和普京一样在克格勃干过，1991年后回到圣彼得堡并进入商界，任俄罗斯铁路公司的首席执行官。卡瓦尔钦科是包括普京在内的俄罗斯众多高官的"私人银行家"。据说，1991年"俄罗斯银行"创办之初，"办公室里没有一张桌子，没有一张椅子"，"我们几乎没有钱，但是有远大的抱负"。幸运的是，卡瓦尔钦科得到了普京的支持。普京离开克格勃后，转业进入圣彼得堡对外关系委员会，他到"俄罗斯银行"开立账户，与卡瓦尔钦科建立了密切关系。1997年，"俄罗斯银行"获得了一大笔注资。不过，它真正的高速发展是在普京2000年当选总统后，到2003年，"俄罗斯银行"的资产翻了13倍，达到65亿卢布（1.8亿美元）。此后，"俄罗斯银行"又兼并俄罗斯国有天然气公司养老基金和保险业务部门，资产规模翻了69倍，达到4490亿卢布，成为俄罗斯国内大银行之一。

美国实施的经济制裁方式通常包括切断与被制裁对象的贸易往来、断绝美国和被制裁者的金融联系。作为介于舆论打击和军事打击之间的安全战略手段之一，美国对经济制裁运用得最多。据统计，冷战后的10年内，国际上的50件经济制裁案例中，近1/3是由美国单方面实施的。当然,经济制裁是一把双刃剑,"放狠话容易,动真格代价大"。英国《独立报》文章称,对俄罗斯实施经济制裁的问题是,这对我们自身所带来的危害要大于对俄罗斯的危害。"德国之声"认为,西方迄今的制裁和制裁威胁毫无用处,普京已决意走一条对抗西方的特殊道路,并表现出决心、强硬及耐久力。无论西方是否愿意,都将被迫接受这一新的挑战。因为德国担忧俄罗斯可能会以停止与西方在伊朗核问题、叙利亚内战、阿富汗安全以及抑制朝鲜方面的合作为条件,加大对抗筹码。

另外,欧盟仍无法摆脱对俄罗斯资源的依赖,从芬兰、东欧各国到格鲁吉亚,俄罗斯的周边国家在天然气供给上都高度依赖俄罗斯。俄罗斯以"资源武器"打击他国的做法,至今仍令欧盟心存顾虑。普京也公开表示,俄罗斯对西方的制裁"不屑一顾"。

3. 新冷战格局

多年的历练,使普京变得极其老练,常常使出四两拨千斤之举。奥巴马在 2013 年没有做出惊天动地的政绩,更多的是"出师不利"的落寞。相较奥巴马这一年的焦头烂额,普京则是硕果累累。在叙利亚、乌克兰、斯诺登等问题上,普京尽显高超的公关技巧,赢得了世界的一片喝彩声,也让他坐上了 2013 年《福布斯》"全球最具影响力人物"头把交椅。

不过,俄罗斯虽然在乌克兰会战中占了上风,但在全球大战略上,俄罗斯的处境在未来一段时间仍然比较艰难。因为从苏联解体的那天起,美国就准备把主要的军事力量转向亚太,首先将矛头对准了中国,美欧政坛总有一股视中国为最大对手的势力。而在克里米亚公投后,西方将重新认定俄罗斯才是最危险的对手,除了在经济上对俄实行制裁外,还会在政治上打压以普京为首的俄罗斯政府。面对种种威胁,普京毫不畏惧,在周边地区毫不犹豫地使用武力,羞辱了美国和欧盟,美国力量无远弗届的神话被打破了。尽管普京反复强调俄罗斯希望保持除克里米亚之外的乌克兰的完整，但西方显然不会相信，因为俄罗斯不会忘记自己的"祖龙之地"，不会扔下东乌克兰的孩子，也不可能放弃在乌克兰的巨大利益。

乌克兰危机使欧洲重新成为大国对峙的前沿。在此情况下，北约野心勃勃的全球干预战略也不得不向欧洲收缩，其介入中亚、东亚事务的能力和意志都会有所下降。而这种明争暗斗重心的漂移，必然使世界出现新的冷战格局。可以认为，乌克兰危机已成为冷战后东西方关系的分水岭，俄罗斯和美国互为战略对手的局面将进一步固化，双方由战略容忍转向战略对抗。双方也有可能达成某种战术性妥协，但是战略僵持将长时间持续，无论结局如何，都会大大改变全球经济运作的模式。一旦这种可能性落实，就会立竿见影地产生重大后果，包括冲击欧洲经济、各国国防开支增加，以及投资策略和区域也将因此发生戏剧性的变化。

外交的合作与对抗

常言道，没有永远的敌人，也没有永远的朋友。如何在全球化的背景之下维护俄罗斯的国家利益，如何在波谲云诡的国际局势中走对每一步棋，确实将检验俄罗斯强人普京的智慧和胆识。

1. 中俄是天然的盟友

在受到西方大国抹黑孤立、威逼打压，国际处境特别是西部安全环境大幅恶化的情况下，普京有意借助战略利益、战略理念广泛相近同时又蓬勃发展的中国来化解西方的压力。

普京首次当选俄罗斯总统之初，便开始大力推进中俄全面战略协作伙伴关系，两国在国际话语权方面增强了合作。在第二次担任俄罗斯总理期间，普京继续致力于推动俄中关系向前发展。

2010年3月23日，到俄罗斯访问的中共中央政治局常委、中国国家副主席习近平，在莫斯科与普京举行会谈。会见后，习近平在俄罗斯副总理亚历山大·茹科夫陪同下，出席了有关中俄经济、技术和人文交流等领域共13项合作文件的签字仪式，商务合同总金额约67亿美元。

5月8日，应邀出席俄罗斯纪念卫国战争胜利65周年庆典的中国国家主席胡锦涛，在莫斯科与普京就推动中俄战略协作伙伴关系发展及重大国际和地区问题深入交换意见，达成了重要共识。

在中俄两国领导人的共同推动下，两国之间的合作不断取得实质性的进展。11月1日，俄罗斯与中国之间的第一条原油管道正式投入运营。中俄原油管道起自俄罗斯远东管道斯科沃罗季诺分输站，经中国黑龙江省和内蒙古自治区13个市、县、区，止于大庆站，管道全长约1000公里。根据协定，俄罗斯将通过中俄原油管道每年向中国供应1500万吨原油，合同期为20年。中俄石油管道运营后，不仅输送量大幅提高，运输成本也将大大降低。

同年9月，俄罗斯总统梅德韦杰夫正式访问中国，与中国国家主席胡锦涛签署了《中俄关于全面深化战略协作伙伴关系联合声明》，双方还发表了《中俄两国元首关于第二次世界大战结束65周年联合声明》。同时，由中俄主导的上海合作组织在哈萨克斯坦境内开展了"和平使命—2010"联合反恐军事演习，以打击恐怖分子为主题，进行诸兵种合成训练。11月1日，梅德韦杰夫在正式访问越南后，返回远东地区的库页岛，再转乘小型飞机到南千岛群岛的国后岛进行视察。此举意在进一步宣示俄罗斯对该岛的主权，引起了日本朝野的极大震动，对日本右翼势力和美国是一次有力的警告。

当然，普京身为"强人"，也是一个聪明人，他不会纯粹地亲中，也不会绝对地对抗日美，他会与中国、与第三世界国家打交道，也会与美国、与西方发达国家打交道。但因为中俄两国在建立多极化世界、牵制美国干涉世界发展等问题上立场相同，所以，正如普京在第三次竞选时所说，俄罗斯将更加注重与中国的合作，增强抵御西方咄咄逼人势头的力量，维护双方必需的战略空间。俄中关系将成为维护国际稳定和平的关键因素，并对现代国际关系体系和冷战格局产生重要影响。普京说，俄罗斯和中国是天然的邻国，也是天然的盟友，俄罗斯会扩展与中国的合作。

2013年3月，习近平当选国家主席后将首次出访的第一站定为俄罗斯。在莫斯科国际关系学院的演讲中，习近平明确指出，"中俄关系是世界上最重要的一组双边关系，更是最好的一组大国关系"，并强调两国要"以实际行动坚定地支持对方维护本国核心利益"。

2014年2月，在索契冬奥会上，普京一反以前的反对态度，向习近平表示完全支持中国提出的"丝绸之路经济带"倡议。这也是俄罗斯在经济上采取"东向政策"的一个表现。的确，俄罗斯需要打造一个新的增长极，这个新的增长极就是俄罗斯的远东地区。在这一地区，除了人口较少以外，具有不差于俄罗斯欧洲部分的各种条件，而且这里有中国、日本、韩国和美国、加拿大，还有外围的东南亚和澳大利亚。

同时，普京的军事东向政策也和中国处在同一战壕内。对待中日钓鱼岛争端，俄罗斯站在中国立场上，并出动战机羞辱了日本。而俄日的岛屿之争，也给中国带来了机会，一方面缓解了中国在钓鱼岛上的压力，另一方面也缓解了在远东地区中国与美日同盟矛盾的压力。俄罗斯需要一个繁荣而稳定的中国，中国也需要一个强大而成功的俄罗斯。可以预见，已经健康发展多年的中俄关系将继续稳步前行。

2. 与西方在合作与对抗中寻求平衡

出于国家安定的需要，普京早已着手构建复杂的地缘政治组合，准备了各种各样的结盟和行动方案。叙利亚反恐、阿富汗重建、伊朗核谈判以及乌克兰局势,只是美国势力开始衰落的表现。美国霸权的最后崩溃,不只是因为它在后苏联时期企图将自身意志强加给全世界,还因为中国的实力在迅速增强,以及俄罗斯不仅恢复了体力,还恢复了意志和士气,恢复了捍卫国家利益的决心和信心。

普京指出,亚太地区的地位和影响力持续上升,正逐步成为世界政治和经济发展进程的中心。俄罗斯希望搭乘亚太地区经济发展的快车,带动远东和东西伯利亚地区的发展,扭转地区发展不平衡的不利局面,同时希望凭借亚太大国身份,积极参与亚太地区一体化进程,扩大国际影响。可以预见,在新普京时代,俄罗斯将奉行"东西并重"的外交政策,亚太外交在俄外交全局中的地位将与俄西关系"等同视之"。俄罗斯将通过参与亚太经合组织论坛、东盟地区论坛、东亚峰会、金砖国家等多边机制,以及发展与中、印、越等国双边关系等渠道,增强自身在亚太地区的影响力和话语权,维护和拓展自己在亚太地区的地缘政治和经济利益。

第十九章　世界大变局

作为世界强人，普京总能在关键时刻出现在关键地区。面对叙利亚内战、伊朗问题，他积极参与其中，重塑俄罗斯在国际上的大国形象，极力扩大俄罗斯在中东的影响力。他坚决捍卫国家权益的努力，获得了俄罗斯民众的极大认可，并于2018年成功连任总统。

勇闯叙利亚"战局"

在叶利钦时代，俄罗斯采取向西方靠拢的战略，结果热脸贴了冷屁股，非但没有被欧美接纳，反而使自己受到重创：经济严重下滑、国际影响力急剧下降，有沦为二流国家的危险。普京临危受命，上台后锐意进取，对内进行大刀阔斧的改革，对外纵横捭阖，努力提升俄罗斯的国际影响力，取得了一定的成就。但是，还未等他喘上一口气，2011年3月，中东又传来了坏消息：叙利亚爆发内战。

2000多公里外的叙利亚爆发内战，与俄罗斯何干？事实上，叙利亚与俄罗斯关系密切，两国自苏联时代就建立了友好的关系，叙利亚是俄罗斯在中东的唯一战略盟友，可以说，叙利亚与俄罗斯休戚相关，所以叙利亚内战自然受到了普京的关注。

说起叙利亚内战，首先不得不简单介绍下叙利亚的情况。叙利亚地处亚洲大陆西部，北部与土耳其接壤，东部和伊拉克交界，南部毗连约旦，西南部则与黎巴嫩、巴勒斯坦、以色列为邻，西部与塞浦路斯隔地中海相望。陆地总面积为 18.52 平方公里，总人口为 2136 万（2010年），其中 80% 为阿拉伯人，其余为库尔德人、亚美尼亚人、土库曼人等。85% 的民众信仰伊斯兰教，14% 的民众信仰基督教。叙利亚的经济以农业为主，是中东五大产粮国之一。

在地理位置上，叙利亚所处的位置非常奇特，是东西方交汇的要道。如果说中东是世界大陆的"十字路口"，那么叙利亚便是中东的"心脏"，其重要性不言而喻。

从资源来看，中东地区的石油资源所占比重极大，占全球总储量的 60% 以上，叙利亚的石油资源在中东并不算多，但相比世界上其他地区则显得"富有"。这在"谁控制石油，谁就控制世界"的时代，叙利亚足以吸引各国的注意力。

冷战时期，叙利亚是苏联在中东的盟友，参加过数次中东战争，在中东事务上具有相当的影响力；冷战结束后，叙利亚成为俄罗斯对中东施加影响的最后的"桥头堡"。美国前国务卿基辛格甚至这样评价说，没有埃及就没有中东战争，没有叙利亚就没有中东和平。

因此，叙利亚在享受地利之便的同时，也注定了难以脱离中东变局而独善其身。正是在波谲云诡的国际局势下，叙利亚遭遇了"阿拉伯之春"。

阿拉伯之春是阿拉伯世界的一次革命浪潮，以 2010 年发生在突尼斯的自焚事件为导火索，席卷中东诸国，给中东各国造成了巨大的影响，埃及总统穆罕默德·胡斯尼·穆巴拉克下台，利比亚领导人卡扎菲死于枪杀,也门起义①,巴林示威②……

叙利亚也未能幸免。从 2011 年春叙利亚民众发起反政府示威游行,到政府消极应对,坐失良机,造成对立情绪激化,加上国际势力的介入,叙利亚局势失控,内战爆发。

在叙利亚国内,示威者要求改革,基地组织"救国阵线"致力于搞垮叙利亚政府,库尔德武装③则希望独立,建立国中之国。部分政府军临阵倒戈,加入了反政府军行列;政府军则想通过武力平息事态。

在国际上也有两股势力:一是支持叙利亚反政府武装,以沙特为首的逊尼派④国家,如约旦等国向来与什叶派⑤不合,自然不会放过这个千载难逢的好机会,于是纷纷落井下石,支持叙利亚的反政府武装,为他们提供舆论支持、物资补给、装备补给等。卡塔尔、沙特、科威特、巴林、摩洛哥等国甚至召回驻叙利亚大使。以色列是美国在中东的铁杆盟友,而且和叙利亚是宿敌,双方还有戈兰高地之争,所以以色列自然支持叙利亚反政府武装。而以美国为首的西方国家认为,伊朗 - 叙利亚 - 黎巴嫩轴心(什叶派之弧)是中东地区反对美国和以色列的堡垒,

---

① 也门起义:从 2014 年末开始持续到 2015 年 1 月,意在迫使也门政府下台,最终导致也门内战。胡塞叛军在 2014 年 9 月 21 日进入首都萨那开始政变,总理穆罕默德·萨利姆·巴桑杜因此辞职。2015 年 1 月 22 日在胡塞军占领总统府、官邸和重要军事设施后,总统阿卜杜·拉布·曼苏尔·哈迪及其内阁辞职。

② 巴林示威:指巴林从 2011 年 2 月 14 日开始的示威活动,为 2010~2011 年阿拉伯世界反政府示威的一部分。初期示威者要求政府提供体面的工作和生活,要求公民享有大的政治自由度和赋予什叶派平等的权利和地位等内容的民主政治改革,不久在巴林人口中占多数的什叶派提出了推翻逊尼派王室统治的要求。

③ 库尔德武装:指土耳其库尔德工人党,是库尔德游击队组织,成立于 1979 年,其宗旨是在地处土耳其、伊拉克、伊朗和叙利亚交界处的库尔德人居住区,建立起一个独立的"库尔德斯坦共和国"。

④ 逊尼派:伊斯兰教主要教派之一,全称"逊奈与大众派"。约占全世界穆斯林的 85% 以上。

⑤ 什叶派:伊斯兰教的第二大教派,以拥护穆罕默德的堂弟、女婿阿里及其后裔担任穆斯林领袖伊玛目为主要特征。与逊尼派对立。

叙利亚则是该轴心的中枢,加上叙利亚长期支持哈马斯①和黎巴嫩真主党②,更让美国难以容忍。如果打垮叙利亚政府,便能毁掉俄罗斯在中东的战略要地,重挫俄罗斯,因此,欧美各国也不约而同地插手叙利亚内战。

以美国为例,美国政府为了推翻叙利亚政府可谓不遗余力,使出了浑身解数,采取的措施包括且不限于以下手段:冻结叙利亚部分官员的海外资产、美国和叙利亚的部分金融交易,并对其某些经济活动进行额外制裁;对叙利亚总统巴沙尔·阿萨德、副总统沙雷、总理萨法尔等高级官员进行制裁,要求其"民主转型,或者让位";宣布叙利亚阿萨德政府失去了"合法性";要求欧洲、俄罗斯和印度等大国或组织不购买叙利亚的石油资源并停止向其出售武器;派航母到叙利亚附近海域示威;对反对派进行援助,提供各种武器装备、物资补给;宣称叙利亚政府使用化学武器;主导国际联盟,出动战机向叙利亚反对派提供空中掩护……

另一股势力是支持叙利亚政府的国家,主要是以伊朗为首的什叶派国家,如黎巴嫩等国,以及俄罗斯。对俄罗斯而言,叙利亚至关重要,俄罗斯不仅在地中海沿岸的塔尔图斯③拥有海军基地,而且在叙利亚有大量的经济利益,如石油开发等,一旦叙利亚政府倒台,俄罗斯除了损失巨大的经济利益,还将失去在中东的影响力。这对普京来说是绝对不能忍受的。

因此,尽管俄罗斯正遭受以美国为首的西方国家的制裁,经济受到

---

① 哈马斯:是伊斯兰抵抗运动组织的简称,由"伊斯兰""抵抗"和"运动"三个阿拉伯词语缩写组成,成立于1987年,是巴勒斯坦的一个伊斯兰运动组织和政党,该组织走向两个极端:一面从事慈善事业,另一面进行对以色列的攻击活动。

② 黎巴嫩真主党:是1982年黎巴嫩人为了抵抗以色列侵占该国南部,在伊朗的帮助下成立的什叶派伊斯兰政治和军事组织。目前是黎巴嫩最大的政党。

③ 塔尔图斯:是俄罗斯海军在苏联地区以外唯一的军事基地,于1971年建立,为在地中海执行任务的军舰提供维修和加油服务。苏联解体后,地中海分舰队撤销,但基地保留了下来。

影响，国家整体实力有所下降，但是普京毫不畏惧，面对欧美祭出的"执政合法性问题"，他和俄罗斯政府坚定地表示支持叙利亚阿萨德政府。普京甚至表态说："埃及至今未结束动乱，还有一些人企图改变叙利亚。这对我们来说是个非常敏感的问题——叙利亚离俄罗斯很近。"明确表示俄罗斯不可能对叙利亚问题坐视不管。

面对欧美在联合国安理会上提出的稳定叙利亚方案（核心是阿萨德下台），俄罗斯也直截了当地予以否决。俄罗斯认为，如果阿萨德倒台，阿富汗、伊拉克、利比亚的情况将再现。普京甚至在 G8 会议上以一挑七，软硬兼施，为叙利亚据理力争。他说，让阿萨德下台将带来灾难性的后果，相比较于阿萨德，更应该关注叙利亚的稳定问题，借此驳斥了美、英等国的方案。

面对欧美动用武力介入叙利亚内战，支援叙反对派的计划，普京愤慨地说："不久前，英国人民目睹了发生在伦敦街头的一场悲剧，一名英国士兵在营房外被残忍杀害。欧洲人就是想向凶手提供武器吗？如果武器援助（叙利亚反对派）成为现实，那么接下来会发生什么？谁能控制武器会落入哪些人手中？说不定它们会被用来在欧洲发动袭击。"他再三强调，"任何对叙利亚的军事干涉，都将打破中东格局，引发地区暴乱。"

此外，普京还向叙利亚政府提供武器。他表示俄罗斯向叙利亚政府提供武器是"合法行为"，"我们是签订了法律合约向叙利亚合法政府提供武器，如果未来继续签订类似的合约，武器供应也会一直持续下去"。2012 年，俄罗斯对叙利亚的军售合同总价值为 15 亿美元；在叙利亚还有俄罗斯军事教官培训叙利亚军人操作俄制武器装备。

普京的种种努力，并没有令欧美"悬崖勒马"，相反，欧美加大力度支持叙利亚反对派，美国主导的国际联盟开始大量训练库尔德武装和伊拉克部队,以收复被"伊斯兰国①"侵占的领土为由支持叙利亚反政府武装。

2014年9月,美国为首的多国军事部队以打击伊斯兰国为由,在叙利亚境内实施军事行动,正式军事介入叙利亚战局。在欧美及阿拉伯联盟等势力的支持下,叙利亚反政府军一路高歌猛进,攻占了叙利亚大片领土。叙利亚政府军则打得异常艰难,战线不断收缩,一度退到叙利亚首都附近地区。

眼看叙利亚到了生死紧要关头,普京面临着两难选择:救,危如累卵的叙利亚光靠援助行不通了,要救必须直接军事介入;但军事介入充满了不确定性,而且打仗在某种程度上是经济战,需要巨额军费,这笔钱从哪里来?俄罗斯因为"克里米亚事件"受到欧美制裁,国内经济遭遇了巨大困难。不救,俄罗斯将丧失在中东的唯一盟友,也丧失在叙利亚的军港和利益,更会使俄罗斯的国际影响力下降。

经过多番权衡和准备,普京做出了决定:出兵叙利亚。当然,看似轻松的决定,背后是精准周密的考量。

首先是以什么名义出兵。俗话说,师出要有名,否则名不正言不顺。普京眼光锐利,打出了打击恐怖分子这张王牌。恐怖分子惨无人道的行为和做法早就令俄罗斯民众愤怒不已,在国际上声名狼藉,是世界大多数国家声讨和打击的对象,更是美国等国表面上声讨的对象。

其次是民意。现代战争都是总体战,没有民众的大力支持,战争将难以为继。为此,普京及其团队做了详尽的调研和推断,据俄罗斯民调机构列瓦达中心数据显示,普京2015年9月份的支持率是84%;而另一个机构全俄社会舆论研究中心调查数据显示,普京2015年9月份的支持率为86.3%。而且这种支持是持续的,而不是短暂的,据列瓦达

---

① 伊斯兰国:全称为"伊拉克和大叙利亚伊斯兰国",英语简称ISIS,是一个自称建国的活跃在伊拉克和叙利亚的极端恐怖组织,目标是消除"二战"结束后现代中东的国家边界,并在这一地区创立一个由基地组织运作的酋长国。

中心的数据显示，2015年10月份，普京的支持率上升到89.1%，11月份支持率为86.9%，12月份支持率为87.1%。

最后是战争准备。早在做决定之前，普京就下令全国相关单位做好作战的准备，筹集军费，抽调精锐部队进行军事演练，征调武器装备支援叙利亚，比如在叙利亚建立空军基地、向拉塔基亚①附近的叙利亚空军基地运送大炮和T-90坦克、向叙利亚派遣200名海军人员，并运去可供1500名军人居住的模数制住房、大炮、一个短程制导导弹控制器和十几辆装甲车等。

做好一切准备之后，普京按下了战争按钮，于2015年9月30日宣布出兵叙利亚，帮助阿萨德政权打击恐怖组织和反政府武装。

普京的"搅局"彻底打乱了以美国为首的支持叙利亚反对派的国际势力以及叙利亚反对派的阵脚。在这些国家看来，俄罗斯因克里米亚事件陷入了内有经济困难、外有外交僵局的境地，泥菩萨过江——自身难保，拿国运去赌一场难以预判的战争不值得。但是，普京偏偏剑走偏锋。

老话说，杀鸡焉用宰牛刀，但是这句话在现代军事上不太适用。普京下令出兵叙利亚，大批先进的武器装备源源不断地被运往叙利亚，如S-400地空导弹系统、苏-34、苏-35S、苏-57、铠甲S-1防空武器、A-50U预警机等。

在俄罗斯的精锐部队和先进武器面前，反政府武装节节败退，望风而逃，嚣张气焰彻底被压了下去，他们占领的领土也不断为叙利亚政府军和俄罗斯军队收复，被围困数年的代尔祖尔解围，大马士革周边地区重新回到政府军的控制之下……

随着叙利亚反政府武装的不断后退，其内部开始分化，如德拉省西南部的一支反政府武装部队投诚等。而支持叙利亚反政府武装的国际势

---

① 拉塔基亚：叙利亚西北部城市，拉塔基亚省省会，是叙利亚的第五大城市。位于纳哈尔-耶尔-科比尔河的冲积平原上，曾为阿拉伯人、十字军、奥斯曼统治。

力虽然对俄罗斯出兵叙利亚大为不满,但是他们惧怕陷入战争泥潭,只能以对叙利亚发动空袭、重新起用在叙利亚的军事基地等手段来发泄不满;而有些国家,如土耳其,甚至开始重新评估叙利亚战局。

双方就这样在军事、政治、外交等战线上反复交锋。2019年冬,由于美国国内出现弹劾总统特朗普等问题,美国暂时无法专注于叙利亚战场,这给俄叙联军提供了结束内战的良机。12月26日,叙利亚政府军发动"圣诞"攻势,兵分三路进攻盘踞在伊德利卜省的残余武装分子,历经8年多的叙利亚战局出现了"胜利的曙光"。

然而,以美国为首的支持叙利亚反政府武装的国家却不肯罢手,还是频频出招,意图阻止叙利亚内战的结束。他们一方面排兵布阵,一方面在外交上"做局",企图逼迫俄罗斯和叙利亚做出让步,给叙利亚反政府武装喘息的空间,比如12月20日在联合国安理会上,比利时、科威特和德国起草了叙利亚跨境人道救援问题决议草案,要求重新授权现有4个过境点中的3个(2个位于土耳其,1个位于伊拉克),但不再授权使用叙利亚与约旦边境上的过境点,新的任务期限为一年。俄罗斯二话不说,先投了反对票,并提出仅重新授权使用叙利亚与土耳其边界上的2个过境点,时限为6个月,至2020年7月10日为止。当然,这个议案也被欧美等国否决。

一计不成,另生一计。美国国会参议院以高票通过2020财年《国防授权法案》,并送交白宫待特朗普签署生效。该法案指出,叙利亚、伊朗和俄罗斯在叙利亚内战中犯下了"战争罪",美国将对这3个国家实施新的严厉制裁。该法案还将《恺撒法案》纳入其中,要对叙利亚政府以及叙利亚经济主要部分施加额外的财政限制。俄罗斯外交官则针锋相对,双方在外交战线上继续唇枪舌剑,明争暗斗。

叙利亚长达8年多的内战,给叙利亚造成了巨大的灾难,死亡人数超过40万,国际难民人数超过500万,国内尚有超过500万以上的难民流离失所、无家可归……

普京明知叙利亚战局是个局，但仍然勇闯"战局"，并打了一场漂亮的反击战。在叙利亚内战中，俄罗斯花费了几十亿卢布巨额军费，不少俄罗斯将士牺牲在异国他乡，但是，俄罗斯成功将欧美各国关注克里米亚、威胁俄罗斯本土的目光转移到了叙利亚战局上，并挫败了欧美各国试图颠覆叙利亚政权的阴谋。

伊朗风云

如果说出兵叙利亚，扭转叙利亚战局，是普京外交大战略的一个大手笔，那么普京处理伊朗问题则是其执政智慧的又一次体现。

在以大国关系为主导的国际社会上，伊朗着实不能算是国际社会关注的"大国"，但是它所处的战略位置、丰富的资源以及国际大国之间的博弈，使其成为热点话题。

相比与叙利亚的关系，俄罗斯与伊朗的关系显得有些微妙、曲折。当然，这种关系的变化与其历史渊源、国家利益、国际格局有莫大的关系。

首先是历史渊源。历史上，伊朗属于波斯王朝的一部分，波斯王朝与沙皇俄国是邻居。波斯王朝一度显赫辉煌，但在后期却经常遭受沙皇俄国的欺凌。

俄罗斯从莫斯科公国①开始便推行对外扩张政策，为了南下波斯湾和印度洋地区，沙俄不断与波斯发生战争，吞并了不少原本属于或者臣服于波斯的领土。1828年，双方签署了《土库曼恰依和约》，波斯将阿

---

① 莫斯科公国（1283—1547）：位于欧洲东部，13世纪末期由弗拉基米尔大公国分封而成，首都为莫斯科。

拉斯河①以北的全部领土（含东格鲁吉亚、东亚美尼亚和北阿塞拜疆）割让给沙俄；同时规定沙俄在波斯拥有领事裁判权和关税贸易特权。

如此一来，波斯与沙俄的关系自然好不到哪里去。恰在此时，如日中天的日不落帝国——英国为了阻止沙俄南下印度洋，积极扶持波斯王朝，对抗沙俄。

在大国的博弈中，波斯王朝深受其害。为了改变现状，1921年，军官礼萨汗发动政变，建立巴列维王朝②，执行向德国靠拢的政策，力求避开苏联的侵犯，但这立马招来了苏联和英国的联合攻击，它们出兵占领伊朗，逼迫礼萨汗国王下台，扶持穆罕默德·礼萨·巴列维上台。

其次是国家利益。第一，中亚和外高加索地区是波斯帝国的势力范围，伊朗希望通过宗教、文化等手段将势力范围扩展到以上地区。而俄罗斯认为中亚五国③是自己的后院，容不得他国染指。第二，伊朗各届领导人希望恢复波斯帝国荣光，如将伊朗打造成"世界第五大强国"，而俄罗斯绝不希望自己周边出现一个强敌。第三，伊朗与俄罗斯都是石油大国，双方在国际上存在竞争。

由上可知，俄罗斯与伊朗不仅在历史上有旧怨，而且在国家利益上也有较大的冲突。所以，普京上台后虽然做过改善与伊朗关系的努力，但两国之间的关系并未有较大改变。

"二战"后，美国填补了英国在伊朗的势力真空，与苏联大搞冷战。1955年，美伊签署了《美伊友好条约》，伊朗成为美国在波斯湾地区的盟友。1962年4月12日，美国总统肯尼迪在华盛顿公开发表讲话，他说："我代表全体美国公民，欢迎伊朗国王访问美国。我们两国的利益是相同的，维护我们的自由，维护我们的和平，并为两国民众带来福

---

① 阿拉斯河：源出土耳其东北部的宾格尔山，曲折东北流，构成土耳其–亚美尼亚、伊朗–阿塞拜疆界河，在阿塞拜疆境内汇入库拉河后，注入里海。大部河段在山区，不能通航。

② 巴列维王朝：指伊朗父子君王礼萨汗（1925年至1941年在位）和穆罕默德·礼萨·巴列维（1941年至1979年在位）的执政年代，其统治伊朗期间使用的国号为伊朗帝国。

③ 中亚五国：指哈萨克斯坦、吉尔吉斯斯坦、乌兹别克斯坦、塔吉克斯坦、土库曼斯坦。

祉。"伊朗国王穆罕默德·巴列维则说："我带来伊朗民众对美国民众的衷心祝福，传递伊美两国最真挚的友谊。"二者的友好关系可见一斑。

伊斯兰革命爆发后，伊朗建立了政教合一的伊斯兰国家。此后，伊朗的外交政策有了一百八十度的转变，既不与美国亲近，又不与苏联套近乎。1979年11月，伊朗爆发"人质危机"，数百名学生占领美国大使馆，将多名美国使馆人员扣为人质。美国政府立即做出了反应，11月13日，美国总统卡特发表讲话说："我们在伊朗继续面临严峻局势，我们的大使馆被占领，60多名美国公民仍被扣为人质，企图迫使我国接受无理的要求，我们正在使用所有可能的渠道保护人质的安全并确保其释放。我们的立场必须明确，我下令，我们将禁止从伊朗购买石油，运输到我们国家。"随后，美国宣布对伊朗实施制裁，停止购买伊朗石油并冻结伊朗在美国的财产；同时宣布与伊朗断交，并要求北约盟友对伊朗实施制裁。1990年，美国总统克林顿正式签署《伊朗-利比亚法案》，加大对伊朗的制裁。

这种情况一直持续到1997年。1997年5月，哈塔米当选伊朗总统后，推行睦邻政策，主张缓和紧张局势。对此，美国总统克林顿表示"哈塔米总统的主张令我深受鼓舞"，并宣布取消对进口伊朗地毯和一些食品（干果、鱼子酱等）的制裁。

但是，这种缓和的关系随着2001年"9·11事件"的发生而终结。美国总统布什认为，伊朗不仅积极追求大规模杀伤性武器，还输出恐怖主义。2006年伊拉克萨达姆政权被推翻后，为了遏制伊朗在中东地区独大，美国正式将伊朗确定为"单个对美国威胁最大的国家"，并强调了伊朗的核武器威胁。美伊关系由此降到了冰点。

正在这样的情况下，伊朗意识到自己已经成为美国在西亚的头号敌人，决定摒弃前嫌，与俄罗斯合作，共同对抗美国。

而普京力挺伊朗，也是经过深思熟虑后的决定。一、唇亡齿寒。伊朗不仅与俄罗斯共有里海，而且是俄罗斯在西亚最重要的屏障，一旦伊朗被美国控制，俄罗斯将被美国彻底包围。二、伊朗可以与叙利亚成犄角之势，共同对抗美国和北约的扩张，如果伊朗政权被推翻，那么俄罗斯将失去战略支点。三、伊朗是俄罗斯重要的贸易伙伴国。伊朗是俄罗斯武器进口大国，以1999年为例，伊朗从俄罗斯进口武器已经占到其进口武器总额的85%。四、敌人的敌人是朋友。俄罗斯久经美国制裁，而伊朗也备受美国"侵害"，为了对付共同的敌人，俄罗斯有必要与伊朗抱团。

因此，普京很乐于改善俄罗斯与伊朗的关系，事实上，他一上台便开始为此而努力，于2001年与伊朗总统哈塔米签署了《俄伊双边合作的基础和原则协议》，正式规定了俄伊双方关系和长远发展。

在经贸上，双方的合作内容十分丰富，在能源、交通、工业、农业、资本、银行、贸易、旅游以及地区合作等领域开展广泛的合作，并搭建了较为畅通的沟通机制，如俄伊贸易合作工作会等。

在文化教育上，伊朗人口只有8000多万，但是受过高等教育的人超过300万，其受教育人口比例在第三世界国家可以说遥遥领先，在全球范围内也属前列，这也在俄罗斯引发了伊朗学研究高潮。此外，俄罗斯与伊朗还成立了"俄罗斯伊朗伊斯兰－东正教"委员会，成为两国宗教领域合作的典范。

在地区合作上，苏联解体后，中亚地区各民族在动荡中建立了国家，但是并未有效地解决其内部的经济、政治、民族等问题，这也威胁到了俄罗斯与伊朗的国家利益，为此两国不约而同地采取了有效措施，达成了支持中亚各国政局稳定的共识，展开了密切合作。

在双边核能、核技术上，普京多次公开表明自己对伊朗核技术的看法。"9·11事件"发生后，普京受邀到德国访问，访问之前他回答德国记者的提问，认为俄罗斯与伊朗进行核技术交流等受到指责是"不正当的政治斗争"，他指出，"我们签署的合作从来没有超出我们所应承担的国际责任范围，我们永远不会去出口能制造大规模杀伤性武器的技术，包括制造武器的核技术。俄罗斯签署了相关的不扩散大规模杀伤性武器的国际条约，必将严格遵守这些条约。"

而在上合组织上，普京也再度阐述了自己的看法，他说："伊朗非常了解俄罗斯在核问题方面的立场，俄罗斯大概是在核能利用方面唯一一个与伊朗进行积极、公开合作并完全履行自己义务的国家。"

普京的努力及美国的制裁孤立，终于使俄罗斯与伊朗的关系逐步改善。比如在叙利亚危机上，伊朗与俄罗斯都不约而同地支持阿萨德政府，并出兵叙利亚打击恐怖分子和叙利亚反政府武装；在石油贸易去美元化上，二者更是坦诚相待，从不允许外国驻军的伊朗竟然允诺俄罗斯在自己境内部署轰炸机部队。

当然，普京也竭尽所能地支持伊朗。特朗普上台之后，撕毁了奥巴马历经努力与伊朗签署的伊朗核问题全面协议，即《联合全面行动计划》，对伊朗进行全方位的打击，在政治上孤立伊朗、经济上制裁伊朗、军事上威胁伊朗（美国在中东部署了强大的军事力量，如爱国者导弹营、驻卡塔尔乌代德空军基地①、B-52轰炸机联队、航母编队等），企图逼迫伊朗屈服。

但这种威胁并没有吓倒伊朗，伊朗最高领袖哈梅内伊发表讲话，宣称伊朗与美国不会开战，伊朗的选择是抵抗美国，在这场对抗中，美国将不得不撤退。双方甚至上演了击落无人机等事件，其关系可以说是剑拔弩张，波斯湾大战一触即发。对此，普京在一个电视节目中说："当然是不希望会有发生这样的事情（美伊开战），但美国宣称，不排除使用武力。恕我直言，美国和伊朗爆发战斗将是一场地区性灾难，将导致中东暴力事件激增，也将使这一地区的难民人数大增。"

除了在舆论上反对美国对伊朗动武，普京在支持伊朗问题上也是"尽心尽力"。美国呼吁延长对伊朗的武器禁运，但是俄罗斯外交部副

---

① 乌代德空军基地：位于卡塔尔首都多哈西南35公里，是美国驻海外最大的军事基地之一。

部长谢尔盖·里亚布科夫表示，对伊朗进行武器禁运将于 2020 年 10 月到期，无法续签，俄罗斯不会延长对伊朗的武器禁运时限。美国警告各国，不允许任何组织以及个人，以任何名义向伊朗提供资金或者物质上的援助，否则将被美国制裁，但俄罗斯依旧与伊朗进行"贸易"。美国陈重兵于波斯湾，警告世界各国，威慑伊朗，但俄罗斯却派出运输船，并与伊朗进行联合军事演习……

最终，美国虽有冒天下之大不韪之心，但并无足够的能力和把握处理好伊朗问题，因此美伊大战并未在 2019 年爆发。

时间来到了 2020 年，开年美国便给伊朗来了个下马威。1 月 3 日，美军在伊拉克巴格达机场附近，出动无人机发射了地狱火空对地导弹，造成包括伊朗伊斯兰革命卫队"圣城旅"指挥官卡西姆·苏莱曼尼在内的多名重要人物死亡。事件发生后，中东局势骤然升级。美国总统特朗普事后宣称，这次军事行动是自己指挥的，未告知国会，自己会对此负责。这一决定是为了"阻止伊朗未来的攻击"。

针对此事，普京警告称，此举或将使中东地区的局势"极度恶化"。

当天，伊朗最高领袖哈梅内伊宣布将为苏莱曼尼举行为期 3 天的哀悼，并发誓要对美国进行"严厉的报复"。

1 月 7 日，普京突然抵达叙利亚首都大马士革，并与叙利亚总统巴沙尔·阿萨德举行了会谈。这也是普京自 2011 年叙利亚危机爆发以来首次访问大马士革，在美伊冲突箭在弦上之际，这次出访具有重要的现实意义。

这是因为，伊朗是叙利亚的重要盟友，苏莱曼尼是叙利亚冲突中的关键人物之一，对叙利亚境内的不少武装力量具有较大影响力，也是伊朗军方在中东地区行动的"设计师"。近些年来，俄罗斯因为叙利亚内战，跟伊朗的关系越来越密切。苏莱曼尼之死，将使美伊对抗升级，增加地区形势的不确定性，这显然不符合俄罗斯的利益。

俄罗斯自2011年叙利亚内战爆发以来，不遗余力地支援叙利亚政府，经过9年的艰苦努力，叙利亚的政局逐渐趋向稳定，但是俄罗斯的国力消耗也很大，军事实力也有所削弱，加上俄罗斯的经济自乌克兰危机以来一直处于低迷状态，基于以上因素，俄罗斯很难进一步在中东有所作为。

对普京来说，在叙利亚维系一个稳定、亲俄的政府，确保俄罗斯在中东和地中海有一个稳固的支点，便获得了此轮在中东战略博弈中的胜利，所以，他不愿看到美伊冲突进一步升级。这次出访，他希望通过叙利亚与伊朗对接，摸清伊朗在苏莱曼尼死后对叙利亚局势的考虑以及对美国的态度，以便对今后的局势加以调解，并从中获益。

经过将近一周的外交、舆论交锋，1月8日，伊朗向驻有大量美军的伊拉克"阿萨德"空军基地发射了十余枚导弹。随后，伊朗宣称击毙80名美国"恐怖分子"并摧毁多架直升机和无人机。而美国则宣称伊朗射丢4枚导弹，其余11枚导弹"没有造成人员伤亡"。

就在全世界密切关注事态发展的时候，伊朗外长扎里夫表示，伊朗采取了适当的自卫措施，但伊朗不寻求局势升级或是战争，同时强调伊朗将抵制任何形式的侵犯。特朗普则在白宫发表讲话称，伊朗袭击并未造成美军伤亡，此举被认为是为当时处于战争边缘的美伊紧张关系降温。

2020年2月13日，美国国会参议院以55票对45票的结果，通过了一项决议，以限制特朗普政府对伊朗采取军事行动。

但是，美伊冲突将如何发展，目前仍然充满变数，而中东和平进程未来的走向，对于相关国家领导人的智慧也是一个重大的考验。俄罗斯是利益相关方，普京必然会在政治解决伊朗问题上继续努力。

四入克里姆林宫

2012年俄罗斯第六届总统竞选刚刚落下帷幕，普京毫无悬念地坐上俄罗斯总统的宝座后，俄罗斯民众以及国外的各界人士便又将目光转移到俄罗斯第七任总统的选举上，做出了各种各样的猜测。而普京作为现任总统及焦点人物，自然备受关注。

2015年9月29日，据俄罗斯媒体报道，普京在出席第70届联合国大会期间，美国记者就普京是否参加2018年总统大选进行采访，普京表示，他是否四度参加总统选举，取决于俄罗斯国内和世界的具体形势以及他本人的情绪。

2017年5月31日，法国《费加罗报》记者就此问题采访普京，普京开门见山地表示，现在讨论这个事情还为时过早。

从此前公开的报道来看，普京对自己是否参加2018年总统大选并没有明确表态。但是，他所透露出来的信息却值得玩味：是否参选取决于俄罗斯国内和世界的具体形势以及他本人的情绪。其中，对于俄罗斯国内的情况，尤其是民意，普京非常在意。

苏联解体以来，俄罗斯经历过重大的转折，面临着巨大的压力，经济问题、民生问题、外交问题、恐怖主义问题等层出不穷，而且都是既棘手又紧迫的问题。在任期间，普京殚精竭虑，夙兴夜寐，全心全意为俄罗斯服务，那么俄罗斯民众又是怎么看待普京政府的作为呢？

近些年来，俄罗斯境内的反普京集会时有出现，如2013年6月12日，就有近万人在莫斯科进行反普京集会，声势浩大，影响颇深。然而，反普京集会背后是否有外国势力支持，以及这些反普京集会的参与者是否真的反普京，则是值得深思的。据俄罗斯公民社会发展基金会对成千上万曾参与"反普京集会"的俄罗斯人进行调研发现，其中大多数人后来转而支持普京，原因是俄罗斯经济和政治上的困难使他们清醒地认识到普京的价值和意义。

事实上，俄罗斯民众对普京的认可度极高。据全俄社会舆论研究中心民调显示，近七成拥有投票权的俄公民明确表示，打算参加2018年总统选举投票，其中，83.8%的民众表示会将选票投给普京。更有意思的是，绝大多数被调查者称，如果普京不出现在2018年总统候选人名单上，他们将不原谅他；超过20%民众甚至表示，倘若普京不参选，他们将不参与投票。

全俄社会舆论观点中心2017年7月发布的民调显示，81.4%的俄罗斯人认可普京的工作；俄罗斯民意调查机构"社会舆论"基金会在2017年11月底完成的民意调查显示，若普京参选，三分之二受访者将投票给他。

为何会出现这种情况？据俄罗斯媒体报道，俄罗斯民众认为普京作为总统是称职的：对外，坚决捍卫国家权益，不受"朋友"影响，独立确定国家发展道路，出兵叙利亚、克里米亚事件重塑俄罗斯在国际上的大国形象；对内，保证一定的社会公正性，提高了民众的养老金。因此，在俄罗斯内部经济困难、外交频频被孤立的时刻，他们决定力挺普京。

俄罗斯民众用态度和行动表达了他们拥护和支持普京参加2018年总统大选的意愿。民心可用，普京自然倍感欣慰，但面对内外交困的局面，他自己是否愿意继续为俄罗斯服务呢？

在"2017年俄罗斯志愿者"颁奖典礼上，民众急不可耐，追问普京是否参加竞选连任。普京没有直接回答，而是反问与会者是否会支持他，在数千志愿者同声表示支持后，他才说："我明白，近期需要做出该决定，近期也将做出这一决定，在做出决定的时候我会考虑到今天的谈话和你们的反应。"

普京还是没有公开表态，民众着急了，因为总统选举将于2018年3月进行，而竞选活动应于2017年12月启动。竞选活动马上就要启动，普京却淡定从容。

就在大家纷纷猜测之际，普京终于表态了。2017年12月6日，普京在俄罗斯高尔基汽车厂85周年庆典活动上说，他将参加定于2018年3月举行的新一届俄罗斯总统选举。

得知这一消息后，俄罗斯民众欢呼雀跃，这种手足舞蹈的情形似乎是在庆祝普京赢得大选四入克里姆林宫。虽然相关民调数据显示，普京的支持率非常高（达到了83.5%），但这并不意味着他会因此而"置酒高会"。相反，普京及其团队做了大量的竞选准备工作。比如，他们量身打造，建议普京采取不代表任何党派的方式，而是以独立参选人的身份参加选举。比如，普京团队推出了竞选纲领——恢复世界主导地位。2017年12月19日，普京在莫斯科举行的全俄人民阵线"面向未来的俄罗斯"行动论坛上阐述了未来国家的发展方向，他说："我们应该珍惜所取得的一切成就，哪怕是最微不足道的成就，防止我们的成就和进步出现倒退，让我们把力量用到发展和造福祖国上。俄罗斯有恢复其世界主导地位的一切能力。另外，我们还有很多事情要做，首先是为了公民的福祉，为了克服贫穷和不平等。"

普京及其竞选团队紧张而有序地筹备着，竞争对手也在大张旗鼓地进行准备工作。跟以往不同，这次竞选有3名女性宣布参加，她们分别是电视女主持克谢尼娅·索布恰克（其父为普京恩师索布恰克）、女记者兼歌手叶卡捷琳娜·戈登和著名艳星叶莲娜·别尔科娃。

此外，参加竞选的还有俄罗斯联邦共产党推荐的格鲁季宁、俄罗斯自由民主党主席日里诺夫斯基等人。

对于竞争对手，普京"丝毫没有放在心上"，他信心十足，认为自己没有"不良的记录"，并在12月14日举行的年度记者会上直言，"对现政府来说，没有竞争对手"。

普京的自信是有道理的。据俄罗斯列瓦达中心 10 月份公布的调查结果显示，53% 的受访者表示不支持女性担任总统，只有 34% 的受访者表示支持。所以，3 位女性候选人对普京的竞选威胁不大。

俄罗斯联邦共产党候选人格鲁季宁尽管获得了部分选民的支持，但是他缺乏执政经验是个无法回避的弱点；俄罗斯自由民主党候选人日里诺夫斯基立场激进，有些民众非常看好他，但并不意味着他能得到大多数选民的认可。对普京来说，最大的竞争对手是亚列克谢·纳瓦尔尼，此人是反对派中的强硬人物，拥有较大的政治影响力，但是他因侵吞款项被禁止参加 2018 年总统竞选。

由此看来，普京顺利执掌俄罗斯大局是板上钉钉的事情。不过，事情是否会有波折？如果没有，普京会以多高的支持率胜出？一切还有待揭晓。2018 年 3 月 18 日，俄罗斯第七届总统选举的约 9.7 万个投票站陆续启动，约 1.1 亿俄选民将行使自己的选举权。经过紧张的投票选举、计票，最终得出了以下结果：

在 3 月 18 日的大选中，共有 5643 万名选民为普京投票。8 名候选人中，来自俄罗斯联邦共产党的格鲁季宁得票率 11.77%，位列第二；俄罗斯自由民主党主席日里诺夫斯基得票率 5.65%，位列第三；而其余 5 名候选人支持率均低于 2%。

一切尘埃落定。5 月 7 日，普京在俄罗斯宪法法院院长的见证下，宣誓就任俄罗斯联邦第七届总统，正式开启第四任期，为期 6 年，俄罗斯由此进入"普 4 时代"。

当天，普京签署了"新五月总统令"，明确规划未来 6 年的民生保障和经济发展主要方向，立志在 2024 年前实现九大目标，包括人均 GDP 提升 50%，跻身世界经济五强；居民人口自然增长，人口平均寿命提高至 78 岁；居民实际收入稳步增长，贫困人口减半；大力发展高新技术与数字经济；年通胀率低于 4% 等。

随后，普京提名梅德韦杰夫再次出任政府总理并获得了国家杜马批准，梅氏新内阁中任用的官员有很多近10年来一直在联邦政府中工作。执政团队的稳定，将有助于政策实施的延续性与稳定性。2018年，俄罗斯经济保持平稳运行，出口、黄金外汇储备都有所增长，失业率下降，联邦预算自2011年以来首次出现盈余。

2019年2月11日，总统助理苏尔科夫首次发文提出"普京主义"，全面阐释了普京的治国理念与治理模式。这也是普京执掌俄罗斯多年政治实践的理论升华尝试，为巩固其执政根基奠定了思想理论基础。

这一年，普京对立法、行政、地方权力的掌控能力进一步提升，但在经济上，由于受到世界经济增长放缓、全球贸易摩擦加剧、国际能源价格波动的影响，2019年俄罗斯的经济增速明显下降，出口、投资和消费动力不足，出口再现负增长。这也使普京实现新任期的经济发展目标面临着很大的困难。

而且"新五月总统令"颁布后，落实的成效并不理想。2019年2月，俄罗斯政府出台了总额达25.7万亿卢布的国家项目，这也是俄罗斯近30年来最大规模的投资规划。但在2019年上半年，这些项目的支出执行率仅为32.4%，同时，俄罗斯的贫困人口占比从去年同期的13.3%升至13.5%。

2019年12月25日，普京在国务会议上表示，俄罗斯的经济增速仍有待提高，在发展经济、改善民生等方面做得远远不够，计划执行没有完全到位。经济形势的恶化，也导致俄罗斯民众产生了不满情绪，反对派乘此机会，多次组织大规模的抗议活动，使社会产生了一些不稳定因素。

相对于经济来说，普京在外交方面交出了不错的成绩单。除了与美国的关系陷入僵局外，他因势利导，务实进取，在欧洲、亚太、中东、独联体等地区，俄罗斯的大国影响力均有所提升。

在欧洲，到2019年，欧美矛盾使得俄欧关系回暖加速；在亚太地区，中俄关系以建交70周年为新起点迈进"新时代"，朝着"守望相助、深度融通、开拓创新、普惠共赢"的目标和方向继续前进；日本首相安倍晋三 2019 年两度访俄；在中东地区，普京已掌握叙利亚问题的绝对主动权，并与伊朗、以色列、沙特、埃及、阿联酋等中东国家密切互动；在独联体地区，延续以往策略，以欧亚经济联盟、集安组织、独联体等组织为平台聚拢核心国，并以双边合作为纽带，增强与核心国的关系基础。拉美和非洲则是 2019 年俄罗斯外交的新亮点。2019 年 10 月，俄罗斯在索契召开首届俄非峰会，共有 43 个非洲国家领导人及非洲主要区域组织出席会议，俄罗斯也借此正式"重返非洲"。

总的来说，总体稳定仍是当前及未来俄罗斯发展的主基调。近年来，世界正经历百年未有之大变局，法国黄马甲运动、智利街头骚乱、日韩贸易战、中美贸易战、美伊冲突……各种意想不到的国际冲突不断爆发，作为俄罗斯的"掌舵人"，普京实现俄罗斯复兴的"强国梦"可谓任重而道远。